经济社会转型期河南省
土地利用与调控

牛海鹏　樊良新　张小虎　李瑞华　赵素霞　著

科学出版社

北　京

内 容 简 介

　　1996～2008 年是河南省第一次土地利用现状调查数据实施期,也是河南省经济社会实现跨越式发展,进入全面提升产业层次、加快经济社会转型、促进统筹协调发展的新时期。本书以完整的第一次土地利用现状调查数据实施期为研究时段,以河南省 18 个省辖市为研究区域,在全面收集整理和系统分析研究期间各类土地利用数据、经济社会数据的基础上,运用土地利用变化模型、主成分分析法、灰色关联度分析法、SWOT 分析法等,系统开展了河南省土地利用结构与调控、耕地利用与调控、生态型土地利用与调控、居民点及独立工矿用地利用与调控、主要基础设施用地利用与调控、未利用地开发利用与保护、土地利用分区与调控研究,全时段、多尺度、多视角地揭示第一次土地利用现状调查数据实施期间河南省土地利用的变化特征和驱动机理,明晰河南省土地利用中存在的主要问题与挑战,为河南省土地持续利用、科学调控提供现实依据和支撑。

　　本书可作为土地资源管理、资源环境等专业的科研人员和高校师生的教学参考书,也可供土地资源管理、区域政策、区域开发规划等方面的决策者和管理者阅读和参考。

图书在版编目(CIP)数据

　经济社会转型期河南省土地利用与调控/牛海鹏等著. —北京:科学出版社,2017.2

　ISBN 978-7-03-051865-1

　Ⅰ.①经… Ⅱ.①牛… Ⅲ.①土地利用-研究-河南省 Ⅳ.①F321.1

　中国版本图书馆 CIP 数据核字(2017)第 034626 号

责任编辑:张海娜 王 苏 / 责任校对:桂伟利
责任印制:张 伟 / 封面设计:蓝正设计

科学出版社 出版
北京东黄城根北街 16 号
邮政编码:100717
http://www.sciencep.com
北京教图印刷有限公司 印刷
科学出版社发行 各地新华书店经销
*
2017 年 2 月第 一 版 开本:720×1000 1/16
2017 年 2 月第一次印刷 印张:17 3/4
字数:401 000
定价:108.00 元
(如有印装质量问题,我社负责调换)

前　言

　　土地是人类赖以生存和发展的生产资料和生活资料,是区域经济社会发展的重要载体。人类社会的发展历程,实际就是一部人类不断对土地加以开发利用的历史。人类通过开发、改造和利用土地,一方面创造了大量的物质财富并推动了社会经济发展,另一方面也对资源环境的结构和质量产生了深刻的影响。1996～2008年是河南省第一次土地利用现状调查数据实施期,也是河南省经济社会实现跨越式发展,进入全面提升产业层次、加快经济社会转型、促进统筹协调发展的新时期。这一时期,河南省正处在由农业大省向新型工业大省转变、由人口大省向人力资源强省跨越、由市场经济体制向纵深方向发展的关键时期。该期间,河南省持续、延伸、深化和拓展了东引西进战略、郑东新区建设战略、中原城市群战略、开放带动战略、中部崛起战略、郑汴一体化战略、河南省粮食生产核心区建设等一系列战略和工程,有力地推动了河南省经济社会的转型发展,并最终为"十一五"末提出建设中原经济区、加快中原崛起和河南振兴的总体战略奠定了基础。与此同时,河南省土地利用发生了显著的变化,土地利用正面临着物质空间和人文空间的重大变动和重新构建。这一时期,国家也正式提出运用土地政策参与宏观调控,"地根"与"银根"一并成为国家宏观调控的重要手段。因此,以河南省18个省辖市为研究区域,以河南省第一次土地利用现状调查数据实施期和河南省经济社会转型期的重叠期为研究时段,开展河南省土地利用及其调控研究,具有重要的理论和现实意义。

　　本书在对第一次土地利用现状调查数据实施期内采用的土地利用分类体系分析和归并的基础上,提出了适用于时序分析的具有可比性的土地利用分类系统,系统地开展了全时段、多尺度、多视角的土地利用与调控研究,为河南省的土地持续利用、科学调控提供了现实依据和支撑。本书研究内容共9章,具体如下。

　　第1章:绪论。主要对研究背景、目的意义、国内外研究进展进行评析,并阐述数据来源及处理方法。第2章:土地利用结构与调控。运用土地利用变化模型,测度分析河南省土地利用结构变化特征和变化规律,明晰农用地、建设用地和未利用地时空变化差异,并分类构建土地利用结构调控体系和措施。第3章:耕地利用与调控。分析河南省1996～2008年耕地数量变化及内部结构变化、动态度变化、空间分布变化等。同时结合社会经济数据,利用主成分分析方法,对影响河南省耕地利用变化的驱动因素进行了识别辨析,提出了制度、技术、市场一体化的耕地调控体系。第4章:生态型土地利用与调控。研究河南省1996～2008年间的生态型土地(林地、园地和牧草地)利用与时空变化情况,采用灰色关联度模型对河南省生态型土地演变驱动因子进行分析,并针对河南省生态型土地资源现状与驱动,提出完善林地林权管理、林政资源管理与资源监测、林业发展的体制与机制改革、强化科技与资金投入的生态型土地调控对策。第5章:居民点及独立工矿用地利用与调控。运用数学模型测度分析河南省城镇用地、农村居民点用地、独立工矿用地、特殊用地的时空变化特征和规律。同时采用协调度模型重点分析城镇人口与城镇用地之间的演变关系,采用时空分析模型重点分析农村居民点用地数量变化、幅度变化及其时空演变态势,提出居民点及独立工矿用地分类调控体系。第6章:主要基础设施用地利用与调控。主要分析河南省主要基础设施用地(交通运输用地和水利设施用地)利用现状、存在的潜在问题以及用地类型的变化与趋势,提出建立规划引导型的节约、集约、高效的基础设施用地调控体系。第7章:未利用地开发利用与保护。着重分析研究时段内河南省未利用地的数量变化、空间变化,并采用SWOT分析法分析河南省未利用地开发利用的优势、劣势、机遇和挑战,进而提出未利用地开发利用战略、生态化保护模式和规划开发管理监督综合调控措施。第8章:土地利用分区与调控。分区分析土地资源区域分布特征和社会经济条件,并提出不同区域土地利用管理与调控的方向和重点。第9章:结论与政策建议。

本书由河南理工大学的牛海鹏、樊良新、张小虎、李瑞华和赵素霞共同撰写。其中,第1、9章由牛海鹏执笔,第2、8章由李瑞华执笔,第3章由赵素霞执笔,第4、6章由樊良新执笔,第5、7章由张小虎执笔,全书内容由牛海鹏统稿。

本书得到河南省高等学校哲学社会科学创新团队支持计划(2016-CXTD-04)、河南省高校科技创新人才(人文社科类)支持计划(教社科〔2014〕295号)、河南省高等学校哲学社会科学优秀学者资助项目(2014-YXXZ-34)的资助,在此表示感谢。

土地利用与调控方面的研究正处于起步阶段,诸多问题有待深入研究和探讨。限于作者水平,书中疏漏之处在所难免,恳请同行和读者不吝赐教。

牛海鹏

2016年10月

目 录

第1章 绪 论

1.1 研究背景与研究目的

1.1.1 研究背景

土地是人类赖以生存和发展的生产资料和生活资料,是经济社会发展的重要载体。随着河南省城镇化、工业化、信息化和农业现代化进程的加快与产业布局的变化,各业对土地的需求量日趋增加,同时引起耕地、居民点及独立工矿用地、交通运输用地等各业用地在数量和空间上发生了显著变化。

1996~2008 年是河南省经济社会转型的关键期,也是河南省第一次土地利用现状调查数据实施期,跨越了"九五"、"十五"整个期间和"十一五"的前三年。该时期,河南省经济结构加快调整、发展方式加快转变,粮食产量连创新高、农业基础不断巩固,基础设施建设加快,支撑保障能力明显增强,城乡面貌显著改变,社会事业全面进步,人民群众得到更多实惠;现代市场经济体制、现代企业制度成功地实现了转变、优化和完善,并发挥了对土地、劳动力、技术等资源配置的主导作用;区域发展战略逐步得到深化和拓展,成为指导河南省经济社会发展的纲领(河南省人民政府,2006;河南省人民政府,2011)。由于河南省经济社会的快速发展和区域发展战略的带动,河南省在该时期的各类用地变化最剧烈。在经济社会转型期间,河南省呈现出显著的区域与城乡发展特征,而第一次土地利用详查数据和历年土地利用变更数据则为全省土地利用和国民经济规划及战略制定提供了坚实的数据支撑。

1. 经济社会转型期河南省区域与城乡发展特征

经过十三年(1996~2008 年)的经济社会建设和跨越式发展,河南省进入了全面提升产业层次、加快经济转型、促进统筹协调发展的新阶段,综合实力有了大幅度提升,区域与城乡发展水平跃上了一个新的台阶。该时期内,区域与城乡发展的总体特征主要表现为经济社会指标得到了显著提升,区域发展战略实现了深化和拓展。

1)经济社会指标显著提升

经济社会指标显著提升主要表现在以下几个方面。一是综合经济实力大幅提升。1996~2008 年期间保持了较高的增长速度和较高的增长质量。河南省生产总值由 1996 年的 3634.69 亿元提高到 2008 年的 18018.53 亿元;河南省人均生产总值由 1996 年的 3978 元提高到 2008 年的 19181 元。全社会固定资产年度投资由 1996 年的 1003.61 亿元提高到 2008 年的 10490.65 亿元。二是产业结构得到进一步优化调整。2008 年,二三产业比例达到 85.6%,比 1996 年年末提高了 11.4%。农业结构调整继续推进,2008 年,粮食生产产量达到 5365.48 万吨,优质粮食和畜产品生产加工基地初步形成。工业产业结构、产品结构调整取得明显成效,新兴工业大省的地位基本确立。城镇化进程加快,城镇化率由 1996 年的 18.4%提高到 2008 年的 36%。三是改革开放得到进一步深化。国有企业、行政管理、投资、交通、农村税费、粮食流通、城市公用事业等体制改革取得重大进展,资源整合取得阶段性成果。社会主义市场经济体制进一步完善,市场在资源配置中的基础性作用明显增强。开放型经济较快发展,东引西进成效显著,进出口总额由 1996 年的 163.19 亿元提高到 2008 年的 1223.80 亿元。四是基础设施建设成效显著。一大批农林水利、交通能源、城市建设、生态环保等基础设施项目建成投用,薄弱环节明显加强。高速公路通车里程由 1996 年的 294 公里提高到 2008 年的 4841 公里,18 个省辖市全部通高速,出省通道全部打通,中原交通运输大通道框架基本形成。城乡电网得到全面改造,火电基地建设初具规模,城市污水日处理能力日益加强。五是人民生活水平显著提高。城镇居民人均可支配收入、农民人均纯收入分别由 1996 年的 3755.44 元、1579.19 元上升到 2008 年的 13231.11 元、4454.24 元(河南省人民政府,2006;河南省人民政府,2011)。社会消费品零售总额由 1996 年的 1194.76 亿元上升到 2008 年的 5662.55 亿元。城镇居民家庭恩格尔系数和农村居民家庭恩格尔系数分别由 1996 年的 47.8%、55.6%降低到 2008 年的 34.8%、38.3%,如表 1-1 所示。

表 1-1　河南省经济转型期区域与社会发展指标一表

指标	1996 年	2000 年	2004 年	2008 年
生产总值/亿元	3634.69	5052.99	8553.79	18018.53
三次产业结构比例	25.8:46.2:28.0	23.0:45.4:31.6	19.3:48.9:31.8	14.4:56.9:28.7
人均生产总值/元	3978	5450	9201	19181
城镇化率/%	18.4	23.2	28.9	36
农民人均纯收入/元	1579.19	1985.82	2553.15	4454.24
城镇居民人均可支配收入/元	3755.44	4766.26	7704.90	13231.11
铁路里程/公里	3426	3354	3752	3989
公路里程/公里	50907	64453	75718	240645
高速公路通车里程/公里	294	505	1759	4841
交通客运量/万人	66490	83912	91013	130436

续表

指标	1996 年	2000 年	2004 年	2008 年
交通货运量/万吨	55920	60678	73796	138392
全社会固定资产投资额/亿元	1003.61	1475.72	3099.38	10490.65
房地产开发企业年度完成投资额/亿元	54.84	77.87	258.82	1206.71
社会消费品零售总额/亿元	1194.76	1869.8	2938.26	5662.55
进出口总额/亿元	163.19	188.36	547.59	1223.80
每万人拥有大学生、研究生人数/人	14.11	28	73.9	126
城镇居民家庭恩格尔系数/%	47.8	36.2	35	34.8
农村居民家庭恩格尔系数/%	55.6	49.7	48.6	38.3
粮食产量/万吨	3839.9	4101.5	4260	5365.48
粮食播面单产/(公斤/公顷)	4283	4542	4749	5589

注:本表数据来源于 1997 年、2001 年、2005 年和 2009 年的《河南统计年鉴》。

2) 区域发展战略实现深化和拓展

1996~2008 年期间,河南省持续、延伸、深化和拓展了东引西进战略、郑东新区建设、中原城市群战略、开放带动战略、中部崛起战略、郑汴一体化战略、河南粮食生产核心区建设工程等一系列工程和战略,有力地推动了河南省经济社会的快速发展,并最终为"十一五"末提出建设中原经济区、加快中原崛起和河南振兴的总体战略奠定了基础。

(1) 东引西进战略。1999 年,针对全国经济快速发展和中国即将加入世界贸易组织(World Trade Organization,WTO)及世界经济进入全球一体化的格局,河南省委、省政府依据本省的实际状况,提出实施东引西进发展战略,以此打破河南省内陆经济的封闭状态,强化与东部沿海和西北内陆省份的联系,推动全省经济发展和传统产业升级,激活省内经济发展的潜力。2001 年 11 月 21 日,河南省人民政府印发了《河南省人民政府关于批转省经贸委河南省实施东引西进工作方案的通知》(豫政〔2001〕62 号),并为此出台了一系列政策和措施,明确东引西进的目标和任务。时任河南省省长李克强多次在会议上强调,东引西进就是解决钱从哪里来、货到哪里去的问题,并阐述了实施东引西进战略的重要意义。通过东引西进,河南省引进了东部地区的资金、技术、品牌、人才和管理,提高了河南省产品在西部地区的市场占有份额,培育出了一大批优势产品和名牌产品,促进了河南省产品的结构调整和产业的优化升级。

(2)郑东新区建设。2000年6月,时任河南省省长李克强提出加快开发郑东新区;2001年8月,郑东新区开始对外征集方案;2002年12月,在世界建筑师联盟年会上,郑东新区概念规划获中国首个"城市规划设计杰出奖"。郑东新区是中国河南省郑州市规划建设中的一个城市新区,范围包括郑州市西起中州大道,东至万三公路,北起黄河南岸,南至陇海铁路,规划控制面积370平方公里。郑东新区开发建设成为河南省加快城市化进程的龙头项目。

(3)中原城市群战略。2003年,河南省省委、省政府提出中原城市群战略构想。河南省发展和改革委员会于2005年上半年组织开展《中原城市群总体发展规划纲要》的编制。2006年3月16日,河南省人民政府印发了《关于实施中原城市群总体发展规划纲要的通知》(豫政文〔2006〕45号)。2006年6月12日,河南省发展和改革委员会召开新闻发布会,公布了《中原城市群总体发展规划纲要》。中原城市群是以郑州市为中心,以洛阳市为副中心,开封市为新兴副中心,新乡、焦作、许昌、漯河、平顶山、济源等地区性中心城市为节点构成的紧密联系圈。中原城市群也是河南省乃至中部地区承接发达国家及中国东部地区产业转移、西部资源输出的枢纽和核心区域,是参与国内外竞争、促进中部崛起、辐射带动中西部地区发展的核心增长极。2011年9月28日《国务院关于支持河南省加快建设中原经济区的指导意见》提出"加快中原城市群发展。实施中心城市带动战略,提升郑州作为中国中部地区重要的中心城市地位,发挥洛阳区域副中心城市作用,加强各城市间分工合作,推进交通一体、产业链接、服务共享、生态共建,形成具有较强竞争力的开放型城市群。"2014年3月,中共中央、国务院印发的《国家新型城镇化规划(2014—2020年)》也明确提出"加快培育成渝、中原、长江中游、哈长等城市群,使之成为推动国土空间均衡开发、引领区域经济发展的重要增长极。"

(4)开放带动战略。2003年,河南省委、省政府出台了《关于加快发展开放型经济的若干意见》,提出大力实施开放带动战略,扩大开放领域,下放审批权限。2006年,河南省委、省政府印发了《河南省加快实施开放带动主战略指导意见》(豫发〔2006〕7号,以下简称《意见》),这是河南省强力推进实施开放带动主战略,全面提高对外开放水平,促进中原崛起的一项重大举措。《意见》进一步明确了河南省今后对外开放的目标、任务、重点、途径和政策措施,并提出了三个重点:一是强力推进外资、外贸、外经发展,不断提高经济开放度;二是抓好开放带动载体工程,构建多层次、全方位对外开放格局;三是以农业和现代服务业为重点,着力推进多领域对外开放。2008 年,河南省委、省政府出台了《关于进一步加强招商引资工作的意见》,明确提出把招商引资作为实施开放带动主战略的突破口,进一步简化审批程序,规范审批行为,健全一站式服务和全面推行外商投资项目无偿代理制和限时办结制。

（5）中部崛起战略。2004 年 3 月,时任国务院总理温家宝在政府工作报告中首次明确提出促进中部地区崛起。2004 年 12 月,中央经济工作会议再次提到促进中部地区崛起。2005 年 3 月,时任国务院总理温家宝在政府工作报告中提出:抓紧研究制定促进中部地区崛起的规划和措施。2006 年 2 月 15 日,时任国务院总理温家宝主持召开国务院常务会议,研究促进中部地区崛起问题。随后,《中共中央国务院关于促进中部地区崛起的若干意见》（中发〔2006〕10 号）、《关于落实中共中央国务院关于促进中部地区崛起若干意见有关政策措施的通知》（国办函〔2006〕38 号）和《关于中部六省实施比照振兴东北地区等老工业基地和西部大开发有关政策的通知》（国办函〔2008〕15 号）相继印发,进一步完善了促进中部地区崛起的政策体系。2009 年 9 月 23 日,时任国务院总理温家宝主持召开国务院常务会议,讨论并原则通过《促进中部地区崛起规划》,该规划是促进包括山西、安徽、江西、河南、湖北和湖南六省在内的中部地区的经济社会发展的整体规划。中部崛起计划首次施行于《国民经济和社会发展第十一个五年规划纲要》,其明确指出:继续推进西部大开发,振兴东北地区等老工业基地,促进中部地区崛起,鼓励东部地区率先发展。中部地区要抓好粮食主产区建设,发展有比较优势的能源和制造业,加强基础设施建设,加快建立现代市场体系,在发挥承东启西和产业发展优势中崛起。其中,郑州航空港经济综合试验区的建设则是河南省实施"中部崛起"战略的重大举措。

（6）郑汴一体化战略。2004 年,郑汴一体化概念首次被提出。2005 年 4 月 17日,河南省发展和改革委员会受河南省委、省政府委托,在郑州新世纪大厦召开了中原城市群规划开封专题座谈会。在这次座谈会上,中原城市群规划中先后两次提到"一体化"这个概念,由此,郑汴一体化从民间上升到政府层面,首次被官方提出来。2005 年 6 月,在时任副省长李新民主持的一系列有关城市化问题的座谈会上,对"郑汴一体化"的研究理论充分地进行了阐述。2005 年,河南省委、省政府做出了实施中原城市群建设、率先推进郑汴一体化发展的重大部署。同年 12 月,郑开大道开工建设,标志着郑汴一体化进入正式实施阶段。郑汴一体化战略实施以来,编制完成了《郑汴产业带总体规划》《郑开大道沿线地区景观规划》等,加快了郑汴物流通道等重大通道建设,加强邮政电信合作,推进金融服务共享,扩大商务合作交流,加快旅游资源共同开发,实现农产品检测互认,促进劳动和社会保障事业合作,在郑汴一体化方面取得了长足发展。2012 年 11 月 17 日,国务院正式批复《中原经济区规划》,明确指出:依托郑汴新区,推动向东拓展发展空间,重点发展电子信息、汽车、高端装备等先进制造业和金融、现代物流、文化等现代服务业,壮大总部经济,打造全国重要的先进制造业和现代服务业基地。

(7)河南粮食生产核心区建设工程。2008年6月,河南省委、省政府立足实际,着眼全局,适时做出了在河南省加强粮食生产核心区建设的重大决策,制定了《国家粮食战略工程河南粮食核心区建设规划纲要》。2009年8月,国家发改委以发改农经〔2009〕2251号文件正式下发了《关于印发河南省粮食生产核心区建设规划的通知》(以下简称《通知》),意味着河南粮食生产核心区建设工程正式纳入了国家工作层面,纳入了国家粮食战略工程。《通知》指出:河南是我国粮食主产省之一,在全国粮食平衡中占有重要地位。在工业化、城镇化加速发展的大背景下,认真组织实施好《河南省粮食核心区建设规划》,持续提高粮食生产能力,积极探索经济发展与粮食安全"双赢"的路子。为此,2010年5月21日,河南省下发了《河南省人民政府关于印发河南省粮食生产核心区建设规划(2008—2020年)的通知》(豫政〔2010〕50号)。河南省人民政府办公厅2010年9月30日转发了《河南省人民政府办公厅关于河南粮食生产核心区建设规划的实施意见》(豫政办〔2010〕114号),确定了粮食生产核心区建设的总体目标是:到2020年,在保护全省1.03亿亩基本农田的基础上,粮食生产核心区粮食生产用地稳定在7500万亩,使河南省粮食生产的支撑条件明显改善,抗御自然灾害的能力进一步增强,粮食生产能力达到650亿公斤,成为全国重要的粮食生产稳定增长的核心区、体制机制创新的试验区、农村经济社会全面发展的示范区。并强调,规划期内要综合考虑黄淮海平原、山前平原和南阳盆地的自然资源条件、粮食生产基础和经济社会发展水平,进一步优化粮食生产布局,依托95个县(市、区),划定重点建设片区,集中投入,整体推进,形成集中连片、高产稳产的粮食生产基地。

2. 经济社会转型期河南省土地调查、变更与利用

1996~2008年是河南省第一次土地利用现状调查数据实施期。第一次土地利用详查数据和历年的土地利用变更数据为河南省各级土地利用总体规划编制、生态环境规划、城市规划以及区域发展战略规划等提供了坚实的数据基础和支撑。

1)河南省第一次土地调查概况

1984年,国务院正式批准在全国开展土地资源调查工作,从而揭开了全国土地利用现状调查的序幕。为贯彻《国务院批转农牧渔业部、国家计委等部门关于进一步开展土地资源调查工作的报告的通知》(国发〔1984〕70号)精神,1984~1996年,河南省用了十余年时间,全面开展了第一次土地利用现状调查,获得了全省有史以来的第一套完整、科学的土地资源数据。

在第一次土地详查中,运用当时的科学技术手段和调查方法,以县为单位,查清了河南省农村土地的权属、各个地块的面积和用途;获得了村、乡、县、地、省的各

种土地类型、数量、分布、利用和权属状况;形成了系统完整、详实可靠的关于土地资源的文字、数据和图件成果。全面和准确的详查成果成为重要的土地国情国力资料,为各级政府和有关部门编制"九五"、"十五"和"十一五"计划(规划)提供了科学依据,也为农村权属调处、土地利用总体规划和开发整理规划、建设用地报批、集体土地登记发证、土地资源调查评价、耕地后备资源调查、土地整理开发和复垦、土地登记统计和评估、土地动态监测等提供了图件和数据支撑(张平和等,2007)。

2) 1996~2008 年土地利用现状变更调查与利用

土地利用是动态演进系统,现代社会的变化日益加快,土地详查成果需要适时更新。土地利用变更调查是掌握土地利用状况动态变化的基本手段和方法。自1996 年以来,河南省按国家的有关要求,每年组织开展土地利用变更调查工作,更新了农用地、建设用地、未利用地等的变化情况,在经济建设和土地管理工作中发挥了重要作用。

为了保证土地数据的现势性,根据土地详查成果,遵照原国家土地管理局的安排和要求,河南省以 1996 年 10 月 31 日为截止日期,统计汇总出 1996 年的土地利用类型、权属、分布和面积,完成了 1996 年年度土地变更调查,编写了年度变更调查报告,并编制了土地利用现状数据册。这是继土地详查后河南省进行的首次变更调查。为了保证土地资源数据变化的连续性,及时准确掌握全省土地的利用状况,更好地为各级政府宏观决策和全省经济建设提供服务,河南省自 1996 年起,根据国土资源部有关开展年度土地变更工作通知的相关要求,开展各年度的变更调查工作。1997~2008 年间,全省每年都圆满完成了年度土地变更调查,并编写了相应的变更调查报告和土地利用现状数据册。河南省自 1996 年至今,在土地利用变更调查中已经完成了十多年的土地利用动态变化及相关分析;同时,全省于2002 年开始在部分县区实施土地利用现状数据库建设,将土地利用现状管理从仅有的数据管理上升到数据库管理阶段。年度变更和汇总的数据,反映出全省土地利用的状况、变化情况,并通过及时向社会公开发布,为全省的宏观调控以及国土资源的规划、管理、保护和合理利用提供了不可缺少的重要基础数据(张平和等,2007)。

1.1.2　研究目的和意义

基于以上研究背景进行分析,以河南省及其各省辖市为研究区域,以河南省第一次土地利用现状调查数据实施期和河南省经济社会转型期的重叠期为研究时段,开展河南省土地利用及其调控研究,总结土地利用变化规律,提出土地利用调控机制与政策,具有重要的理论价值和现实意义。具体体现在以下几个方面。

(1) 土地利用结构是指一定地域范围内各类用地的构成,是土地资源在各产业间的配置与利用状况的反映,是自然演替基础上人类活动的直接反映,是土地利用/土地覆盖的直观表达,具体包括土地利用的数量结构和空间格局(路云阁等,2006;谭术魁等,2014;徐丽华等,2014)。土地利用结构能够有效反映区域土地利用的合理性及经济结构特征,合理的土地利用结构对保持土地生态系统的良性循环、提高土地利用效率和效益具有重要意义。土地利用结构的变化则是人地长期相互作用的结果,具有显著的时空动态性,反映出不同时期土地利用在空间上呈现不同特征(谭术魁等,2014;徐丽华等,2014)。因此,运用科学合理的方法测度河南省土地利用结构及其变化,分析其变化特征和规律,提出土地利用结构调控措施,可为河南省土地利用结构调整和土地资源的可持续利用提供科学依据。

(2)耕地资源作为人类赖以生存的最基础的物质生产资料,合理利用和保护一定面积的耕地是农业发展的基础,也是保证区域和国家粮食生产,确保粮食安全的关键。河南省是我国农业和粮食生产大省,也是国家粮食生产核心区,在全国粮食生产方面具有举足轻重的地位。随着中原经济区建设上升为国家战略,既要保证"吃饭"又要保证"建设"的两难局面在河南省表现得尤为突出。因此,通过对河南省耕地资源动态变化趋势进行系统分析,并结合社会经济方面的资料,采用定性与定量分析相结合的方法研究影响耕地变化及其驱动因素,可为河南省制定切实可行的耕地保护对策、明确未来耕地保护工作的重点提供借鉴和参考。

(3)生态型土地(包括林地、园地与牧草地)既能为人类提供生产和生活资料,又具有净化环境、改善气候、保持水土等生态型功能。河南省土地资源的高强度开发利用,造成林地总量低、质量不高、林地资源非林地转化严重,园地低产、投入与管理落后,牧草地分布零散、开发利用不平衡等问题日趋严重。因此,研究河南省生态型用地利用结构,分析其变化特征和驱动因子,探析河南省生态环境安全保障的特点、发展规律和运行机制,提出生态型用地调控措施,可为全省制定生态建设政策和保障措施提供重要的参考。

(4)居民点及独立工矿用地为人类社会的生存、生产与发展提供了必要的场所、空间,为人类社会的发展进步提供了必要支撑。当前,河南省既处于蓄势崛起、跨越发展的重要阶段,又处于爬坡过坎、攻坚转型的紧要关口,如何切实而有效地推进经济社会与居民点及工矿用地的协调发展,是摆在各级政府部门实际工作者和学界理论工作者面前的一个重大课题。而对河南省居民点及独立工矿用地发展演变态势进行客观而准确的分析,是破解这一课题的一项必要的基础性工作。因此,研究居民点及独立工矿用地发展演变规律,发现其利用过程中存在的问题,一方面可为国民经济与社会发展战略决策提供依据,另一方面对于优化城乡用地结构布局,协调推进新型工业化、新型城镇化和农业现代化具有重要意义。

(5)基础设施用地(主要包括交通运输用地和水利设施用地)是支撑国民经济

运行发展的重要保障,是改善民生、促进经济增长的重要手段。随着经济发展、基础设施投资加大,河南省基础设施用地需求量迅速增长。同时,重大水利工程、农田灌溉工程建设以及新型城镇化建设及与之相匹配的交通设施和水利设施建设将持续拉动河南省对用地的需求,加剧了河南省土地资源的供需矛盾。因此,开展基础设施用地利用变化与调控研究,有利于寻求有效的基础设施用地调控与管理方案,提高基础设施用地的利用效率。

(6) 未利用地作为后备土地资源,为耕地保护、城乡基础设施建设及生态改善提供重要的资源保障。开展未利用地数量变化、空间变化研究,分析其时空演变趋势,可为实现对未利用地资源的合理开发、处理好开发与保护之间的关系、破解建设用地空间不足、增加耕地有效供给提供新的思路(贺文龙等,2016)。

(7) 土地利用分区是土地利用区域差异性的客观反映,是土地利用规划的关键内容,也是实行土地用途管制的重要手段,对于科学制定土地利用方向、合理确定土地利用结构、提高土地利用集约化程度、促进区域协调发展具有重要意义(王万茂等,2002)。河南省气候条件和地貌条件差异较大,土地利用类型多样。因此,以土地利用现状和土地资源的适宜性为基础,结合目前社会发展、国民经济和环境保护的需要,根据区域自然条件、区域土地利用分布的规律性,开展河南省土地利用分区和调控研究,对实现区域土地资源的可持续利用具有重要的意义。

1.2　国内外研究进展

1.2.1　耕地利用与调控研究方面

按照《土地利用现状调查技术规程》确定的"土地利用现状分类(1984 年)"和2002 年开始实施的《全国土地分类》(过渡期间适用)分类体系,耕地包括灌溉水田、望天田、水浇地、旱地和菜地。2007 年 8 月,国家质量监督检验检疫总局、标准化管理委员会联合发布的《土地利用现状分类》(GB/T 21010—2007),则将耕地分为水田、水浇地、旱地三个二级类。耕地作为一种主要的弱生态功能性用地,在与强生态功能性用地(如林地、牧草地)和非生态功能性用地(如城镇用地、工矿用地)相互转化的过程中,影响和制约着区域生态系统的结构、功能及演变方向。合理的耕地利用有利于区域生态安全和可持续发展水平的提高,不合理的变化和利用则导致区域生态恶化,并影响着粮食安全(牛海鹏,2005)。

耕地利用变化与调控研究内容广泛,主要集中于理论探讨、全国范围的大尺度、区域范围内的中尺度和局部小尺度等多个领域。

1) 理论方面的研究

摆万奇等(2001)在"土地利用变化驱动力系统分析"一文中,运用系统论的观点和方法,对土地利用变化驱动力的整体性、层次性、动态性和驱动力作用下的土地利用动态进行了深入分析,初步回答了土地利用变化的动力源、驱动力系统内部分析与合力的关系,以及驱动力与土地利用变化之间普遍存在的非线性反馈关系等问题。蔡运龙(2002)在"耕地非农化的供给驱动"一文中,详细地阐述了耕地数量减少的两种主要驱动因素——经济驱动和权力驱动,并分析了其驱动机制。另外,李静等(2004)在"论土地利用/土地覆盖变化驱动力研究"一文中提出了土地利用/土地覆盖变化研究中应注意的若干问题。

2) 大尺度(全国范围)方面的研究

李平等(2001)站在全国的宏观角度,选取 11 项自然和社会经济指标,分省计算了驱动力指数。其认为要了解耕地数量变化驱动力的作用,需要从耕地使用者个体行为和社会群体行为两个角度进行综合分析,并经过分析得出了我国西部地区耕地数量变化以生存型经济福利驱动和环境安全驱动为主,而东部地区耕地数量变化以比较经济福利驱动和食物安全驱动为主的结论。李秀彬(1999)利用国家、省、县三级行政单位的统计和普查数据,分析了我国近 20 年耕地面积变化的总体趋势、空间特征和驱动因子,揭示出以下特征:一是减少的耕地主要是分布在东部地区质量较好的耕地,而增加的耕地主要是质量较差的边际土地;二是非农产业占地的多少对固定资产投资的增减仍十分敏感;三是城市化和乡镇企业的分散程度对土地的利用效率具有重要的影响。李辉霞等(2004)在"现阶段我国耕地变化趋势及其驱动力分析"一文中,利用国家统计资料,分析了我国耕地近 20 年耕地变化总体趋势:耕地总量持续减少,耕地质量不断下降,且地区间的数量、质量变化不平衡,并采用最大似然法对多变量作因子分析,找出我国耕地变化的主要驱动力为人口的不断增长、第三产业的迅速发展、洪涝灾害的频繁发生及水土地流失的日益加剧。赵晓丽等(2014)系统分析了中国近 30 年耕地变化时空特征及其主要原因。

3) 中尺度(区域)方面的研究

我国地域广阔,影响耕地数量变化的自然、经济和社会条件具有较强的地区差异。因此,以流域、自然或行政区域为研究范围更具有针对性。杨桂山(2001)在"长江三角洲近 50 年耕地数量变化的过程与驱动机制研究"一文中,利用近 50 年耕地长序列统计资料和近 5 年的土地详查与变更数据,揭示了长江三角洲高强度土地开发的特征和近 50 年耕地数量变化的基本过程及空间差异,并初步探讨了耕地数量变化的主要驱动因子及其作用。濮励杰等(2002)运用相关分析、主成分分析和回归分析等手段,通过对锡山市耕地数量、质量变化驱动要素的定量分析,探讨了县域耕地变化的驱动要素。此外,邵晓梅等(2001)运用多元回归模型,史培军等(2000)应用最大似然法和概率松弛法,王良健等(1999)运用主成分分析、多元线性回归分析和"黑箱"理论等模型分别对山东省、深圳市和梧州市的耕地数量变化的动态度和驱动因素进行了定量分析,并提出了相应的耕地保护对策。熊鹰等(2004)、王宗明等(2004)、杨萍果等(2008)、张晓慧等(2011)、金涛等(2013)、张婷等(2014)、徐国良等(2016)等从中等尺度(省、市层面)上分别对湖南省、吉林省、河北省、山西省、江苏省、江西省、佛山市的耕地利用变化进行了分析。张术(2012)、王瑞发等(2013)分别对长沙市和青岛市的耕地变化及其驱动力进行了系统分析。

4) 小尺度(局部)方面的研究

局部地区如都市区、城乡结合部和农林交错区等,耕地数量变化和驱动力有其自身的特殊性,并对中尺度和大尺度区域耕地数量变化起着重要的制约作用。因此,小尺度方面的研究具有重要的意义。高永年等(2003)采用相关分析、主成分分析等数理方法对南京市耕地面积变化的社会驱动动力进行分析,并以此为依据,提出了都市区耕地可持续利用的对策。石瑞香等(2000)从中国东北样带(NECT)内的农牧交错区选择典型样点为研究单元,对可能影响耕地变化的自然气候因素和人口、社会经济因素等分别进行相关分析,进而得出该区域近年来耕地变化的主要驱动力。董德坤等(2004)通过对城乡结合部农地转用影响因素的分析,指出经济驱动力是农地转用的直接原因。

1.2.2 生态型土地利用与调控研究方面

1) 生态型土地分类体系研究

目前,国内外尚没有将生态用地作为一项专门的用地类型给予明确定义。然而,在现行的土地利用过程中却体现着生态用地的思想。德国土地分类系统中把农林用地、城市绿地、水体和自然保护区用地等地类进行单独划列(韩冬梅,2007);美国将土地分类为城市或建设用地、农业用地、牧草地、森林、水体、湿地、冰原、多年积雪或结冰(郑伟元等,2004);日本将土地利用分为农用地、林地、自然公园用地、自然保护区用地、城市用地等,而林地、自然公园用地、自然保护区用地等属于生态用地(王国强,2002)。韩国"国土利用管理法"将土地按用途分为五类,城市地域、准城市地域、农林地域、准农林地域和自然环境保护地域,后三类中大部分属于生态用地范畴(张骞,2012)。我国对生态用地的划定主要依据其土地系统的生态系统服务内涵。2000年,国务院发布的《国务院关于印发全国生态环境保护纲要的通知》(国发〔2000〕38号)中首次提到了"生态用地",并从土地资源开发和生态环境保护的角度提出生态用地是具有重要生态功能的草地、林地和湿地等。随后,岳健等(2003)将生态用地划分为生态林地、生态水体及湿地、生态草地、生态裸露地、生态保护区用地;张红旗等(2004)将生态用地划分为人工型生态用地和自然型生态用地;宗毅等(2005)将生态用地划分为园地、林地、牧草地、水体用地、未利用地等土地;徐健等(2007)将生态用地分为保护区用地、草地、特殊生态用地、裸地以及水体湿地;王世东等(2013)将生态用地划分为林地、草地、水域、滩涂、湿地和其他生态用地共6个二级类。张蚌蚌等(2016)对生态用地内涵、生态用地分类等关键问题进行了探讨,并基于二调数据分析了中国生态用地时空变化。本书根据研究需要,依据《土地利用现状调查技术规程》确定的"土地利用现状分类"(1984 年)和 2002 年开始实施的《全国土地分类》(过渡期间适用)分类体系,将林地、园地和牧草地划分为生态型用地。

2) 生态型土地利用与调控研究

国外生态型土地利用与调控研究始于 19 世纪末,Marsh(1864)在 *Man and Nature Physical Geography as Modified by Human Action* 中首次提出了合理的规划人类活动,使之与自然协调的规划原则;Powell(1969)在《美国干旱地区土地报告》中提出要制定土地与水资源利用的政策,并最先建议通过立法和政策促进生态规划。苏格兰植物家 Geddes(1863)强调在规划中强化人类与环境之间的综合性。20 世纪中期,生态型土地利用与调控研究进入新的阶段,Mcharg 于 1981年提出将气象学、地貌学、土壤学、生态学等学科综合考虑,建立区域生态土地利用与规划框架、流程。20 世纪末,生态型土地利用与调控的理论和方法得到新的拓展,具有代表性的有日本学者岸根卓郎提出的国土规划模型、德国学者 Vester 和 Hesler 提出的生态灵敏度分析模型、分室模型和 Forman 的景观空间过程模型等(韩冬梅,2007)。国内有关生态土地利用与调控的研究起步较晚,主要研究有:马世骏提出了复合生态系统的理论,扩大了土地利用规划的内涵与范围,为生态型土地研究提供了新的视角和方法论(马世骏等,1984);随后,景贵和(1986)对生态型土地进行评价与生态设计;欧阳志云等(2005)将"3S"技术运用到生态型土地的利用与规划中。在生态土地调控中,傅伯杰等(2002)运用景观生态理论与方法对生态型调控进行了大量的研究。樊良新等(2009)将矿区生态型土地格局进行评价与优化,并将土地类型划分为生产型、消费型、保护型与调和型。关小克等(2013)以北京市为例,在全面探讨生态用地内涵的基础上,综合运用 GIS 技术和景观格局理论,分析生态用地空间的演变规律,提出了北京市城市生态用地空间的布局模式。张蚌蚌等(2016)利用全国第二次土地利用调查和变更数据,分析了 2009～2014 年全国生态用地变化情况。

1.2.3　居民点及独立工矿用地利用与调控研究方面

依据《土地利用现状分类》(1984 年)和《全国土地分类》(过渡期间适用,2002年)分类体系,居民点及独立工矿用地包括城市用地、建制镇、农村居民点、独立工矿用地、盐田和特殊用地 6 个二级类。居民点及独立工矿用地利用与调控研究既体现在综合研究方面(如城乡建设用地、城镇用地),也体现在单项用地研究方面(如城市用地、建制镇、农村居民点、独立工矿用地、盐田和特殊用地)。

1) 城乡建设用地综合研究

城乡建设用地综合研究方面,主要着重于城乡建设用地增减挂钩、城乡建设用地时空变化特征以及扩张的驱动力等。在城乡建设用地增减挂钩方面,李效顺等

(2008)将"脱钩"的基本理论和方法引入土地管理领域,提出了我国城乡建设用地变化的"脱钩"形态。王振波等(2012)在总结我国城乡建设用地增减挂钩政策的提出与实施历程之后,运用文献分析与规划经验相结合的方法,分析了政策执行错位的症结与根源,并提出今后应构建支撑城乡建设用地置换的理论与评价体系、城乡统一土地市场体系、实施保障体系、项目实施风险评估体系。曲衍波等(2013)以北京市平谷区为例,基于供需和级差地租理论,在已有农村居民点整治潜力和挂钩分区研究的基础上,开展了城镇建新适宜度与农村拆旧适宜度评价,建立了挂钩时空联系的逻辑模型,为挂钩项目区的条件设定与选择、空间联动和时序安排提供了参考。瞿忠琼等(2015)运用头脑风暴法和德尔菲法确定了用地置换指标预警的警兆体系,并据此对重庆市地票交易中用地置换指标进行了实证研究。在城乡建设用地时空变化方面,孟丹等(2013)采用 1990 年、2000 年、2006 年三期多源影像数地据、基础地理数据、DEM 数据、社会经济统计数据及其他相关资料,采用遥感信息提取 GIS 空间分析及土地科学相关模型等综合研究方法,首次提取近 20 年京津冀都市圈城乡建设用地的空间信息(误差在 10% 以内),并分析了城乡建设用地变化的幅度、速度、空间增长格局及其相关性。罗媞等(2014)基于城乡统筹视角,运用 GIS 空间技术、土地利用动态模型和多元回归分析,研究了武汉市 1996~2009 年城乡建设用地数量结构变化、空间格局演变及驱动机制。蔡芳芳等(2014)以南通市作为研究区,综合运用建设用地变化测度指标、城乡建设用地协调评价模型、地理探测器等多种研究方法,分析了 2001~2011 年南通市城乡建设用地演变时空特征及形成机理。王晓峰等(2015)以五期(1975 年、1990 年、2000 年、2005 年和 2010 年)土地利用现状数据为基础,利用 GIS 空间分析技术,提取建设用地变化及空间分布信息,利用建设用地扩展指数和建设用地密度分析方法对近 35 年来(1975~2010 年)西安市建设用地扩展的时空特征进行分析,并结合社会经济数据,对建设用地空间扩展驱动力进行了系统研究。陈军等(2015)利用我国自主研制的世界上首套 30 米空间分辨率全球地表覆盖数据集 GlobeLand30 的人造地表数据层,首次开展了全球城乡建设用地的空间分布及变化的统计分析,为研究全球陆表人类活动的空间分布特征与变化趋势提供了翔实的信息和知识。刘纪远等(2016)在已完成的 2000 年和 2010 年两期全国土地利用变化数据库的基础上,更新了 2013 年全国土地利用数据库,生成分期的城乡建设用地空间数据集;并对国家尺度各类主体功能区,以及东部、中部、西部、东北四大区域在主体功能区规划颁布前 10 年间(2000~2010 年)和后 3 年内(2010~2013 年)城乡建设用地扩张特征与差异进行了对比分析。城乡建设用地扩展驱动力方面,古维迎等(2011)利用遥感影像资料解译出 1988~2008 年的六期滇池流域的土地利用类型数据,结合社会经济统计资料,构建面板数据回归模型,比较分析了经济发展因素和规划政策因素对滇池流域城乡建设用地规模和人均城乡建设用地面积的影响,提出了合理的城市规划、投资政策和财政政策是控制城乡建设用地扩张,促进建设土地集约利用的重要措施。胡银根等(2016)认为居民收入增长、常住人口增加、私人汽车的普及和固定资产投资的增长是城镇建设用地扩张的主要动力,农民收入增长、违法占地风险成本小及宅基地退出机制缺失是农村建设用地扩张的主要动力,而集聚不经济的存在、征地范围的限制、产业结构的调整、农村违法占地成本的提高和宅基地退出机制的完善则有助于约束城乡建设用地的扩张,并认为实现城乡建设用地优化配置必须同步解决好"土地、人口、资金"三要素的城乡互动和配置,使农民真正享受到土地的增值收益。同时,相关学者对城乡建设用地集约利用、规模预测、适宜性评价、空间管制等方面也进行了系统研究(乔陆印等,2015;高永年等,2011;邓轶等,2009;彭保发等,2007)。

2) 城镇用地综合研究

城镇用地综合研究方面,侧重于城镇用地扩展及其驱动力研究,如田光进等(2003)利用 20 世纪 90 年代 1∶100000 全国资源环境数据库,提取了城镇用地动态变化信息,利用城镇用地扩展指数对全国城镇用地扩展的空间差异进行了分析。储金龙等(2006)以多时相 Landsat TM/ETM 卫星遥感影像为数据源,引入扩展速度、扩展强度、分维数、空间自相关指数等测度指标,分析了南通地区各类城镇的用地扩展过程、形态变化、结构分异及空间格局等时空特征。秦鹏等(2012)在对多期遥感影像数据进行解译和提取城镇用地信息的基础上,运用指数分析法,对城镇用地扩展进行了量化分析,并提出了城镇用地扩展的相关规律。舒帮荣等(2013)以太仓市为例,采用扩张速度与强度指数、重心坐标、灰色关联度及 Logistic 回归模型分别从规模及空间角度分析了 1989～2008 年太仓市区不同经济发展阶段城镇用地扩张特征、动力及其作用效果。李俊等(2015)利用 Logistic 回归分析了 2000～2005 年城镇用地扩展的主要驱动力,计算城镇用地转换适宜度矩阵,结合 CA-Markov 模型模拟三种情景下城镇用地扩展趋势,并认为大城市边缘区和交通线是城镇用地发生变化的主要影响因素,通过总量控制的区域整体城镇用地规划可以优化区域整体城镇用地扩展格局。严冬等(2016)以岷江上游地区为例,根据研究区历史统计数据构建山区城镇用地 SD 模型,模拟低速发展、惯性发展和高速发展三种不同发展情景下城镇用地的需求,结合 Dyna-CLUE 改进模型,预测了对应情景下 2011～2030 年的城镇用地范围,并探究了其对其他土地利用类型的影响,为山区城镇用地规划、评估由城镇扩张造成的生态环境问题和制定相应的对策提供了有效的技术支撑。同时,相关学者对城镇用地利用效率和绩效也进行了深入研究,如王宏亮等(2015)运用 DEA 模型,分析内蒙古自治区 101 个旗县区城镇用地效率,揭示了土地利用空间分异特征,并提出了提升内蒙古城镇用地效率、优化空间结构的对策体系。崔许锋等(2016)以江苏省为研究区,基于经济、社会和生态统计数据,分别采用绩效评价模型和障碍度诊断模型对江苏省 61 个县域城镇用地进行了绩效评价与障碍度诊断,并提出今后江苏省应进一步削减城镇用地绩效主导障碍,缩小地区内部县域城镇用地绩效差异,坚持"经济-社会-生态"绩效协调发展策略。

3) 城市用地、农村居民点、建制镇、独立工矿用地、盐田和特殊用地等单项用地研究

单项用地研究方面主要集中于城市用地和农村居民点,单纯建制镇、独立工矿用地、盐田和特殊用地研究偏少。

城市用地侧重于城市用地扩张和城市用地效益研究。在城市用地扩张研究方面,张利等(2011)选取中国 222 个地级及地级以上城市为样本,以市辖区建成区面积表征城市用地规模,利用位序-规模法则和分形理论分析了 1997～2007 年中国城市用地扩张整体趋势,并通过计算城市用地扩张幅度指数(UEI),分析了中国不同用地规模、不同区域和不同省份之间的城市用地扩张差异,并从自然条件、行政区划调整、经济发展和人口增长等方面探讨了各影响因素对城市用地扩张的作用机制。舒帮荣等(2013)基于经济发展阶段理论,对 1987～2011 年中国大陆 31 个省份进行经济发展阶段划分,采用计量工具分析了经济增长、城市人口增加、产业结构调整及固定资产投资对城市用地扩张的影响,为城市用地扩张差别化调控提供决策支持。姜群鸥等(2014)以珠江三角洲地区城市群为例,研究了在自然环境条件和社会经济条件共同作用下城市化进程中城市用地动态变化的驱动机制,并设计了规划情景和 RCPs(representative concentration pathways)气候情景,运用决策树元胞自动机模型对这几种情景下珠江三角洲地区城市用地的动态变化进行预测模拟。郭瑞敏等(2016)以广东省 21 个地级市及以上城市为研究对象,根据研究对象 1995～2010 年生态位值的变化情况,将 21 个城市分为四个等级,结合四种方法从不同角度对不同等级城市用地扩张和经济发展之间的关系进行研究。在城市用地效益研究方面,罗罡辉等(2003)探讨了城市用地效益内涵和评价指标,并通过模型构建评价城市用地效益,为我国城市土地集约利用和可持续发展提供了参考。黄木易等(2008)在城市用地效益评价模型与评价指标体系构建基础上,对2000～2004 年浙江省 11 个地级市的城市用地效益进行综合评价。杨志荣等(2009)运用数据包络分析方法(DEA),从城市土地的投入和产出角度,对全国 30 个城市(包括直辖市和部分省会城市)的城市用地经济效益进行比较研究,并对如何提高城市用地经济效益提出了相应的改进措施。

农村居民点研究侧重于农村居民点时空变化、整理和集约利用。在农村居民点时空变化研究方面,田光进等(2003)基于 20 世纪 90 年代中国 1∶10⁶ 土地利用动态变化数据,利用单元自动机和人工神经网络模型对中国农村居民点用地进行了区划,并在此基础上研究了 20 世纪 90 年代中国农村居民点用地动态变化时空格局。胡贤辉等(2007)以江汉平原典型地区仙桃市为例,采用 1996～2004 年的土地变更数据和社会经济统计数据,分析了农村居民点用地变化特征,并进一步运用多元统计中的因子分析法和多元回归模型,对引起农村居民点用地规模变化的

社会经济驱动因子进行了定量研究。周伟等(2011)采用了定性描述与定量分析相结合的方法,分析了三峡库区从整体到局部的农村居民点用地的变化规律。关小克等(2013)以北京市平谷区为例,利用 2004 年、2009 年土地利用现状数据库,研究了平谷区 2009 年农村居民点空间分布特征及 2004～2009 年间居民点用地的变化情况,评价了村庄的综合发展潜力,并提出了居民点用地调控的类型及区域产业发展布局的方向。乔陆印等(2015)利用全国农村居民点栅格数据(1 公里×1 公里),基于"公里格网-县域-省域"的不同空间尺度,通过构建和运用综合指标法、空间自相关分析法,揭示了 1995～2005 年全国农村居民点用地变化的数量特征、变化地域类型和空间分布特征,并提出相应的调控策略。庄至凤等(2015)基于分形理论,在总体与部分两个层次上对 2004～2012 年北京市平谷区农村居民点空间结构与形态特征及其动态变化进行综合分析,并提出空间结构合理优化及空间形态稳定性提高的相关对策。在农村居民点整理研究方面,石诗源等(2009)综合运用统计分析法、实地调查法、层次分析法、人均用地指标法和限制条件修正系数法,测算了江苏省 65 个地域单元农村居民点整理的理论潜力和现实潜力,为土地管理和新一轮土地利用总体规划修编提供参考。曹秀玲等(2009)以县级行政区为基本单元,采用多指标综合评价法对省域农居点整理潜力进行了评价分级,并针对不同的分级区提出了不同的整理方向。曲衍波等(2011)以北京市平谷区为例,基于经济社会限制性和耕地自然适宜性的评价与分析,利用综合修正法估算了北京市平谷区农村居民点用地整理的现实潜力;然后通过建立挂钩能力指数模型,分析了城镇建设用地新增需求与农村居民点用地整理潜力之间的关系,并将平谷区划分为三类挂钩区,进而提出相应的挂钩整理与运作模式、资金保障措施以及补偿安置方式。陈秧分等(2012)应用 GIS 技术和空间自相关分析方法研究了中国县域尺度农户生计转型的存在性、拐点值及其主导下的农村居民点用地整治适宜区域,提出了切实反映农户生计特征的区域农村居民点用地整治政策建议。孟霖等(2014)以江苏省徐州市为例,选取自然条件、社会发展、经济水平、政府意愿和农户意愿五方面的 12 个指标评价农村居民点整理适宜性,采用人均建设用地标准法测算农村居民点的整理潜力,通过整理适宜性与整理潜力的空间叠置分析,划定农村居民点整理分区,并提出了差别化的分区管制措施。刘玉等(2015)以广东省五华县为例,以行政村为单元,在政策指标测算法的基础上,从自然环境状况、经济保障能力和社会因素等三个方面构建理论潜力修正模型,将理论潜力修正为可实现潜力,并根据土地适宜性评价估算增加耕地潜力,以期为科学编制农村土地整治规划提供依据。在农村居民点集约利用方面,马佳等(2008)以 C-D 生产函数为基础建立 C-D 生产函数修正模型,运用该模型探讨了近郊区和远郊区(农村腹地)农村居民点用地集约利用的最佳人均投入量估算,并以湖北孝感市孝南区为例进行实证。陈美球等(2009)通过对江西省 5 个市 8 个县(区)20 个自然村的农村居民点用地集约利用专题调研,以农户"是否愿意服从政府的统一规划来建房"作为衡量农户农村居民点用地集约利用意愿的指标,在提出有关理论假设前提的基础上,通过建立 Logistic 模型,从农民自身特征、农户家庭特征、农户现有居住特征和区域社会经济特征四个方面进行了实证分析。研究结果表明:在农民自身特征、农户家庭特征、农户现有居住特征、区域社会经济四类指标中,农民文化程度、常年居住在家的人口数量、人均年收入、与邻院的最近距离、人均宅基地面积和离县城的距离六个因素对农户集约利用农村居民点用地的意愿有着显著的影响。曲衍波等(2011)选择北京市海淀区、顺义区和平谷区三个处于不同城市功能区和经济发展水平的典型区县,采用单因素目标比较法和多因素综合评价法,从用地强度、用地结构和用地布局三个方面进行农村居民点用地集约度的测算,然后比较分析了研究区之间农村居民点用地集约度的区域性差异及其影响因素,并为加快首都郊区新农村建设和城乡统筹发展提出合理化建议。朱泰峰等(2015)采用层次分析法、自然间断点分级法和多因素综合法分析评价北京市门头沟区农村居民点用地的集约利用水平。

1.2.4 其他研究方面

在土地利用结构变化及调控、土地利用分区与调控、主要基础设施用地(交通运输用地和水利设施用地)以及未利用地开发利用与保护等方面,相关学者也进行了深入系统的研究。

在土地利用结构变化及调控研究方面,着重于基于模型构建进行土地利用结构差异性分析,如孔雪松等(2009)借助信息论原理分析了1997~2007年湖北省嘉鱼县土地利用结构信息熵与均衡度动态演变特征,运用层次分析法原理构建简明化的指标体系探讨其研究期间土地利用效益的变化特点,同时利用灰色关联分析法比较研究土地利用结构与效益变化的定量关系;刘俊等(2009)利用1996~2007年苏锡常地区土地利用变更数据,从土地利用变化幅度、动态度、变化强度、相对变化率及景观生态学角度,对区域土地利用结构的动态变化及区域差异进行分析;王海涛等(2013)利用数据包络分析方法,以城市化水平相对较高的辽宁省为样本,选取2000年和2009年辽宁省14个地市的土地利用结构数据和相关指标,对辽宁省土地利用结构效率进行了系统测评,并在分析影响辽宁省土地利用结构效率相关因素的基础上,对如何优化辽宁省土地利用结构、提高土地利用结构效率设计了一条可行的路径;谭术魁等(2014)运用计量地理模型、信息熵的方法,分析了湖北省17个市(州)土地利用结构的地域差异,研究土地利用信息熵和经济发展水平之间的关系;徐丽华等(2014)以杭州市为例,基于 Landsat 的 TM 遥感影像,在解译土地利用专题信息基础上,测度了土地利用动态度和各地类重心的转移,分析了1995~2010年城市土地利用变化的时空格局特征及其影响因素。

在土地利用分区与调控研究方面,着重于土地利用分区方法及实证研究,从明珠等(2008)以县市为研究单元,从土地资源利用的结构、投入、产出、生态、动态和潜力等6个方面,构建了区域土地利用分区的综合指标评价体系,并利用主成分分析法,对江苏省各县市的土地利用程度进行综合评价。杨勇等(2010)建立了关中地区的土地利用综合分区评价指标体系,并以县区为基本单元把关中地区的土地利用分为五种类型区,最后根据定量评价结果和三大地貌单元,对关中地区土地利用调控提出了对策建议。吴萍等(2011)以区县为评价单元,筛选资源环境、社会经济、土地利用结构等10个评价指标,基于聚类分析法将太原市划分为两个一级区及五个二级区,并根据区内特点提出了相应的土地调控举措。曹蕾等(2012)运用综合归纳法和案例分析法,构建了由产业功能区与用途管制片构成的两级分区体系,提出了公众参与式分区方法。刘耀林等(2012)以兰州市榆中县为试验区,选取分区适宜性、规划协调性和空间紧凑性作为分区目标,基于目标规划和模拟退火算法对试验区进行土地利用分区优化。禹洋春等(2014)以重庆市江津区为例,利用系统聚类分析功能将江津区划分为北部城镇高度发达区、中部发展潜力区、南部农林生态区,并根据各区域的相似性和差异性,提出了各区域土地资源开发利用中存在的主要问题和未来发展方向。

在未利用地开发利用与保护方面,着重于未利用地适宜性和开发潜力评价研究,如刘长胜等(2004)结合GIS技术设计了土地整理中未利用地适宜性评价的总技术路线,并以广西柳城县为例运用本评价系统对其未利用地进行适宜性评价,确定了适宜性评价结果和各类适宜性用途的空间分布,并对全县未利用地的合理利用提出了可行性建议。袁磊等(2013)以云南省典型的山区县弥渡县为例,将GIS空间分析技术、层次分析法及德尔菲法相结合,分别构建宜耕未利用地的开发适宜性评价模型、新增耕地指数及补充耕地潜力模型、宜耕未利用地开发潜力分区评价模型,对云南山区宜耕未利用地的开发适宜性与潜力分区进行了分析。曾庆敏等(2016)以阜康市为研究区域,采用生态位适宜度模型,选择土壤含盐量、土层厚度、土壤质地、有机质含量、地貌类型、林地覆盖率、灌溉保证率、土壤侵蚀模数、≥10℃积温、距离河流距离、流域地均径流量以及年均降水量共12个指标构建评价指标体系,进行未利用地开发利用适宜性评价。贺文龙等(2016)以冀西北间山盆地的河北省怀来县为例,引入最小累积阻力模型,选取工程地质条件、地形地貌条件、区位因素条件、自然生态条件四个方面指标构建阻力面,并通过构建潜在雨水生态廊道和生态节点对未利用地开发建设适宜性评价结果进行优化。

单纯基础设施用地(交通运输用地和水利设施用地)方面的研究较少,且着重于基础设施用地规模预测方面,如敖登高娃等(2008)利用内蒙古自治区1996~2004年土地详查与变更调查数据,建立时间序列GM模型,并与上一轮土地利用规划的预测结果进行了对比研究,在此基础上对规划阶段年2010年和规划目标年2020年的水利设施用地需求量进行了预测。基础设施用地结构、数量和利用程度等方面的研究更多地融合于区域土地综合利用研究之中。

1.2.5　国内外研究评述

综上所述,国内外研究具有以下特征:

(1) 国外的耕地利用变化与调控研究体现在土地利用/土地覆盖变化(LUCC)整体研究之中,并成为其研究的主要内容(李秀彬,1996)。在对国外研究成果借鉴的基础上,结合我国具体情况,逐渐形成了我国土地利用/土地覆盖变化研究内容和方向,并取得了丰富的成果。其中耕地数量变化态势及其规律研究、数量变化的空间和动态测度模型研究、数量变化的驱动力与驱动机制研究成为我国土地利用/土地覆盖研究的主要内容之一,并在理论探讨、全国范围的大尺度、区域范围内的中尺度和局部小尺度方面进行了较为深入的研究(牛海鹏,2005)。

(2) 生态型土地研究侧重于生态型用地分类体系研究和生态型土地利用与调控研究;居民点及独立工矿用地利用与调控研究既体现在综合研究方面(如城乡建设用地、城镇用地),也体现在单项用地研究方面(如城市用地、建制镇、农村居民点、独立工矿用地、盐田和特殊用地)。单项用地研究方面主要集中于城市用地和农村居民点,单纯的建制镇、独立工矿用地、盐田和特殊用地的研究偏少。

(3) 在土地利用结构变化及调控研究方面,着重于基于模型构建进行土地利用结构差异性分析;在土地利用分区与调控研究方面,着重于土地利用分区方法及实证研究;在未利用地开发利用与保护方面,着重于未利用地适宜性和开发潜力评价研究;在单纯基础设施用地(交通运输用地和水利设施用地)方面的研究较少,且着重于基础设施用地规模预测方面。基础设施用地结构、数量和利用程度等方面的研究更多地融合于区域土地综合利用研究之中。

(4) 针对目前已有研究体系和内容来看,以完整的第一次土地利用现状调查数据实施期为研究时段,以省级和市级为研究区域,系统地开展全时段、多尺度的各类土地利用与调控的研究较少。

1.3　研究思路与研究内容

1.3.1　研究思路

在全面系统收集整理 1996～2008 年各类土地利用数据、经济社会数据的基础上,采用主成分分析法、灰色关联度分析法、SWOT 分析法和时空分异分析法,系统开展河南省土地利用结构与总体布局的变化特征,耕地、生态型用地(林地、园地、牧草地)、居民点及独立工矿用地、基础设施用地(交通运输用地、水利设施用地)和未利用地的时空变化和调控、土地利用分区与统筹等分析,揭示第一次土地利用现状调查数据实施期间河南省土地利用变化特征和驱动机理,辨识河南省土地利用存在的主要问题与挑战,实现经济社会转型期河南省土地的合理利用与调控的研究目标,研究思路如图 1-1 所示。

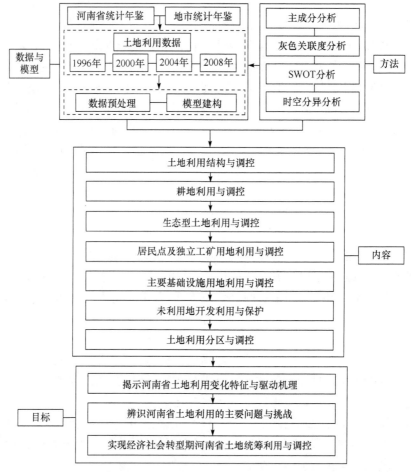

图 1-1　经济社会转型期河南省土地利用与调控技术路线图

1.3.2　研究内容

1)土地利用结构与调控

选择 1996 年、2000 年、2004 年和 2008 年四个时间点,运用土地利用变化模型,测度分析河南省土地利用结构变化特征和变化规律,明晰农用地、建设用地和未利用地的时空变化差异,提出土地利用结构调控措施和重点区域。

2)耕地利用与调控

采用河南省 1996～2008 年耕地变更资料,运用数理统计方法对河南省进行耕地数量变化及内部结构变化、动态度变化、空间分布变化等方面的分析;同时结合社会经济数据,利用主成分分析方法,对影响河南省耕地利用变化的社会经济驱动因素进行深入剖析。在此基础上,针对耕地利用中存在的问题,构建耕地利用调控体系,并提出耕地利用调控对策,以期为解决耕地保护与经济发展矛盾以及土地可持续利用提供决策参考。

3) 生态型土地利用与调控

对河南省 1996~2008 年的林地、园地和草地利用及其存在问题进行辨析,研究河南省 1996~2008 年的生态型土地(林地、园地和牧草地)利用与变化情况。建立河南省生态型土地利用驱动潜在因子与指标体系(人口与经济驱动因子、资源消耗驱动因子、自然环境驱动因子和环境污染驱动因子),采用灰色关联度模型对河南省生态型土地演变驱动因子进行分析,并针对河南省生态型土地资源现状与驱动,提出利用与调控对策。

4) 居民点及独立工矿用地利用与调控

分析城镇用地、农村居民点用地、独立工矿用地、特殊用地的变化。针对城镇用地的特点,采用扩展速度指数、扩展强度指数、扩展差异指数分析 1996~2008 年河南省及其所辖 18 个省辖市城镇用地的时空分异,并构建协调度模型分析城镇人口与城镇用地之间的演变关系;采用时空分析模型分析 1996~2000 年、2000~2004 年、2004~2008 年以及 1996~2008 年 4 个研究时段河南省 18 个省辖市农村居民点用地数量变化、幅度变化及其时空演变态势,并构建农村人口与农村居民点用地协调度指数模型测度之间的演进态势协调性;采用数量分析法分析河南省 18 个省辖市独立工矿用地的变化及其区域差异。分析河南省 18 个省辖市特殊用地的数量变化及其变化幅度。在此基础上,总结归纳河南省及其 18 个省辖市城镇用地、农村居民点用地、独立工矿用地、特殊用地存在的主要问题,并提出相应的调控对策。

5) 主要基础设施用地利用与调控

分析河南省主要基础设施用地(交通运输用地和水利设施用地)利用现状及其存在的潜在问题,对 1996~2008 年的河南省交通运输用地和水利设施用地用地类型的变化与趋势进行分析。重点剖析交通运输用地变化与利用情况,并基于河南省主要基础设施用地现状、存在问题及其演变情况,提出相应的利用调控对策。

6) 未利用地开发利用与保护

根据河南省各省辖市未利用地资源的禀赋特点,着重分析 1996~2000 年、2000~2004 年、2004~2008 年以及 1996~2008 年等研究时段河南省 18 个省辖市未利用地的数量变化、空间变化,并详细分析未利用地所包含的具体地类的时空演变趋势。采用 SWOT 分析法分析河南省未利用地开发利用的优势、劣势、机遇、挑战,进而提出未利用地开发利用的战略,并提出河南省未利用地生态化保护模式和调控对策。

7) 土地利用分区与调控

依据土地利用现状图、地貌分区图等基础资料,开展河南省土地利用分区研究,分区分析土地资源区域分布特征和社会经济条件,提出不同区域土地利用管理与调控的方向和重点,为河南省土地利用规划和其他相关管理提供基础支撑。

1.3.3　数据来源与研究方法

1. 数据来源及预处理

1) 经济社会数据

经济社会数据主要来源于 1997～2009 年的历年《河南统计年鉴》以及各省辖市统计年鉴。

2) 土地利用数据

土地数据采用历年《河南省土地利用现状数据册》。为了保证土地资源数据变化的连续性和现势性,及时准确掌握全省辖市土地利用状况,更好地为各级政府宏观决策和全省经济建设提供服务,根据国土资源部有关开展年度土地变更工作通知的相关要求,河南省自 1996 年开始连续开展各年度的变更调查工作,并编制年度土地利用现状数据册。

在进行土地利用变更汇总过程中,1996～2001 年采用的是《土地利用现状调查技术规程》确定的"土地利用现状分类"(1984 年);2002～2008 年采用的是 2002年开始实施的《全国土地分类》(过渡期间适用)分类体系。《全国土地分类》(过渡期间适用)分类体系是在土地利用现状分类(1984 年)的基础上,通过合理归并和拆分,形成的 3 个一级类、10 个二级类、52 个三级类。《全国土地分类》(过渡期间适用)分类体系与《土地利用现状》(1984 年)(八大类)分类体系相比,新分类体系在以下方面有变化:新设畜禽饲养地、设施农业用地、养殖水面、晒谷场和管道运输用地等地类,同时将沟渠变为农田水利用地。

为了便于统计分析,依据《全国土地分类》(过渡期适用)与土地利用现状分类(八大类)对照关系(表 1-2),将 1996～2001 年土地利用现状分类(八大类)数据转换为《全国土地分类》(过渡期适用)分类体系,使 1996～2008 年具有分类体系的一致性。同时,由于 1996～2001 年农村居民点用地包括畜禽饲养地、设施农业用地、晒谷场等用地,且难以按照《全国土地分类》(过渡期间适用)分离出农村居民点用地、畜禽饲养地、设施农业用地、晒谷场等用地,故在 2002～2008 年的土地利用数据中,将禽饲养地、设施农业用地、晒谷场等用地归并到农村居民点用地,将坑塘水面、养殖水面归并为坑塘水面,使得四期数据农村居民点用地和其他农业用地具有可比性,如表 1-3 所示。另外,由于 1996～2008 年,河南省部分区域进行了行政区划调整,包括济源市从焦作市分离、襄城县从平顶山市划归许昌市,土地变更登记也随之按照行政区划调整后的单元进行变更。为了保持行政区划单位数据的可比性,1996 年土地利用数据中将济源市土地利用数据单独分离出来,将襄城县土地利用数据从平顶山市分离出来归并到许昌市土地利用数据之中。

表 1-2　《全国土地分类》(过渡期适用)与土地利用现状分类(八大类)对照表

《全国土地分类》(过渡期适用)		土地利用现状分类	
代码	地类名称与土地利用现状分类关系	代码	地类名称
111	灌溉水田＝11	11	灌溉水田
112	望天田＝12	12	望天田
113	水浇地＝13	13	水浇地
114	旱地＝14	14	旱地
115	菜地＝15	15	菜地
121	果园＝21	21	果园
122	桑园＝22	22	桑园
123	茶园＝23	23	茶园
124	橡胶园＝24	24	橡胶园
125	其他园地＝25	25	其他园地
131	有林地＝31	31	有林地
132	灌木林地＝32	32	灌木林
133	疏林地＝33	33	疏林地
134	未成林造林地＝34	34	未成林造林地
135	迹地＝35	35	迹地
136	苗圃＝36	36	苗圃
141	天然草地＝41	41	天然草地
142	改良草地＝42	42	改良草地
143	人工草地＝43	43	人工草地
151	畜禽饲养用地指农村居民点、独立工矿用地以外的畜禽饲养用地	52、53	农村居民点、独立工矿用地
152	设施农业用地	…	无类别
153	农村道路＝63	63	农村道路
154	坑塘水面＝74 中未养殖坑塘水面	74	坑塘水面
155	养殖水面＝74 中养殖坑塘水面	74	坑塘水面
156	农田水利用地＝77	77	沟渠
157	田坎＝87	87	田坎

续表

《全国土地分类》(过渡期适用)		土地利用现状分类	
代码	地类名称与土地利用现状分类关系	代码	地类名称
158	晒谷场等用地是指农村居民点外的晒谷场等用地	52	农村居民点
201	城市＝51A	51A	城市
202	建制镇＝51B	51B	城镇
203	农村居民点＝52	52	农村居民点
204	独立工矿用地＝53	53	独立工矿用地
205	盐田＝54	54	盐田
206	特殊用地＝55	55	特殊用地
261	铁路＝61	61	铁路
262	公路＝62	62	公路
263	民用机场＝64	64	民用机场
264	港口码头用地＝65	65	港口、码头
265	管道运输用地指居民点及独立工矿用地外地上管道运输用地	…	除居民点及独立工矿用地外有关地类
271	水库水面＝73	73	水库水面
272	水工建筑用地＝78	78	水工建筑物
311	荒草地＝81	81	荒草地
312	盐碱地＝82	82	盐碱地
313	沼泽地＝83	83	沼泽地
314	沙地＝84	84	沙地
315	裸土地＝85	85	裸土地
316	裸岩石砾地＝86	86	裸岩、石砾地
317	其他未利用土地＝88	88	其他
321	河流水面＝71	71	河流水面
322	湖泊水面＝72	72	湖泊水面
323	苇地＝75	75	苇地
324	滩涂＝76	76	滩涂
325	冰川及永久积雪＝79	79	冰川及永久积雪

表 1-3　河南省 1996～2008 年土地利用现状数据归并与统计　　　（单位:公顷）

地类			1996 年	2000 年	2004 年	2008 年
一级类	二级类	三级类				
农用地	耕地	灌溉水田	664728.38	660873.26	646252.44	644384.28
		望天田	85694.07	53994.06	50636.04	50777.95
		水浇地	3144836.15	3120702.51	3094157.18	3085830.72
		旱地	4129001.78	4161088.63	4053332.47	4065499.90
		菜地	86078.33	84596.69	81965.17	79881.43
		小计	8110338.71	8081255.15	7926343.30	7926374.28
	园地	果园	248239.36	247055.80	250495.73	244340.91
		桑园	8910.96	9792.79	9624.71	9072.27
		茶园	14609.57	16140.97	18383.88	18396.73
		橡胶园	3.38	2.21	0.00	0.00
		其他园地	36545.55	37301.83	42215.23	42102.14
		小计	308308.82	310293.60	320719.55	313912.05
	林地	有林地	1964407.57	1963931.10	2005866.77	2002482.18
		灌木林地	506419.01	505925.09	516567.15	516399.91
		疏林地	211606.83	210123.26	215130.98	214765.88
		未成林造林地	141911.04	143678.49	272765.89	275753.77
		迹地	1616.21	1598.39	1762.16	1759.63
		苗圃	5620.58	6217.64	7367.15	7397.12
		小计	2831581.24	2831473.97	3019460.10	3018558.49
	牧草地	天然草地	11249.01	11427.80	11117.86	11066.89
		改良草地	169.49	169.37	158.60	158.60
		人工草地	3028.13	3076.00	3150.47	3158.43
		小计	14446.63	14673.17	14426.93	14383.92
	其他农用地	农村道路	295002.45	295208.15	292808.17	291657.01
		坑塘水面	173555.33	174497.11	175429.92	173951.04
		农田水利用地	263964.91	264237.87	263201.43	262631.87
		田坎	239746.13	237895.51	231144.57	227954.14
		小计	972268.82	971838.64	962584.09	956194.06
		合计	12236944.22	12209534.53	12243533.97	12229422.80

续表

地类			1996 年	2000 年	2004 年	2008 年
一级类	二级类	三级类				
建设用地	居民点及独立工矿用地	城市	71042.83	81695.78	99893.42	107520.95
		建制镇	59051.13	64428.73	71835.49	82087.60
		农村居民点	1456724.98	1453486.23	1454397.05	1449746.65
		独立工矿用地	200483.83	209146.71	223228.16	247289.26
		盐田	59.38	31.76	32.06	0.00
		特殊用地	46809.27	46880.03	47729.45	48083.32
		小计	1834171.42	1855669.24	1897115.63	1934727.78
	交通运输用地	铁路用地	17788.19	18094.23	20137.95	20839.80
		公路用地	65812.37	74798.77	92281.03	99670.82
		民用机场	1419.40	1440.30	1144.97	1144.49
		港口码头用地	16.58	16.58	17.25	20.08
		管道运输用地	0.00	0.00	16.75	24.73
		小计	85036.54	94349.88	113597.95	121699.92
	水利设施用地	水库水面	133794.52	138362.43	144169.29	144475.69
		水工建筑用地	36376.88	37180.36	37280.38	37686.17
		小计	170171.40	175542.79	181449.67	182161.86
	合计		2089379.36	2125561.91	2192163.25	2238589.56
未利用地	未利用土地	荒草地	879200.76	846785.58	818197.45	805515.99
		盐碱地	5232.75	5006.02	4951.15	4459.11
		沼泽地	7005.26	6493.80	5760.65	5681.81
		沙地	34997.81	36844.91	35306.51	32119.65
		裸土地	65296.50	64259.81	63711.01	63245.80
		裸岩石砾地	444664.73	462203.70	444493.53	443286.75
		其他未利用土地	189721.73	188965.27	165075.61	163976.36
		小计	1626119.54	1610559.09	1537495.91	1518285.47
	其他土地	河流水面	256524.39	254452.59	249760.72	244896.67
		湖泊水面	3454.68	3304.22	3314.16	3307.48
		苇地	9702.75	9224.55	8427.19	7922.16
		滩涂	331516.97	341005.03	318946.73	311217.76
		冰川及永久积雪	0.00	0.00	0.00	0.00
		小计	601198.79	607986.39	580448.80	567344.07
	合计		2227318.33	2218545.48	2117944.71	2085629.54
总计			16553641.91	16553641.92	16553641.93	16553641.90

2. 研究方法

1) 统计分析法

在对历年耕地、居民点及独立工矿用地、基础设施用地(包括交通运输用地和水利设施用地)、生态型土地(包括林地、园地与牧草地)、未利用地转换、归并的基础上,统计土地利用总体结构和布局,以及各类用地数量、分布及其变化。

2) 数学模型建构分析法

数学模型建构分析法主要包括主成分分析法、灰色关联度分析法、SWOT 分析法和时空分异分析法等。通过建构主成分分析等相关数学模型,探析各类土地利用时空变化规律和特征、土地利用变化与经济社会发展的相关性。

1.3.4 创新之处

(1) 以完整的第一次土地利用现状调查数据实施期为研究时段,以河南省及其各省辖市为研究区域,系统地开展了全时段、多尺度的土地利用与调控研究。

(2) 在对第一次土地利用现状调查数据实施期内采用的土地利用分类体系分析和归并的基础上,提出了适用于时序分析的具有可比性的土地利用分类系统,并开展了总体与分类相结合的土地利用时空动态变化分析,为河南省土地利用合理、科学调控提供了理论支撑和依据。

第2章 土地利用结构与调控

2.1 土地利用结构概况

土地是农业生产的基础,其利用方式和水平对区域社会经济发展起着基础支撑作用。河南省是农业大省,也是我国重要的粮食主产区之一,农业一直被放在河南省社会经济发展的首位。但近年来第二和第三产业的快速发展,土地资源面临的压力进一步增大。如何协调农业和其他产业发展之间的关系,保护和合理利用有限的土地资源,实现在保障粮食供给的同时积极推动区域经济的快速发展,是河南省面临的突出问题。土地利用结构是区域发展在土地利用上的反映,通过分析土地利用结构的变化特征,有助于揭示区域土地利用的变化趋势,及时发现和制止不可持续的土地利用活动,提高区域土地资源的利用效率和水平。土地利用变化研究对于保护河南省土地资源,稳定粮食供给和促进社会经济协调发展具有重要意义。

土地利用结构是指一定地域范围内各类用地的构成,是土地资源在各产业间的配置与各类用地比例关系的反映。农业用地是河南省土地利用的主体,2008年,农用地为12229422.81公顷,占全省总面积的73.88%;其次是包含城市、农村居民点和道路等在内的建设用地,其面积为2238589.57公顷,占全省总面积的13.52%;最后是未利用地,其面积为2085629.55公顷,占全省总面积的12.60%(表2-1)。整体上,农业生产用地在河南省各部门用地中占有绝对的优势,建设用地次之,未利用地相对较少,后备资源匮乏。

表 2-1 2008 年农用地、建设用地和未利用地

地类	面积/公顷	比例/%
农用地	12229422.81	73.88
建设用地	2238589.57	13.52
未利用地	2085629.55	12.60

从农用地、建设用地和未利用地的构成看,耕地是农用地的主体,其面积为7926374.29公顷,占全省面积的47.88%;其次是林地,面积为3018558.49公顷,约占总面积的18.24%;再次是其他农用地,面积为956194.06公顷,占总面积的5.78%;园地和牧草地资源相对较少,分别占总面积的1.89%和0.09%。

建设用地中居民点及独立工矿用地面积最大,其面积为1934727.78公顷,占

河南省土地总面积的 11.69%；交通运输用地和水利设施用地面积较小，分别占用地面积的 1% 左右。

　　未利用地中未利用土地面积较大，其面积为 1518285.47 公顷，占河南省面积的比例为 9.17%，其他未利用地面积较小，其面积为 567344.07 公顷，占总面积的 3.43%。

　　2008 年的土地利用结构如表 2-2 所示。

表 2-2　2008 年土地利用结构

一级地类	二级地类	面积/公顷	比例/%
农用地	耕地	7926374.29	47.88
	园地	313912.06	1.89
	林地	3018558.49	18.24
	牧草地	14383.92	0.09
	其他农用地	956194.06	5.78
建设用地	居民点及独立工矿用地	1934727.78	11.69
	交通运输用地	121699.92	0.73
	水利设施用地	182161.87	1.10
未利用地	未利用土地	1518285.47	9.17
	其他未利用地	567344.07	3.43

2.2　土地利用结构与数量变化

2.2.1　1996～2008 年土地利用结构变化

　　土地利用结构变化是特定时间尺度土地利用变化幅度和强度的反映，不仅能够反映农业发展的规模、强度和速度，还能反映工业发展对土地的占用以及区域城镇化发展的速度。另外，土地利用结构和布局的变化能够在一定程度上反映我国土地利用政策的变化，可用以分析不同时期土地利用政策对土地利用变化的影响。所以土地利用结构与布局研究已成为揭示人地关系状况的突破口，越来越受到土地资源管理、地理和生态学领域研究者的关注，土地利用变化分析已成为揭示区域土地利用变化的重要途径。

　　1996～2008 年是河南省城镇化的快速发展时期，也是农业结构调整的重要时期。分析河南省土地利用结构变化特征有利于揭示社会经济发展对区域土地利用变化的影响。1996～2008 年，河南省农用地、建设用地和未利用地的数量存在此消彼长的关系。农用地面积虽有波动，但整体上相对稳定。建设用地和未利用地变化趋势相反，前者呈增加趋势，后者呈减少趋势。1996 年建设用地低于未利用地,而 2000 年之后,未利用地面积减少速度加快,建设用地面积超过未利用地,成为第二大用地类型(表 2-3)。三大地类的变化特征可能与近年来耕地保护政策、耕地占补平衡政策和土地开发和整治政策的实施有关。

表 2-3　1996～2008 年农用地、建设用地和未利用地面积　（单位:公顷）

地类	1996 年	2000 年	2004 年	2008 年
农用地	12236944.23	12209534.53	12243533.98	12229422.81
建设用地	2089379.35	2125561.92	2192163.24	2238589.57
未利用地	2227318.35	2218545.48	2117944.71	2085629.55

1996 年、2000 年、2004 年和 2008 年,二级地类中,耕地、园地、林地、牧草地和其他用地的面积如图 2-1 所示。

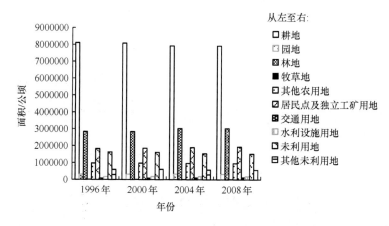

图 2-1　1996～2008 年各地类面积

图 2-1 表明,历年来河南省耕地面积一直占有绝对优势。1996～2008 年,耕地占全省土地面积比例为 47.88%～48.99%;其次是林地,占全省面积的比例为 17.10%～18.24%,再次是居民点及独立工矿用地(比例为 11.08%～11.69%)、未利用地(比例为 9.17%～9.82%)和其他农用地(比例为 5.87%～5.81%);交通运输用地、牧草地和园地面积相对较少。

2.2.2　1996～2008 年土地利用数量变化

1) 农用地

河南省农用地面积在 1996～2008 年波动较大,其中,1996～2000 年耕地呈现较大幅度的减少,而在 2000～2004 年又有大幅度上升,但随后在 2004～2008 年又出现小幅度降低(图 2-2)。1996～2000 年耕地面积减少的原因是该时期河南省经济发展加快,加之土地管理政策不够完善,农用地大量被转为建设用地。而在

2004～2008 年,耕地面积增加是由于新土地管理法的颁布和耕地保护政策的实施,特别是耕地占补平衡政策,促进了土地的开发、整理和复垦,从而导致农用地面积逆势上升。但随着适宜开垦的耕地后备耕地资源减少,补充耕地后继乏力,在城镇化刚性土地需求之下,农用地面积又出现小幅下降。

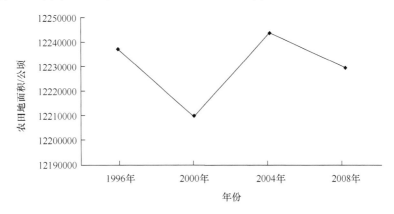

图 2-2　1996～2008 年农用地面积变化趋势

农用地在不同时间段内增减数量和年变化率差异较大。变化幅度最大的是2000～2004 年,农用地增加了 33999.45 公顷,年均增加 8499.86 公顷,变化幅度最小的是 2004～2008 年农用地减少了 14111.20 公顷,年均减少 3527.79 公顷。具体如表 2-4 所示。

表 2-4　1996～2008 年农用地面积变化量　　　　　（单位:公顷）

时间区间	变化数量	年变化量
1996～2000 年	−27409.70	−6852.43
2000～2004 年	33999.45	8499.86
2004～2008 年	−14111.20	−3527.79
1996～2008 年	−7521.45	−626.79

不同时间尺度内,耕地、园地、林地、牧草地和其他农用地的变化具有较大差异。1996～2000 年,农用地面积减少主要为耕地减少驱动;在 2000～2004 年,耕地面积减少了 38727.96 公顷,林地却增加了 46996.53 公顷,农用地面积的增加则主要由林地面积的增加引起;在 2004～2008 年,全省农用地面积的减少主要由农业结构调整所致,园地面积和其他农用地分别减少了 6807.50 公顷和 6390.03 公顷,林地和牧草地稍微减少,耕地有微弱增加。

在此期间,耕地和林地的变化方向几乎相反,耕地前期减少迅速,后期平缓,林地前期快速增加,而后期平缓(图 2-3)。园地变化也是影响农用地变化的主要用地类型,在 2004 年以前园地呈直线增加趋势,而在 2004 年之后园地面积又出现迅速降低,表明在 1996～2008 年间农业结构处于不断调整之中,农业用地结构也处在不断变化之中。整体上,1996～2008 年农用地面积的变化主要由耕地其他农用地减少及林地和园地增加所致(表 2-5)。

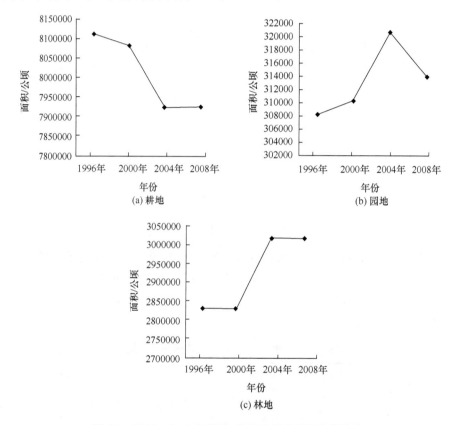

图 2-3　1996～2008 年耕地、林地和园地面积变化趋势

表 2-5　1996～2008 年农用地二级地类面积变化

地类	1996～2000 年		2000～2004 年		2004～2008 年		1996～2008 年	
	变化量/公顷	速度/(公顷/年)	变化量/公顷	速度/(公顷/年)	变化量/公顷	速度/(公顷/年)	变化量/公顷	速度/(公顷/年)
耕地	−29083.56	−7270.89	−154911.85	−38727.96	30.99	7.75	−183964.42	−15330.37
园地	1984.80	496.20	10425.95	2606.49	−6807.50	−1701.88	5603.25	466.94
林地	−107.29	−26.82	187986.13	46996.53	−901.60	−225.40	186977.24	15581.44
牧草地	226.53	56.63	−246.24	−61.56	−43.01	−10.75	−62.72	−5.23
其他农用地	−430.18	−107.55	−9254.55	−2313.64	−6390.03	−1597.51	−16074.76	−1339.56

1996～2008 年其他农用地面积持续减少,成为影响农用地面积变化的重要用地类型,该时期累计减少 16074.76 公顷,减速为 1339.56 公顷/年。其中,在 1996～2000 年,其他农用地面积净减少 430.18 公顷,减速为 107.55 公顷/年;而随后开始急剧减少,在 2000～2004 年净减少 9254.55 公顷,减速为 2313.64 公顷/年;2004～2008 年,净减少 6390.03 公顷,减速为 1597.51 公顷/年(图 2-4)。其他农用地面积的变化可能与在该期内的土地整治有关,另外,农业机械化程度的进一步提高和土地规模化生产在一定程度上促进了其他农用地面积的减少。

2) 建设用地

1996～2008 年,建设用地面积从 2089379.35 公顷上升到 2238589.57 公顷,整体上呈直线上升趋势(图 2-5)。原因主要是在此期间,河南省城镇化快速发展,城市和基础实施投资加大,从而导致建设用地面积上升较快。

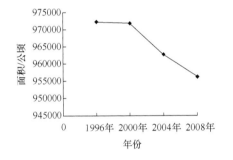

图 2-4　1996～2008 年其他农用地面积变化　　图 2-5　1996～2008 年建设用地面积趋势

建设用地面积在 1996～2008 年,年均增加量是 12434.19 公顷,但在 1996～2000 年、2000～2004 年和 2004～2008 年三个时间段内增加的速度存在一定的差异。增加速度最快的是 2000～2004 年,年均增加 16650.33 公顷,而在 1996～2000 年年均增加 9045.64 公顷,2004～2008 年增加量居中,年增加量为 11606.58 公顷,具体如表 2-6 所示。

表 2-6　1996～2008 年建设用地面积变化

时间区间	变动数量/公顷	年变化量/公顷
1996～2000 年	36182.56	9045.64
2000～2004 年	66601.33	16650.33
2004～2008 年	46426.33	11606.58
1996～2008 年	149210.22	12434.19

建设用地增加主要由居民点及独立工矿用地、交通运输用地和水利设施用地增加共同驱动。三者都呈现上升趋势,居民点及独立工矿用地与水利设施相对快

一些。交通运输用地虽然增加量较大但由于起点较高,上升稍显平缓,但三个时段都呈上升趋势(图 2-6),对建设用地面积增加起着协同促进作用。而居民点及独立工矿用地约占建设用地面积的 87%,其次为水利设施用地,约占建设用地面积的8%,交通运输用地约占建设用地面积的 5%。建设用地增加数量最高的是居民点及独立工矿用地,增加量为 100556.36 公顷,交通运输用地为 36663.39 公顷,水利设施是 11990.47 公顷。三者的年均增加量分别为 8379.70 公顷、3055.28 公顷和 999.21公顷。在三个时期的变化构成和总体一致,都呈现居民点及独立工矿用地增加量和年均增加量最高,其次为交通运输用地,最后为水利设施用地,具体如表 2-7 所示。

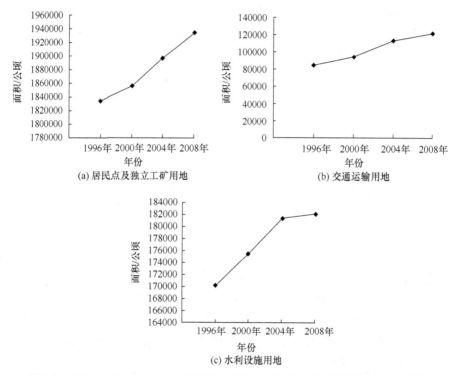

图 2-6　1996～2008 年居民点及工矿用、交通运输用地和水利设施用地变化趋势

表 2-7　河南省 1996～2008 年各类用地面增减变动表

用地类型	1996～2000 年		2000～2004 年		2004～2008 年		1996～2008 年	
	变化量/公顷	速度/(公顷/年)	变化量/公顷	速度/(公顷/年)	变化量/公顷	速度/(公顷/年)	变化量/公顷	速度/(公顷/年)
居民点及独立工矿用地	21497.82	5374.46	41446.39	10361.60	37612.15	9403.04	100556.36	8379.70
交通运输用地	9313.36	2328.34	19248.05	4812.01	8101.98	2025.50	36663.39	3055.28
水利设施用地	5371.39	1342.85	5906.88	1476.72	712.20	178.05	11990.47	999.21

3）未利用地

未利用地变化趋势和建设用地变化相反,从 2227318.35 公顷减少到 2085629.55 公顷,呈快速下降趋势(图 2-7)。原因可能在于近年来耕地占补平衡政策导致未利用地被开发为其他地类。

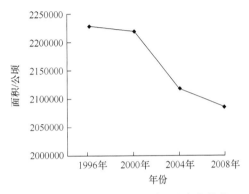

图 2-7　1996～2008 年未利用地变化趋势

1996～2008 年未利用地面积累计减少 141688.83 公顷,减速为 11807.40 公顷/年。三个时间段中,变动较为剧烈的是在 2000～2004 年,净减少量为 100600.77 公顷,减速为 25150.19 公顷/年;1996～2000 年减少最少,约 8772.86 公顷,减速为 2193.22 公顷/年;2004～2008 年减少 32315.20 公顷,减速为 8078.80 公顷/年,具体如表 2-8 所示。

表 2-8　1996～2008 年未利用地面积变动表

时间区间	变动量/公顷	变动速度/(公顷/年)
1996～2000 年	−8772.86	−2193.22
2000～2004 年	−100600.77	−25150.19
2004～2008 年	−32315.20	−8078.80
1996～2008 年	−141688.83	−11807.40

4）区域土地利用变化特征

1996～2000 年,耕地、林地、其他农用地、未利用地的面积逐渐减少,其中,耕地和未利用地面积减少比较突出,其他用地面积则以不同幅度增加,增加幅度较大的是居民点及独立工矿地。2000～2004 年,耕地、牧草地、其他农用地、未利用地和其他未利用地面积有所减少,减少比较突出的是耕地和未利用地;园地和林地面积增加,增加最显著的是林地,其次是居民点及独立工矿用地,再次是交通运输用地。2004～2008 年,耕地面积开始出现增长,但增幅较小,园地出现负增长。除此之外,居民点及独立工矿用地和交通运输用地的增幅略有下降;未利用地面积减少,具体如图 2-8 所示。

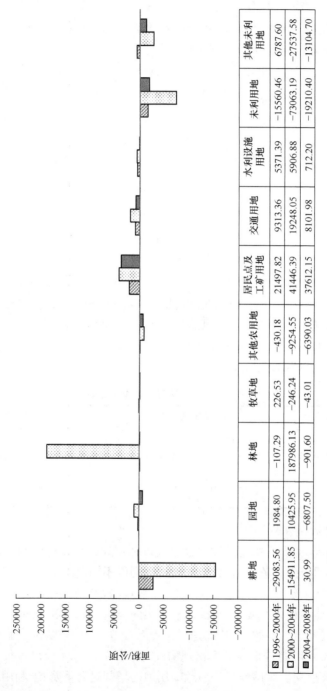

图 2-8 1996～2000 年、2000～2004 年和 2004～2008 年三个时间段的土地利用变化量

	耕地	园地	林地	牧草地	其他农用地	居民点及工矿用地	交通用地	水利设施用地	未利用地	其他未利用地
1996～2000年	-29083.56	1984.80	-107.29	226.53	-430.18	21497.82	9313.36	5371.39	-15560.46	6787.60
2000～2004年	-154911.85	10425.95	187986.13	-246.24	-9254.55	41446.39	19248.05	5906.88	-73063.19	-27537.58
2004～2008年	30.99	-6807.50	-901.60	-43.01	-6390.03	37612.15	8101.98	712.20	-19210.40	-13104.70

　　1996～2000 年 4 年间,耕地面积以 7270.89 公顷/年的速度减少,2000～2004 年减速增大,年均耕地减少量 38727.96 公顷,是 1996～2000 年减少速度的 5.3 倍;而在 2004～2008 年,耕地面积减少速度得到了有效的控制,耕地减少趋势逆转,开始以年均 7.75 公顷的速度缓慢增加。总体看来,1996～2008 年的 12 年间,耕地总面积净减少量为 183964.42 公顷,年均减少量为 15330.37 公顷。

　　从整体变化特征看,农用地及其后备资源(未利用地)用地减少,而居民点及独立工矿用地、交通运输用地和水利设施等人工建筑设施用地增加,说明近年来随着社会经济的发展,农业土地资源受到了一定的侵占。同时,由于受到政府调控政策的影响,关键的农业土地资源(耕地)呈现一定的起伏波动。从变化的时段分布看,1996～2000 年土地利用变化幅度较小,2000～2004 年土地利用变化幅度较大,而随后的 2004～2008 年土地变化幅度降低,这可能是区域社会经济发展和政策调控共同作用的结果。

2.3　土地利用变化空间分异

2.3.1　省辖市土地利用结构概况

　　河南省包括郑州市、开封市和洛阳市等 18 个省辖市。其中,面积最大的是南阳市,其面积为 2650869.45 公顷,占全省总面积的 16.01%;其次是信阳市,占全省总面积的 11.42%,再次是洛阳市和驻马店市,其比例分别为 9.20% 和 9.12%。面积最小的是鹤壁市和济源市,比例约为 1.29% 和 1.14%。各省辖市面积所占比重如表 2-9 所示。

表 2-9　土地资源在各省辖市的分布

行政辖区	面积/公顷	比例/%
郑州市	753256.26	4.55
开封市	626094.51	3.78
洛阳市	1522983.30	9.20
平顶山市	790942.21	4.78
安阳市	735411.09	4.44
鹤壁市	213684.57	1.29
新乡市	824945.09	4.98
焦作市	400088.66	2.42
濮阳市	418793.54	2.53
许昌市	497835.59	3.01
漯河市	269371.86	1.63

续表

行政辖区	面积/公顷	比例/%
三门峡市	993665.07	6.01
南阳市	2650869.45	16.01
商丘市	1070023.13	6.46
信阳市	1890827.21	11.42
周口市	1195944.77	7.23
驻马店市	1509529.98	9.12
济源市	189375.63	1.14

2008 年,河南省各省辖市农用地占本辖区面积比例最高的是周口市,其比例为 82.59%,其次是开封市,其比例为 79.22%,而最低的是济源市,其比例为 59.51%。建设用地占本辖区面积比例最大的是郑州市,其比例为 22.80%,其次是漯河市,其比例为 18.56%;最低的是三门峡市,其比例为 5.07%。未利用地在本辖区所占比例最高的是济源市,其比例为 28.65%,其次是三门峡市,其比例为 26.46%;最低的是漯河市,其比例为 2.59%(图 2-9)。

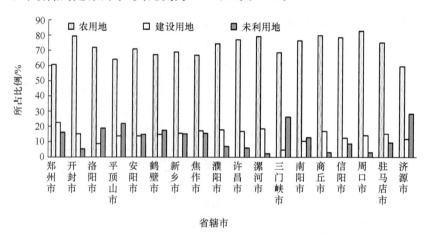

图 2-9　2008 年各省辖市农用地、建设用地和未利用地比例

2.3.2　1996~2008 年省辖市土地利用动态分析

1) 土地利用变化相对动态度

区域自然条件禀赋和社会经济发展具有区域分异性,土地利用变化程度在空间上也存在一定的差异。土地利用变化相对动态度是衡量局地土地利用变化相对于区域土地利用变化的相对程度。通过比较不同局地的土地利用相对动态度有助

于识别土地利用变化的热点区域,对于确定区域土地开发、利用和管理具有重要的参考意义。计算土地利用变化相对动态需要计算局部和区域的土地利用变化率,通过两者的比值,确定局地土地利用变化的相对动态度。为了计算河南省土地利用的变化动态度,将各个省辖市作为局地尺度,河南省作为区域尺度,通过计算局地尺度和区域尺度的农用地、建设用地和未利用地在 1996～2008 年土地利用变化率的比值,估算各省辖市的土地利用变化相对动态度,具体计算公式如下:

$$R'_{ij} = (S'_{2008ij} - S'_{1996ij})/S'_{1996ij} \tag{2-1}$$

$$R_i = (S_{2008i} - S_{1996i})/S_{1996i} \tag{2-2}$$

$$RD_{ij} = R'_{ij}/R_i \tag{2-3}$$

式中,R'_{ij} 是局地(各省辖市)j 内的第 i 土地利用类型的土地利用变化率;R_i 是区域(河南省)是第 i 土地利用类型的土地利用变化率;S'_{2008ij}、S'_{1996ij} 分别是 2008 年和 1996 年局地 j 内的第 i 土地利用类型面积;S_{2008i}、S_{1996i} 分别是区域(河南省)2008 年和 1996 年第 i 土地利用类型面积,i 分别是农用地、建设用地和未利用地;RD_{ij} 是局地 j 内的第 i 土地利用类型面积土地利用变化相对动态度指数。式(2-1)和式(2-2)表明,如果 1996～2008 年河南省土地利用变化率是负值(如农用地和未利用地),各省辖市的土地利用变化率是负值,则土地利用相对动态度指数大于 0,反之,如果各省辖市的土地利用变化率是正值,土地利用变化相对动态度指数则小于0。如果河南省 1996～2008 年土地利用变化率为正值(如建设用地),土地利用变化相对动态度指数为正值则表明局地土地利用面积增加,反之,则表明局地土地利用面积减少。因此,根据区域土地利用变化方向和土地利用相对动态度的正负值,就可以判定局地土地利用变化的方向;而相对动态度绝对值的大小则可以用以判定局地土地利用变化的相对剧烈程度。

2) 农用地土地利用变化相对动态度

图 2-10 显示,河南省农用地土地利用变化相对动态度差异较大,郑州市土地利用变化相对动态度指数是 20.69,济源市土地利用相对动态度指数是 3.76,前者主要是城镇化发展导致耕地减少,而后者则是由于黄河小浪底水利工程建设对农用地的占用,使得区域农用地锐减。相反,信阳市、南阳市、濮阳市、三门峡市、焦作市和鹤壁市农用地利用变化相对动态度指数为 -6.49～-16.35,由于在 1996～2008 年全省变化率为负,所以该区域耕地面积显著增加。河南省农用地增加的区域主要集中于豫南、豫西南、豫西和豫北的濮阳市和鹤壁市。农用地减少最剧烈的集中于郑州市和济源市,其次是安阳市、新乡市、开封市、商丘市、许昌市、周口市、漯河市、平顶山市和驻马店市。减少的区域除济源市为山地丘陵分布区,大部分为河南省耕地集中的区域。由于这些区域土地利用开发程度高,后备资源不足,建设用地增加,导致农用地面积减少。而在豫西、豫南和豫西南,后备资源相对丰富,土地利用开发在一定程度上可以弥补建设占用并促进农用地面积的增加。

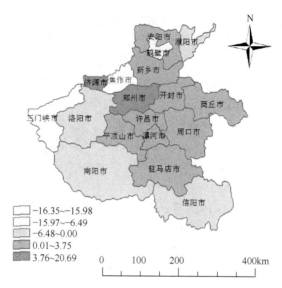

图 2-10　农用地利用变化相对动态度指数空间分布

3) 建设用地利用变化相对动态度

河南省各省辖市建设用地利用变化相对动态度指数均为正值,说明在此期间,河南省各个省辖市建设用地面积都呈现增加的特征,增加最多的是郑州市(土地利用变化相对动态度指数为 4.63),其次是济源市、焦作市、开封市、商丘市、周口市、许昌市、漯河市和豫北的安阳市(土地利用相对动态度指数处于 0.40~2.83),其余省辖市相对较低(图 2-11)。

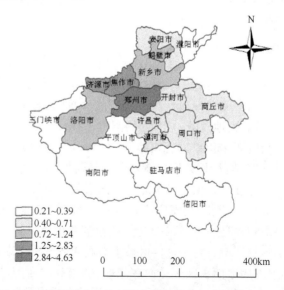

图 2-11　建设用地土地利用变化相对动态度指数空间分布

4）未利用地利用变化相对动态度

1996～2008 年,河南省未利用地有所减少,未利用地减少最多的省辖市是三门峡市、郑州市、焦作市和鹤壁市(土地利用相对动态度指数变化区间为 1.27～4.59),其次是洛阳市和新乡市(土地利用相对动态度指数为 0.60～1.26),其他省辖市则相对较低(图 2-12)。

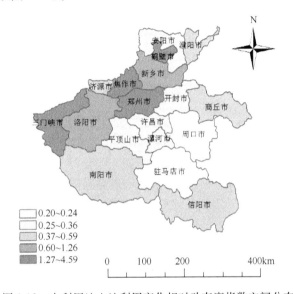

图 2-12　未利用地土地利用变化相对动态度指数空间分布

未利用地减少主要是由于土地开发,特别是在土地占补平衡政策和土地开发整理政策的推动下,部分未利用地被转变为其他土地利用类型。从空间分布看,山地丘陵未利用地(三门峡市)和黄河滩涂及沙化土地(郑州市、焦作市和濮阳市)是全省未利用地减少的主要土地利用类型。

2.4　土地利用结构调控方向

2.4.1　实施耕地面积和质量保护并重

农用地是农业发展的基础,也是河南省和国家粮食安全的基本保障。但 1996～2008 年农用地的变化表明尽管河南省实施了最严格的土地管理制度,但农用地仍然呈下降趋势。其中,建设用地对农用地的侵占是农用地面积减少的主要原因之一,因此,应严格限制耕地等其他农用地资源转为建设用地,区域社会经济发展不能以牺牲宝贵的农用地资源为代价。同时,在农用地内部,对退耕还林、退耕还牧和退耕还湖应进行严格审查,杜绝以保护生态为名,闲置和撂荒耕地,充分利用好每一寸耕地;鼓励农民因地制宜、发展多样化农业,但对于复耕难度大的用地类型转换应制定一定的限制措施,禁止农户随意将耕地转为果园和苗圃,保护土地的粮食生产能力。

另外,虽然在2004~2008年农用地面积有所增加,但农用地增加的区域主要集中于豫西、豫西南和豫南山地丘陵区,而减少的区域则集中于地势平坦的豫中、豫北和豫东平原区。这样,尽管农用地数量降低幅度不大,但由于土地质量的差异势必影响农业生产力。所以,土地利用结构调整管理应根据区域特征进行区别对待,对优质耕地进行严格保护,防止占优补劣对耕地生产能力的损害,提高农业生产能力和保护耕地面积并重,保障区域可持续的粮食生产能力。

2.4.2 稳步推进城镇化,提高建设用地利用效率

近年来,河南省城镇化发展迅速,但随之而来的是大量耕地被占用和建设用地的低效利用。有些城市出现城市建设能力不足、土地城市化超过了人口的城市化速度的现象,导致圈占的耕地大量闲置和浪费。虽然城镇化水平是用来衡量区域经济发展水平的重要指标,但城镇化的推进应遵循经济发展规律,而不能由政府外力强制推动。合理预测和界定城镇规模,稳步推进城镇化对于减少耕地侵占和浪费具有重要的意义。

1996~2008年,河南省建设用地几乎呈直线上升,城镇建设用地和基础设施用地不断增加,这是河南省城镇化快速发展的结果。同时,作为承载区域长期粮食供给的耕地侵占和浪费则往往被轻视,从而导致大量耕地被城镇的扩张所吞噬。因此,明确地方政府的耕地保护责任,将耕地保护纳入政府政绩考核范围,严格控制城镇增量土地供给对于保护耕地具有重要的现实意义。

另外,河南省城镇土地低效利用普遍,节约集约用地,走内涵道路进行经济建设不仅有利于提高城镇土地利用效率,也能促进其他行业生产效率的提高,实现国民经济各部门的良性循环。对于农村居民点用地,严格审批程序,防止乱占和乱建的发生。推行一户一宅制度,对于多占的宅基地应制定相应的激励制度,促进空闲或废弃宅基地的退出和复耕,减少农村宅基地对耕地的占用。

2.4.3 科学评估和开发未利用地

未利用地是农用地的后备资源,尽管经过一定的投入可以开发为耕地资源,但由于自然条件限制,开发的成本较高。而且开发之后也容易造成一定的环境和生态问题。而近年来,由于耕地占补平衡政策的实施,未利用地得到大量开发,甚至带来了大量的生态环境问题,不但没有提高土地的生产力,反而影响区域土地的可持续利用。为此,未利用地开发必须与保护并重,在开发之前应经过严格的环境影响评估,避免开发带来的不利影响。

另外,未利用地往往是自然生态系统的主要组成部分。自然生态系统虽然在

供给服务方面不如农业生态系统,但在防止水土流失、净化水源和调节气候等方面具有重要的生态服务价值,是人类生存环境不可或缺的重要组成部分。因此,应提高民众对未利用土地开发的认识,使其认识到其开发的土地不仅需要社会价值投入,还会因为未利用地开发,而丧失了一些重要的生态系统服务价值,甚至这些服务价值会超过开发后农业生态系统所提供的价值。通过对自然生态系统服务的宣传,提高群众自觉保护生态环境的意识,避免群众对未利用土地的盲目开发。

第3章　耕地利用与调控

改革开放以来,随着我国经济的持续高速发展和城市化、工业化进程的不断加快,大量的优质耕地资源被占用,耕地数量日益减少。而耕地资源作为人类赖以生存的最基础的物质生产资料(牛海鹏等,2009),它的快速流失会对粮食安全和生态环境产生负面效应(郇红艳等,2013),因此,加强对耕地资源变化的研究,分析导致耕地资源变化的驱动因素,对于合理利用耕地资源、控制耕地资源的进一步减少具有重要的理论和现实意义。

3.1　耕地数量变化分析

3.1.1　耕地数量总体变化分析

1. 耕地数量变化趋势分析

根据历年的统计资料,河南省耕地面积在1996～2008年总体呈下降趋势。由1996年的8110338.71公顷,下降到2008年的7926374.29公顷,共计减少183964.42公顷,年均减少15330.37公顷(表3-1)。

表3-1　河南省1996～2008年耕地面积

年份	耕地面积/公顷	人口/万人	人均耕地/(公顷/人)
1996 年	8110338.71	9172	0.0884
1997 年	8088856.00	9243	0.0875
1998 年	8081757.29	9315	0.0868
1999 年	8085486.00	9387	0.0861
2000 年	8081255.15	9488	0.0852
2001 年	8078227.00	9555	0.0845
2002 年	8011601.25	9613	0.0833
2003 年	7936015.00	9667	0.0821
2004 年	7926343.30	9717	0.0816
2005 年	7925303.66	9768	0.0811
2006 年	7926563.95	9820	0.0807
2007 年	7926027.12	9869	0.0803
2008 年	7926374.29	9918	0.0799

从总体上看,河南省的耕地面积在 1996～2008 年呈逐步下降的趋势。从图 3-1可以看出,第一阶段(1996～2001 年),河南省耕地处于缓慢下降阶段,耕地数量由 8110338.71 公顷下降到 8078227.00 公顷,共减少 32111.71 公顷,年均减少 6422.34 公顷。主要是因为 1997 年以后第二轮土地利用总体规划和全国范围内新的《土地管理法》的实施,各地政府加大了保护耕地的力度,强化了对农村土地管理的法制建设,加强了土地审批制度的严格性,耕地锐减的势头基本得到了遏制(邢晓娜等,2005)。第二阶段(2001～2003 年),耕地呈快速下降阶段,数量由 8078227.00 公顷下降到 7936015.00 公顷,共减少 142212.00 公顷,年均减少 71106.00 公顷。该阶段耕地快速下降的主要原因是在 2001 年国家实施了退耕还林工程,导致耕地快速减少。第三阶段(2003～2008 年),耕地呈逐步平稳状态,数量由 7936015.00 公顷下降到 7926374.29 公顷,减少 9640.71 公顷,年均减少 1928.14 公顷。

从人均耕地数量变化来看,自 1996 年以来,河南省人口呈逐年上涨的趋势,1996 年为 9172 万人,到 2008 年增长到 9918 万人,共增加人口 746 万人,平均每年增加人口 62.17 万人。人均耕地面积从 1996 年的 0.0884 公顷/人,下降到 2008 年的 0.0799 公顷/人。整体来看,人均耕地面积的下降主要归因于全省人口数量的持续增加。

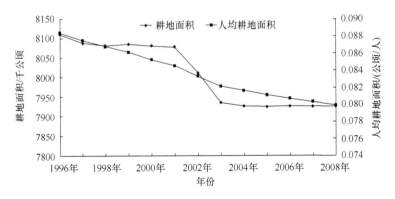

图 3-1　河南省 1996～2008 年耕地面积和人均耕地面积变化图

2. 耕地数量变化动态度分析

土地利用动态度可定量描述区域土地利用变化的速度,它对于比较土地利用变化的区域差异和预测未来土地利用变化趋势都具有积极的作用(朱会义等,2001)。耕地的变化速度可以用单一土地利用动态度来表达。单一土地利用类型动态度可表达区域一定时间范围内某种土地利用类型的数量变化情况。公式表达为

$$K=\frac{U_b-U_a}{U_a}\times\frac{1}{T}\times100\%\qquad(3\text{-}1)$$

式中,U_a 和 U_b 分别为研究期初和期末耕地的数量;T 为研究时段长;K 为某研究时段内耕地的变化动态度。$K>0$,说明该土地利用类型正向变化,总体增加;$K<0$,说明负向变化,总体减少,K 的绝对值越大反映土地变化速度越快。

表 3-2　河南省 1996～2008 年耕地变化速度

行政辖区	1996～2000 年		2000～2004 年		2004～2008 年		1996～2008 年	
	耕地变化量/公顷	耕地变化动态度 K/%	耕地变化量/公顷	耕地变化动态度 K/%	耕地变化量/公顷	耕地变化动态度 K/%	耕地变化量/公顷	耕地变化动态度 K/%
郑州市	−8374.33	−0.61	−3554.56	−0.27	−1609.35	−0.12	−13538.24	−0.33
开封市	408.09	0.02	−2957.91	−0.17	−444.75	−0.03	−2994.57	−0.06
洛阳市	−4378.69	−0.24	−26334.77	−1.45	−2674.53	−0.16	−33387.99	−0.61
平顶山市	−697.76	−0.06	−683.31	−0.05	−53.81	0.00	−1434.88	−0.04
安阳市	−998.45	−0.06	−5183.77	−0.31	−459.14	−0.03	−6641.35	−0.13
鹤壁市	−474.53	−0.11	−2765.61	−0.64	19.40	0.00	−3220.75	−0.25
新乡市	1444.81	0.08	−11171.87	−0.60	−323.79	−0.02	−10050.85	−0.18
焦作市	1280.05	0.16	−5036.42	−0.64	−277.62	−0.04	−4033.99	−0.17
濮阳市	−3655.86	−0.33	−1295.64	−0.12	1032.43	0.10	−3919.07	−0.12
许昌市	−1633.20	−0.12	−818.19	−0.06	54.60	0.00	−2396.79	−0.06
漯河市	−765.62	−0.10	31.04	0.00	−566.93	−0.07	−1301.51	−0.06
三门峡市	−1346.17	−0.16	−30284.11	−3.64	1150.86	0.16	−30479.42	−1.21
南阳市	−641.21	−0.02	−21223.08	−0.52	2082.36	0.05	−19781.93	−0.16
商丘市	−2293.68	−0.08	−4648.31	−0.16	112.17	0.00	−6829.81	−0.08
信阳市	458.33	0.01	−27729.47	−0.85	891.27	0.03	−26379.87	−0.27
周口市	17.39	0.00	−78.61	0.00	47.37	0.00	−13.85	0.00
驻马店市	−1672.19	−0.05	−6846.79	−0.19	1178.99	0.03	−7339.99	−0.07
济源市	−5760.53	−2.78	−4330.47	−2.35	−128.57	−0.08	−10219.57	−1.64
合计	−29083.55	−0.09	−154911.85	−0.48	30.99	0.00	−183964.41	−0.19

表 3-2 和图 3-2 表明河南省在 1996～2008 年的三个阶段内,耕地总的年均变化动态度均有变化,前两个阶段均为负值,表明河南省的耕地面积一直在减少,到第三阶段,耕地面积略有增加,但整个期间耕地还是持续减少的。其中,2000～2004 年,耕地面积减少速度较快,耕地面积减少 154911.85 公顷,除漯河外,其他城市的耕地年均变化动态度均为负值,其中以洛阳市、三门峡市、济源市、信阳市等

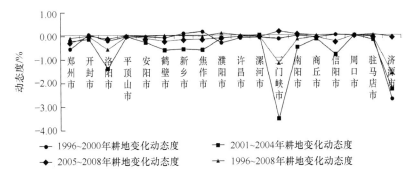

图 3-2　河南省各省辖市四个研究区间耕地变化动态度

地耕地面积减少速度较快,且济源市的变化最大。主要是因为这一时期经济快速发展,建设不断占用耕地,导致耕地数量减少加速。2004～2008 年,由于国家出台了一系列耕地保护的政策,全省耕地增加 30.99 公顷。这表明,在城市化不断加快的进程中,通过提高耕地的集约利用水平,可以逐步遏制耕地减少的势头,使耕地的减少呈先上升后下降的趋势。

3. 耕地利用程度分析

耕地的利用程度可以通过复种指数来表现,耕地的复种指数是指全年农作物总播种面积与耕地总面积的比值,公式如下:

$$耕地复种指数＝(全年农作物总播种面积/耕地总面积)×100\% \qquad (3\text{-}2)$$

河南省 1996～2008 年耕地复种指数如图 3-3 所示。

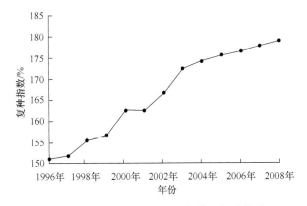

图 3-3　河南省 1996～2008 年耕地复种指数

从图 3-3 可以看出,1996～2008 年,河南省耕地复种指数呈不断上升的趋势,说明河南省的耕地利用程度在不断提高,耕地利用方式由粗放向集约方向发展。随着河南省工业化和城镇化水平的不断提高,耕地被大量占用,耕地面积不断减少,但人口的不断增长导致了对粮食作物需求的增加,农作物播种面积开始扩大,另外,农产品价格的上升和农业优惠政策的实施,也对耕地播种面积产生了一定的影响。

3.1.2 耕地数量内部结构变化分析

根据河南省1996～2008年耕地二级地类数据(表3-3),就绝对量的变化来看,各二级地类绝对面积均有所减少;就所占的比例来看,水浇地面积略微增加,其他面积均有所减少。

表 3-3　河南省 1996～2008 年耕地内部结构变化

地类名称	1996 年		2000 年		2004 年		2008 年	
	面积/公顷	比例/%	面积/公顷	比例/%	面积/公顷	比例/%	面积/公顷	比例/%
灌溉水田	664728.38	8.20	660873.26	8.18	646252.44	8.15	644384.28	8.13
望天田	85694.07	1.06	53994.06	0.67	50636.04	0.64	50777.95	0.64
水浇地	3144836.15	38.78	3120702.51	38.62	3094157.18	39.04	3085830.72	38.93
旱地	4129001.78	50.91	4161088.63	51.49	4053332.47	51.14	4065499.90	51.29
菜地	86078.33	1.06	84596.69	1.05	81965.17	1.03	79881.43	1.01
合计	8110338.71	100.00	8081255.15	100.00	7926343.30	100.00	7926374.28	100.00

从表3-4可以看出,1996～2008年,河南省耕地二级土地利用类型中灌溉水田、望天田、水浇地、旱地面积总体呈减少趋势,减少的程度为:望天田＞菜地＞灌溉水田＞水浇地＞旱地。

表 3-4　河南省 1996～2008 年耕地内部结构变化动态度

地类名称	1996～2000 年	2000～2004 年	2004～2008 年	1996～2008 年
灌溉水田	−0.14	−0.55	−0.29	−0.26
望天田	−9.25	−1.55	0.28	−3.40
水浇地	−0.19	−0.21	−0.27	−0.16
旱地	0.19	−0.65	0.30	−0.13
菜地	−0.43	−0.78	−2.54	−0.60

3.1.3 耕地数量的空间变化分析

1. 耕地区域分布

河南省地形、地貌多样,境内有山地、丘陵、盆地和平原,同时气候因素过渡特征明显,土地资源分布具有维度地带性和经度地带性规律。按日均温≥10℃持续活动积温为主要参考指标,我国分为 6 个温度带,河南省横跨了两个温度带,淮河以南为亚热带,以北为暖温带;按经度位置影响区域水分条件,将全国分为 4 个干湿地区,河南省从东到西分布有湿润地区、半湿润地区和半干旱地区(李瑞华,2009)。由于受气候、地形和土壤等自然条件的影响,全省耕地分布不均,直接用各省辖市的耕地面积来反映河南省耕地集中分布情况会出现较大的偏差。为此,本书构建了耕地区位指数模型来反映河南省耕地的聚集程度。

区位指数可以反映某一地区各种土地相对于高层次区域空间的相对聚集程度(林炳耀,1986)。河南省各省辖市社会经济发展水平不同,导致土地利用结构也有差异,耕地区位指数用来反映用地结构的指数,相对于单纯的耕地面积比例更能反映某地区耕地在河南省土地利用结构上的重要程度。耕地区位指数越大,说明该地区耕地在河南省的土地利用结构上地位越高。其计算公式为

$$Q_i = (W_i/S_i)/(W/S) \tag{3-3}$$

式中,Q_i 为第 i 区域耕地区位指数;W_i 为第 i 省辖市耕地面积;S_i 为第 i 省辖市土地总面积;W 为河南省耕地总面积;S 为河南省土地总面积。若 $Q_i>1$,则该区域内耕地具有区位意义。

从表 3-5 可以看出,各省辖市 4 个时期的耕地区位指数除郑州市、洛阳市、济源市、三门峡市等地有明显降低之外,其他各省辖市基本保持不变。耕地区位指数较大的地区是周口市、漯河市和许昌市,区位意义最显著,这也表明这个 3 个省辖市在农业生产中的集中优势,地区的农业生产还有很大的提升空间。其次是开封市和驻马店市,最小的是三门峡市,这与当地以山地地貌为主密切相关。

表 3-5　河南省各省辖市耕地区位指数

行政辖区	1996 年	2000 年	2004 年	2008 年
郑州市	0.93	0.90	0.89	0.89
开封市	1.40	1.41	1.40	1.39
洛阳市	0.61	0.61	0.57	0.57
平顶山市	0.82	0.82	0.81	0.81
安阳市	1.15	1.15	1.13	1.13
鹤壁市	1.04	1.03	1.00	1.00
新乡市	1.15	1.15	1.12	1.12
焦作市	1.00	1.01	0.98	0.98
濮阳市	1.33	1.32	1.31	1.32
许昌市	1.42	1.41	1.41	1.41
漯河市	1.44	1.43	1.43	1.43

续表

行政辖区	1996 年	2000 年	2004 年	2008 年
三门峡市	0.43	0.43	0.37	0.37
南阳市	0.78	0.78	0.76	0.77
商丘市	1.39	1.38	1.37	1.37
信阳市	0.88	0.88	0.85	0.85
周口市	1.46	1.46	1.46	1.46
驻马店市	1.21	1.21	1.20	1.20
济源市	0.56	0.50	0.45	0.45

　　根据河南省 2008 年各省辖市耕地区位指数生成专题图,如图 3-4 所示。从图可以看出,河南省耕地主要集中在豫东各省辖市,豫北和豫南次之,豫西最低。这和河南省的地形地貌分布比较吻合,豫西地形地貌主要以山地丘陵为主,耕地面积较少。豫东是低洼平原,适宜耕作,豫北和豫南除部分丘陵地带外,大部分属于耕地,因此豫东和豫北相对较多,是河南省主要粮食生产基地。

图 3-4　河南省 2008 年耕地区位指数图

2. 耕地资源的空间变化

　　河南是一个低山丘陵和平原分异明显的省份,地貌类型多样。由于省内各区域之间的自然条件差异显著,经济发展与人口增长的速度也不尽相同,再加上各种历史的原因,河南省内各地区的耕地变化也表现出较大的区域差异。本书引入相对变化率的概念对耕地变化的区域差异进行量化分析。某地区某一特定土地利用类型的相对变化率(R)可表示为(朱会义等,2001)

$$R = \frac{|K_b - K_a| \times C_a}{K_a \times |C_b - C_a|}$$

(3-4)

式中,K_a 和 K_b 分别表示某地区(省内各省辖市)某一特定土地利用类型(耕地)在研究期初和期末的面积;C_a 和 C_b 分别表示全区域(全省)某一特定土地利用类型(耕地)在研究期初和期末的面积。相对变化率是表示土地利用变化区域差异的一种很好的方法(郭洪海等,2009)。如果某一区域某种土地利用类型的相对变化率 $R>1$,则表明在该区域这种土地利用类型的变化比全区域大,若 $R<1$,则说明在该区域,这种土地利用类型的变化比全区域小。

从河南省 1996～2008 年耕地相对变化率(表 3-6,图 3-5)可以看出,河南省各省辖市耕地变化存在明显的区域差异,大部分省辖市耕地变化速度小于河南省全区域平均耕地变化水平。在这个研究期内,耕地相对变化率超过 1 的区域分别有济源市(8.70)、三门峡市(6.41)、洛阳市(3.22)、郑州市(1.74)、信阳市(1.42)和鹤壁市(1.31),表明这些区域耕地变化比河南省全区域耕地变化大,耕地流失现象严重。变化最大的是济源市,主要是济源处于中原城市群紧密层,近几年发展迅速,土地利用变化较大。变化最小的是周口市,耕地的相对率为 0.0007,12 年间耕地面积仅减少了 13.85 公顷,耕地相对比较稳定。

表 3-6　河南省耕地 1996～2008 年耕地相对变化率

行政辖区	1996～2000 年相对变化率	2000～2004 年相对变化率	2004～2008 年相对变化率	1996～2008 年相对变化率
郑州市	6.83	0.56	−1246.83	1.74
开封市	−0.26	0.36	−265.60	0.31
洛阳市	2.67	3.03	−1602.21	3.22
平顶山市	0.61	0.11	−43.63	0.20
安阳市	0.67	0.65	−287.19	0.71
鹤壁市	1.22	1.34	47.17	1.31
新乡市	−0.87	1.25	−182.28	0.95
焦作市	−1.82	1.33	−368.30	0.90
濮阳市	3.72	0.25	982.07	0.63
许昌市	1.31	0.12	40.61	0.31
漯河市	1.12	−0.01	−766.34	0.30
三门峡市	1.79	7.59	1653.91	6.41
南阳市	0.18	1.09	536.48	0.86

续表

行政辖区	1996～2000 年 相对变化率	2000～2004 年 相对变化率	2004～2008 年 相对变化率	1996～2008 年 相对变化率
商丘市	0.88	0.33	39.86	0.41
信阳市	−0.16	1.77	288.29	1.42
周口市	−0.01	0.00	14.19	0.00
驻马店市	0.52	0.40	340.69	0.36
济源市	31.02	4.91	−788.62	8.70

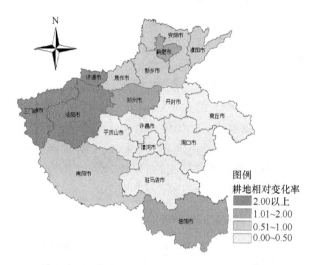

图 3-5　河南省 1996～2008 年耕地相对变化率

3. 耕地分布重心的转移规律

1）重心拟合模型

重心拟合模型是研究区域发展过程中要素空间变动的重要分析工具。由于区域发展是要素集聚与扩散的过程，各要素的重心位置处于不断变动之中，要素重心的移动客观地反映了区域发展诸要素空间集聚及其位移规律（刘彦随等，2009）。耕地分布重心表征了区域耕地分布在空间上的集中性特征。通过研究区域耕地分布重心的变化，可以得到研究时期内耕地空间格局的变化规律，并依据其变化规律探求区域耕地变化的驱动因素和驱动力。

耕地分布重心的计算方法为：首先把研究区域分为若干个小区域，在大比例尺地图上确定每个小区的几何中心坐标或县城所在地的坐标，然后乘以该小区耕地的数量，最后把乘积累加后除以全区域耕地总面积（刘彦随等，2009）。重心坐标一

般用经纬度表示,公式为

$$X_t = \sum_{i=1}^{n} C_{ti} X_i \Big/ \sum_{i=1}^{n} C_{ti} \qquad (3\text{-}5)$$

$$Y_t = \sum_{i=1}^{n} C_{ti} Y_i \Big/ \sum_{i=1}^{n} C_{ti} \qquad (3\text{-}6)$$

式中,X_t、Y_t 分别表示第 t 年研究区域耕地重心的经纬度坐标;C_{ti} 表示第 i 省辖市的耕地面积;X_i、Y_i 表示第 i 省辖市所在地的经纬度坐标。

设第 k、$k+m$ 年区域耕地重心坐标分别为 $P_k(x_k, y_k)$、$P_{k+m}(x_{k+m}, y_{k+m})$,则重心 P_k 向 P_{k+m} 移动的方向模型为

$$\theta_m = \arctan[(y_{k+m} - y_k)/(x_{k+m} - x_k)] \qquad (3\text{-}7)$$

重心移动的距离模型为

$$d_m = \sqrt{(x_{k+m} - x_k)^2 + (y_{k+m} + y_k)^2} \qquad (3\text{-}8)$$

2)河南省耕地重心迁移规律分析

根据耕地重心数学模型公式,以各省辖市的几何中心坐标为中心点坐标,测算出河南省 1996～2008 年耕地重心坐标、迁移距离,测算结果如表 3-7 所示。

表 3-7　河南省 1996～2008 年耕地重心变化

年份	坐标 X	坐标 Y	距离			方向
			南北方向/米	东西方向/米	重心距离/米	
1996 年	3757349.80	38492962.26				
2000 年	3757075.28	38493156.85	274.52	194.59	336.49	南偏东 35°
2004 年	3757131.65	38494832.55	56.37	1675.70	1676.65	北偏东 71°
2008 年	3757046.14	38494850.05	85.50	17.50	87.28	南偏东 11°

表 3-7、图 3-6 反映出河南省耕地数量变化的空间特征:1996～2008 年,耕地重心从 1996 年的(3757349.80,38492962.26)迁移到 2008 年的(3757046.14,38494850.05),整体上向东南方向移动,重心变化区域在漯河市境内,1996～2000 年,耕地重心向南移动 274.52 米,向东方向移动 194.59 米;2000～2004 年,耕地重心向北移动 56.37 米,向东方向移动 1675.70 米;2004～2008 年,耕地重心向南移动 85.50 米,向东方向移动 87.28 米。

该变化表明河南省北部和中部工业化和城市化发展较快,占用耕地较多,特别是 2000～2004 年向东偏移趋势明显增强,主要是由于中原城市群发展迅速,外加城市“摊大饼式”的外延扩张,侵占了周边大量的耕地。其次是豫西山地开展退耕还林,豫东黄泛区(郑州市、新乡市等)进行了土地复耕、排水灌溉和防沙造林等活动,并在控制沙化、盐碱土改良利用方面效果显著(张桂宾等,2007),豫东耕地增长,耕地重心向东迁移。

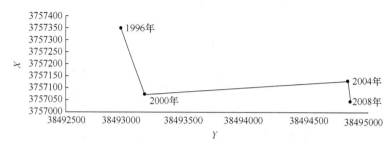

图 3-6　1996～2008 年间河南省耕地重心变化图

3.2　耕地利用变化驱动力分析

3.2.1　耕地利用变化影响因素分析

1. 自然因素

河南是一个低山丘陵和平原分异明显的省份,地貌类型多样。全省平原有9.23 万平方公里,山区有 4.40 万平方公里,丘陵有 2.94 万平方公里,分别占土地总面积的 55.7%、26.6%和 17.7%。西部的太行山、崤山、熊耳山、外方山与伏牛山等山峰,海拔近 2000 米;东部的黄淮海平原,高程不足 200 米;西部山地与东部平原之间属低山丘陵;南部桐柏—大别山地丘陵,系我国第一级地貌台阶的一个横向突起,成为长江水系和淮河水系的分水岭;其西端与伏牛山之间是南阳盆地,属第一级台阶的一部分。全省总的地势是西高东低,自西向东倾斜。

河南省河流水量丰富,水能蕴藏量大。河南省有四大水系,其中淮河水系流域面积占全省总面积的 52.2%,海河水系流域面积占 9.2%,长江水系流域面积占16.7%,黄河水系流域面积占 21.9%。长度在 100 千米以上的河流共有 32 条,河网平均密度 1.34 千米/平方公里,流域面积在 100 平方公里以上的河流有 493 条,流域面积在 5000 平方公里以上的河流有 17 条。

河南省受暖温带、北亚热带季风气候影响,形成了地带性的褐土(暖温带)和黄棕壤(北亚热带)。复杂的自然条件,气候、植被、地形、成土母质的不同以及人们对土地利用方式的差别,使土壤类型多样。根据土壤普查,河南土壤有 17 个土类、42个亚类,133 个土属,424 个土种。主要耕作土壤有黄棕壤、黄褐土、棕壤、褐土、潮土、砂姜黑土、水稻土等 7 个土类,合计面积占土壤总面积的 80%以上,从而为河南省合理布局农业、有效地利用耕地提供了良好的基础条件。

2. 社会经济因素

1) 人口增长

人口是人类社会经济因素中最主要的因素,也是最具活力的耕地变化的驱动力之一。一方面,随着人口的不断增加,需要更多的耕地提供粮食满足生存的基本需要,同时要考虑到人们生活水平的不断改善也会产生巨大的粮食刚性需求,进而给有限的耕地资源带来压力;另一方面,人口数量的增加会导致居民点用地、交通、公共设施等建设用地需求量的增加,而增加的建设用地中很大一部分就来自对耕地的占用,因为在目前,通过对城市内部建设用地的拆迁改造以挖掘用地潜力的成本和难度,远高于通过征地增加建设用地的成本和难度,这样的情况无疑更加快了耕地非农化的速度,对耕地流失的驱动作用也将进一步增强。

从图 3-7 可以看出,河南省人口已由 1996 年的 9172 万人增至 2008 年的 9918 万人,12 年间增加了 746 万人,致使人均耕地面积由 1.33 亩/人下降至 1.20 亩/人,人地关系高度紧张。

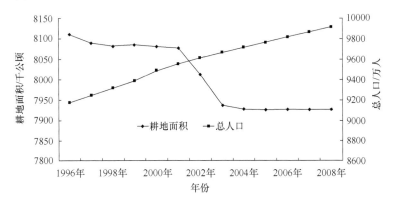

图 3-7　河南省 1996～2008 年人口与耕地变化量图

2) 城镇化发展水平

由图 3-8 可以看出,河南省城镇化水平由 1996 年的 18.4% 增加到 2008 年的 36%,年均增长 1.46%,明显快于同期中国城镇化发展速度(1996～2008 年,中国

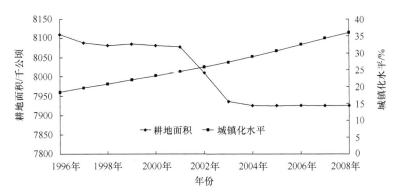

图 3-8　河南省 1996～2008 年城镇化水平与耕地变化量图

平均上升1.38%）。快速城镇化背景下,建设用地面积扩展特征明显,导致耕地面积由1996年的8110338.71公顷降至2008年的7926374.29公顷,年均减少15330.37公顷。同期城镇用地面积由1996年的130093.97公顷上升至2008年的189608.55公顷,增加了59514.58公顷,年均增长4959.55公顷,给河南省的耕地资源带来了巨大的压力。

3）经济发展水平

自改革开放以来,河南省的经济发展较快,国内生产总值由1996年的3634.69亿元增长到2008年的18018.53亿元,平均每年增长1198.65亿元。经济的快速发展促使基本设施建设不断发展和完善,固定资产投资规模不断增加。1996年,全省固定资产投资1003.61亿元,占地区生产总值的27.61%,到2008年,全省固定资产投资为10490.65亿元,占地区生产总值的57%,固定资产投资在12年间增加了9487.04亿元。工业生产总值也从1996年的1496.72亿元增加到2008年的9546.08亿元,共增加8049.36亿元(表3-8)。从图3-9～图3-11可以看出,在城市化过程中,以上经济发展动态因素的增长促使了农转非占地规模的增加,建设占用耕地面积不断扩大,相应的耕地面积就会减少。这也体现了河南省经济因素在城市化过程中对耕地利用变化的深刻影响。

表3-8　河南省GDP、工业生产总值和固定资产投资总额数量表　　（单位:亿元）

年份	GDP	工业生产总值	固定资产投资总额
1996年	3634.69	1496.72	1003.61
1997年	4041.09	1641.08	1165.19
1998年	4308.24	1692.35	1252.22
1999年	4517.94	1729.29	1324.18
2000年	5052.99	2000.04	1475.72
2001年	5533.01	2182.78	1627.99
2002年	6035.48	2412.41	1820.45
2003年	6867.7	2876.93	2310.54
2004年	8553.79	3644.4	3099.38
2005年	10587.42	4896.01	4378.69
2006年	12362.79	6031.21	5907.74
2007年	15012.46	7508.33	8010.11
2008年	18018.53	9546.08	10490.65

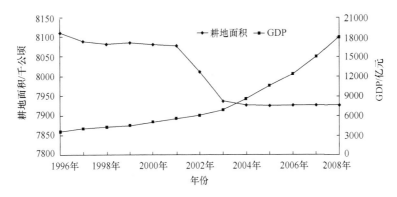

图 3-9　河南省 1996～2008 年 GDP 与耕地变化量图

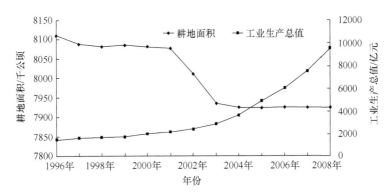

图 3-10　河南省 1996～2008 年工业生产总值与耕地变化量图

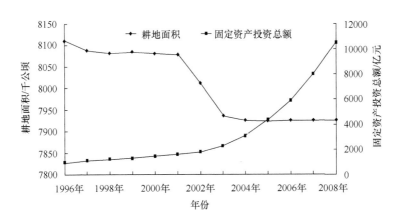

图 3-11　河南省 1996～2008 年固定资产投资总额与耕地变化量图

4) 科技发展水平

河南省是一个农业大省,农业比较发达。随着科技的不断进步和农业生产条件的改善,河南省粮食产量屡创新高,由 1996 年的 3839.90 万吨增加到 2008 年的 5365.48 万吨,粮食单产也由 1996 年的 4283 公斤/公顷增加到了 2008 年的 5589 公斤/公顷(表 3-9)。粮食产量和粮食单产的提高在一定程度上缓解了人口与耕地之间的矛盾。由于农业内部比较效益的作用,单位面积土地用于工业、服务业的收益远高于粮食生产效益,人们开始寻求经济效益较高的土地经营方式,如种植果树、茶叶、开挖鱼塘等(冀楠,2011),进行农业结构调整,使耕地面积进一步减少,农业产值不断增加。

表 3-9 河南省粮食总产量和粮食单产数量表

年份	粮食总产量/万吨	粮食单产/(公斤/公顷)
1996 年	3839.90	4283
1997 年	3894.66	4386
1998 年	4009.61	4405
1999 年	4253.25	4709
2000 年	4101.50	4542
2001 年	4119.88	4670
2002 年	4209.98	4691
2003 年	3567.47	4000
2004 年	4260.00	4749
2005 年	4582.00	5006
2006 年	5112.30	5407
2007 年	5245.22	5540
2008 年	5365.48	5589

3.2.2 耕地利用变化驱动因素分析

1) 驱动因子选择

耕地面积变化的驱动因子很多,结合区域的相关资料,选取了 13 个与耕地变化相关的因素,以耕地面积 Y(公顷)为因变量,自变量为:气温 X_1(℃)、降水 X_2(毫米)、国内生产总值 X_3(亿元)、固定资产投资总额 X_4(亿元)、社会消费品零售总额 X_5(亿元)、农村居民人均纯收入 X_6(元)、年末总人口 X_7(万人)、非农业人口 X_8(万人)、城镇化水平 X_9(%)、粮食单产 X_{10}(公斤/公顷)、化肥施用折纯量 X_{11}(万吨)、粮食播种面积 X_{12}(千公顷)、有效灌溉面积 X_{13}(千公顷)。X 的各项指标的原始数据均来自 1997~2009 年的《河南省统计年鉴》。

2) 主成分分析

应用统计数据处理分析软件 SPSS20.0 对河南省的数据进行主成分分析后,

得出有关结果如表 3-10~表 3-12 所示。

表 3-10　耕地驱动力相关分析结果

	Y	X_1	X_2	X_3	X_4	X_5	X_6	X_7	X_8	X_9	X_{10}	X_{11}	X_{12}	X_{13}
Y	1													
X_1	-0.063	1												
X_2	-0.445	-0.534	1											
X_3	-0.815**	0.178	0.218	1										
X_4	-0.742**	0.166	0.187	0.991**	1									
X_5	-0.833**	0.182	0.225	0.996**	0.982**	1								
X_6	-0.788**	0.221	0.185	0.996**	0.992**	0.996**	1							
X_7	-0.917**	0.222	0.285	0.884**	0.821**	0.912**	0.881**	1						
X_8	-0.914**	0.213	0.272	0.956**	0.911**	0.970**	0.951**	0.981**	1					
X_9	-0.914**	0.216	0.271	0.956**	0.912**	0.970**	0.951**	0.980**	1.000**	1				
X_{10}	-0.592*	0.475	-0.116	0.885**	0.882**	0.867**	0.896**	0.752**	0.827**	0.828**	1			
X_{11}	-0.895**	0.225	0.260	0.947**	0.903**	0.965**	0.947**	0.985**	0.997**	0.996**	0.829**	1		
X_{12}	-0.600*	0.263	0.216	0.894**	0.918**	0.869**	0.899**	0.676*	0.787**	0.788**	0.877**	0.776**	1	
X_{13}	-0.803**	0.349	0.202	0.761**	0.694**	0.804**	0.776**	0.954**	0.897**	0.897**	0.690**	0.916**	0.577*	1

* 表示在 0.05 水平(双侧)上显著相关;** 表示在 0.01 水平(双侧)上显著相关。

表 3-11　特征值及各主层分的贡献率和累计贡献率

成分	特征值	贡献率/%	累计贡献率/%
X_1	10.040	77.232	77.232
X_2	1.665	12.804	90.036
X_3	0.763	5.869	95.905
X_4	0.384	2.950	98.856
X_5	0.082	0.629	99.485
X_6	0.045	0.350	99.835
X_7	0.018	0.135	99.970
X_8	0.003	0.021	99.990
X_9	0.001	0.005	99.995
X_{10}	0.001	0.004	99.999
X_{11}	0.000	0.001	100.000
X_{12}	0.000	0.000	100.000
X_{13}	0.000	0.000	100.000

　　主成分分析结果显示第一、第二主成分累计贡献率已达到 90.036%,这说明了前两个主成分已经足够覆盖原始数据中 13 个指标中所能表达的信息,完全符合分析的要求。由此进一步得出主成分载荷矩阵(表 3-12)。

表 3-12　主成分载荷矩阵

变量	第一主成分	第二主成分
X_1	0.268	−0.858
X_2	0.218	0.885
X_3	0.982	0.043
X_4	0.957	0.025
X_5	0.989	0.051
X_6	0.984	0.000
X_7	0.943	0.086
X_8	0.985	0.073
X_9	0.986	0.071
X_{10}	0.892	−0.341
X_{11}	0.984	0.060
X_{12}	0.868	−0.038
X_{13}	0.862	−0.030

　　由表 3-12 可以看出,第一主成分与国内生产总值 X_3、固定资产投资总额 X_4、社会消费品零售总额 X_5、农村居民人均纯收入 X_6、年末总人口 X_7、非农业人口 X_8、城镇化水平 X_9、粮食单产 X_{10}、化肥施用折纯量 X_{11}、粮食播种面积 X_{12}、有效灌溉面积 X_{13} 都有较大的相关性,但与国内生产总值 X_3、社会消费品零售总额 X_5、农村居民人均纯收入 X_6、非农业人口 X_8、城镇化水平 X_9、化肥施用折纯量 X_{11} 相关性最大,都在 0.98 以上,因此,第一主成分可以概括为社会经济发展水平。

　　第二主成分在气温 X_1、降水 X_2 有较大的载荷值,与第二主成分有较大的相关性,因此,第二主成分可以概括为自然因素。

　　3) 计算主成分综合得分

　　根据各因子得分矩阵表(表 3-13),得到两个主成分的方程式(式(3-9)和式(3-10)),然后将各驱动因子的标准化值代入方程式,可以得到河南省 1996~2008 年的耕地利用变化驱动因子综合得分(表 3-14)。

表 3-13　因子得分矩阵表

变量	第一主成分	第二主成分
X_1	0.027	-0.516
X_2	0.022	0.532
X_3	0.098	0.026
X_4	0.095	0.015
X_5	0.098	0.031
X_6	0.098	0.000
X_7	0.094	0.052
X_8	0.098	0.044
X_9	0.098	0.043
X_{10}	0.089	-0.205
X_{11}	0.098	0.036
X_{12}	0.086	-0.023
X_{13}	0.086	-0.018

$$F_1 = 0.027X_1 + 0.022X_2 + 0.098X_3 + 0.095X_4 + 0.098X_5 + 0.098X_6 + 0.094X_7$$
$$+ 0.098X_8 + 0.098X_9 + 0.089X_{10} + 0.098X_{11} + 0.086X_{12} + 0.086X_{13} \quad (3\text{-}9)$$
$$F_2 = -0.516X_1 + 0.532X_2 + 0.026X_3 + 0.015X_4 + 0.031X_5 + 0.000X_6 + 0.052X_7$$
$$+ 0.044X_8 + 0.043X_9 - 0.205X_{10} + 0.036X_{11} - 0.023X_{12} - 0.018X_{13} \quad (3\text{-}10)$$

河南省耕地利用变化驱动力综合得分模型（赵健龙，2015）为
$$F = \lambda_1 F_1/(\lambda_1 + \lambda_2) + \lambda_2 F_2/(\lambda_1 + \lambda_2)$$
$$= 77.232\, F_1/90.036 + 12.804\, F_2/90.036 \quad (3\text{-}11)$$

表 3-14　因子得分矩阵表

年份	F_1	F_2	综合得分
1996 年	0.04	0.26	0.07
1997 年	0.05	-0.23	0.01
1998 年	0.09	-0.16	0.05
1999 年	0.09	-0.35	0.02
2000 年	0.08	0.16	0.09
2001 年	0.06	-0.42	-0.01
2002 年	0.72	-0.14	0.60
2003 年	0.74	-0.03	0.63
2004 年	0.79	-0.07	0.67

年份	F_1	F_2	综合得分
2005 年	0.85	0.03	0.74
2006 年	0.92	−0.06	0.78
2007 年	1.00	0.02	0.86
2008 年	1.09	0.02	0.93

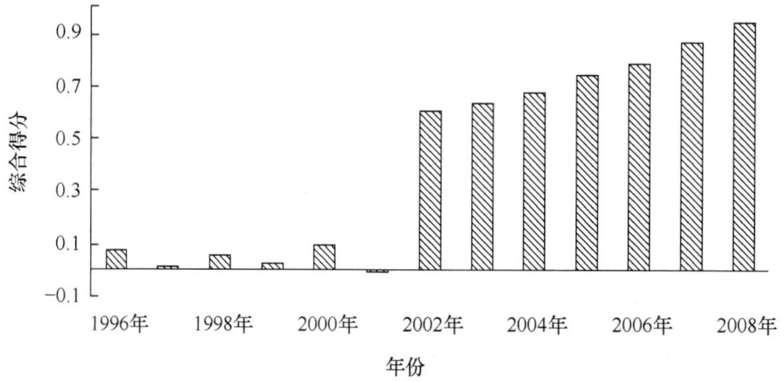

图 3-12　　河南省耕地利用变化驱动因子综合得分趋势图

从图 3-12 可以看出，影响河南省耕地面积变化的驱动力因子综合得分总体呈上升趋势，可见，所选驱动因子的综合驱动力在逐渐加强，说明从自然和社会经济两方面选的 13 个因子在很大程度上解释了耕地数量变化的原因。其中，2001 年以前的综合驱动力综合得分均小于 0.1，且数值变化不大，说明 2001 年以前驱动因子对耕地面积变化影响较小，自 2001 年以后，增长的速度明显加快。

第一主成分因子的综合得分相对于第二主成分综合得分呈明显上升趋势，这表明，随着工业化和城市化的快速发展，社会经济发展水平已成为影响河南省耕地变化的主导因子，相对而言，自然因素对耕地面积的影响并不明显。因此，在制定河南省发展战略时，应注重区域人口的控制和城市用地的集约节约利用，严格控制建设用地规模，避免耕地资源的大量占用。

3.3　耕地利用调控机制

耕地利用和调控是一项复杂性系统工程，各项调控措施都要立足于对耕地数量、质量和空间布局的高效调控之上，调控的终极目标是通过对耕地资源局部和整体的协同优化，实现耕地利用效益与其相关经济、社会和生态环境效益的协调与稳步提升，从而有效地保护和合理利用耕地资源，促进经济可持续发展，产业结构优化,生态环境保护和景观格局合理(黄成毅,2011)。

3.3.1　规划约束机制

1) 丰富用途管制手段

在市、县层面以土地用途管制为基础,将规划生产、生活、生态控制落实到地块,构建以用途管制为主要手段的国土空间开发保护制度,制订自然生态空间用途管制办法,完善国土空间开发许可制度,最大限度地保护耕地、林地等自然生态用地。

2) 建立耕地数据库

根据不同的比例尺来建立耕地数据库,通过卫星或遥感影像建立底图资料,建立土地利用现状和土地总体规划等管理信息为一体的基础性土地管理信息资料,为宏观调控及耕地的保护,提供准确的管理信息。

3) 划定永久基本农田

按照布局基本稳定、数量不减少、质量有提高的要求,依照空间由近及远、耕地质量等级和地力等级由高到低的顺序,划定永久基本农田,并确保基本农田保护目标任务全部上图入库、落地到户,切实发挥永久基本农田对优化城市空间形态的促进作用,强化永久基本农田对城市用地空间的刚性约束。

4) 探索实施"多规合一"

加强土地利用总体规划与相关规划的协调衔接,在县、市层面探索实施"多规合一",严格划定生态保护红线、永久基本农田和城市开发边界,强化规划的约束性。通过三条红线的划定,有效控制城市的无序蔓延,确保耕地和基本农田的基本稳定,促进最严格耕地保护制度的落实。

5) 开展土地利用总体规划中期评估

建立土地利用总体规划评估修改机制,规范修改程序,扩大公众参与,公开透明运作,不能政府换届,规划就换届,切实保护耕地,保障建设用地供给,提高土地利用规划实施管理科学化、规范化水平,促进土地集约节约利用。

3.3.2　制度保障机制

1) 完善耕地产权制度

我国耕地所有权主题不明确,主体虚位,耕地使用权性质不明确以及耕地产权流转受到的严重阻碍,对耕地的破坏和流失产生了重大的影响,因此,应明晰耕地产权,界定耕地的所有权、使用权和承包经营权权能,强化农村耕地所有权和耕地使用权利,保持现行耕地经营制度的稳定性和长期性,从而达到保护耕地和保障农民合法权益的根本目的。

2) 健全耕地保护相关法制体系建设

健全法制体系建设,加快土地执法力度,通过立法使耕地保护做到有法可依、有章可循,形成良好的用地秩序,为实施耕地的可持续利用战略提供保障。

3) 加强基本农田保护制度

对于基本农田的保护,首先,在划定基本农田时要对基本农田的质量等级进行统一规定,只有达到一定质量等级标准的耕地才能被划定为基本农田保护区;其次,对于基本农田的占用也要严格执行补充相同数量和质量耕地的规定。通过这样一些措施,同时保证我国耕地资源的数量平衡与质量平衡。

4) 完善耕地保护责任追究制度

对于违反《土地管理法》和《基本农田保护条例》而乱占耕地的行为,要严厉追究其责任,坚决制止在城市化过程中出现的圈地运动以及其他侵占和破坏耕地的行为,尤其是在经济发达地区,要严格控制各种开发区和园区的建设。

3.3.3　市场配置机制

1) 健全土地税制

通过加大新增建设用地土地有偿使用费、耕地开垦费等法定税费的收取力度,增加耕地占用成本,抑制建设用地盲目扩张,强化市场机制配置力度,充分发挥地价和税收的杠杆作用,降低占用耕地的压力。

2) 完善耕地非农化价格调控

在耕地非农化决策时,考虑耕地非农化的机会成本,同时以社会、经济、生态综合效益为标准,对土地利用效益进行评测。

3.3.4　保护政策激励机制

1) 加大耕地质量建设投入力度

通过加大公共财政对粮食主产区和基本农田保护区建设的扶持力度,加强农田基础设施建设、重大项目实施和先进技术推广,改善农田生产条件,耕地质量得以不断提高,生态环境得到明显改善,有效地促进了农业增效和农民增收。

2) 建立耕地质量养护激励机制

针对土壤的酸化程度日益显著,导致土壤肥力下降、农作物产量降低的现象,鼓励农民开展一系列耕地质量保护与改良方面的可行性研究,引进、推广先进施肥技术,引导农民合理施用肥料、农药、农膜等农业投入品,合理制定耕地防止污染的相关政策制度,对长期维护耕地保持良好肥力的,给以制度上的奖励或者鼓励。

3) 积极推行土地复垦整治

进一步完善土地复垦激励政策体系,通过实施复垦指标分配方法的改革、实施整治项目税费优惠政策和复垦项目奖励政策,增强社会投资者的积极性,积极推动土地整治工作。

4）重新评估耕地的价值

在快速城镇化的进程中，目前，征地补偿制度中，耕地补偿标准相对于城市房地产用地价格过低，大大损害了失地农民的合法权益，导致村民保护耕地积极性不高，甚至冒着违法危险破坏耕地来建设房屋、厂房等。因此，有必要借助政府干预手段，重建征地补偿体系，将耕地的社会保障价值、生态服务价值和经济产出价值一并纳入补偿范围（覃事娅等，2012），重新进行评估，并根据评估价格对耕地保护给予适当、合理的经济补贴，调动农民保护耕地的积极性，从而在一定程度上抑制了耕地资源的过度流失。

5）建立耕地保护经济激励机制

建立长效补偿机制，从土地出让金、新增建设用地土地有偿使用费、耕地开垦费和耕地占用税中拿出一定比例的资金，专门用于耕地保护经济补偿，使耕地保护补偿制度有稳定的资金保障。对自行投资土地整治项目的农民、农村集体经济组织和其他投资人给予奖励或补贴，提高基层政府和农户保护耕地的积极性。

3.3.5　保护技术保障机制

1）耕地资源利用和保护信息化建设

首先，采用数据库、3S、互联网等信息技术，通过耕地一系列数据库建设对耕地是否符合土地利用总体规划、城市总体规划，是否占用基本农田、超过用地指标以及是否符合法律法规等进行精细化监管。二是以"一张图"平台为基础，对擅自占地、越权批地、未批先占、批少占多、违规占用基本农田等破坏耕地的行为进行动态监管。

2）耕地质量提升技术

建立耕地用养结合的长效机制，实施保护性耕作技术。大力推广测土配方施肥、耕地地力培肥、土壤重金属降解与生物修复等技术的应用，加强耕地地力建设，不断提高耕地产能。

第4章 生态型土地利用与调控

随着经济的发展,人口的增长、水土资源的不断匮乏导致生态环境不断退化、生产力下降,人口-资源-环境之间的矛盾不断凸显。近年来,生态系统保护的理论与技术研究已成为学者关注的焦点。生态型土地资源管理与其生态、经济功能备受重视。本章以河南省生态型土地资源的主体:林地、园地、牧草地三种土地类型为例,通过分析上述三种土地资源的利用变化及其驱动因子,探讨河南省在1996~2008年经济发展阶段的生态型土地利用存在的问题、规律及其潜在的调控措施,为河南省生态与经济持续发展调控对策提供依据。

4.1 生态型土地利用结构与概况

4.1.1 生态型土地类型概况

河南省生态型土地共包括林地、园地和牧草地三种生态土地利用类型。2008年的全省土地资源调查数据表明:全省主要生态型土地总面积为3346854.47公顷,其中林地为生态型土地的主体,其总面积为3018558.49公顷,占全省生态型面积的90.19%。林地主要包括有林地、灌木林、疏林地、未成林造林地、迹地和苗圃六大类型,其中有林地为2002482.19公顷(66.27%,占全省林地面积的比例,下同);灌木林为516399.89公顷(17.10%);疏林地为214765.86公顷(7.11%);未成林造林地为275753.76公顷(9.14%),迹地和苗圃分别为1759.62公顷(0.08%)和7397.13公顷(0.24%)(图4-1)。全省的园地总面积为313912.05公顷,主要由果园、桑园、茶园和其他园地四类土地组成。其中果园为主体,面积为244340.90公顷(77.84%,占全省园地面积的比例,下同),其次为其他园地:42102.14公顷(13.41%),茶园和桑园的面积较少,分别为18396.74公顷(5.86%)和9072.29公顷(2.89%)(图4-1)。河南省牧草地总面积为14383.93公顷,由天然草地、人工草地和改良草地三种类型组成。天然草地的总面积为11066.90公顷,占全省牧草地总面积的76.93%;人工草地的总面积为3158.43公顷,占全省牧草地总面积的21.95%;改良草地的总面积为158.60公顷,占全省牧草地总面积的1.10%(图4-1)。

4.1.2 林地利用与结构

河南省林地在生态型土地利用类型中所占比例最大,然而由于自然条件的差

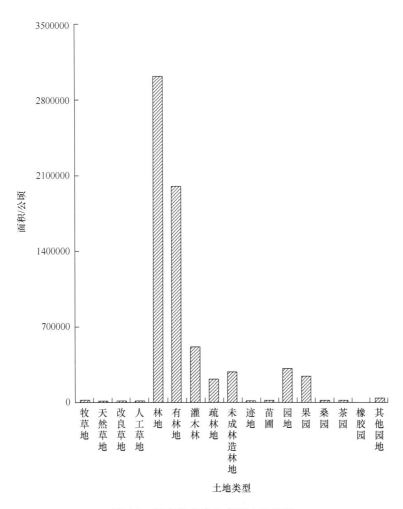

图 4-1 河南省各类生态型土地概况

异,其林地在地域上分布具有明显的差异。全省林地主要分布于豫南(南阳市和信阳市)和豫西(洛阳市和三门峡市)。其中南阳市和洛阳市的林地面积为820349.68 公顷和 594080.86 公顷,分别占全省林地面积的 27.18% 和 15.11%;信阳市和三门峡市的林地面积为 456024.58 公顷和 430510.31 公顷,占全省林地面积的 19.68% 和 14.26%。豫北低山丘陵区(安阳市、鹤壁市、济源市、新乡市、焦作市)虽为丘陵地带,但是由于多年长期的人为破坏与自然环境压力,其林地数量较低,其林地总面积为 435320.03 公顷(安阳市:68926.08 公顷;鹤壁市:20882.48 公顷;济源市:59252.99 公顷;新乡市:56689.53 公顷;焦作市:49568.95公顷),其占全省的林地面积的比例仅为 8.45%(安阳市:2.28%;鹤壁市:0.69%;济源市:1.96%;新乡市:1.88%;焦作市:1.64%)。郑州市、商丘市等 9 地市为平原地带,土地集约利用率高,其林地数量较少且零星分布,且多为农林防护林地(图 4-2)。

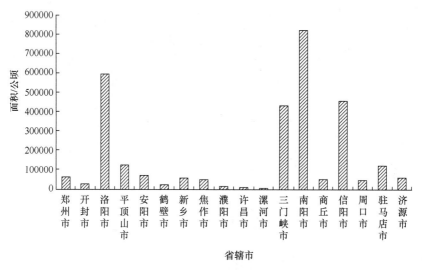

图 4-2　河南省各省辖市林地分布情况

1) 有林地分布情况

林地依据其属性可以分为有林地、灌木林地、疏林地、未成林造林地、迹地和苗圃等六种类型。其中,有林地为河南省最大的林地类型,截至 2008 年,河南省的有林地总面积为 2002482.19 公顷,占林地总面积的 66.33%。其中,以南阳市、洛阳市、信阳市和三门峡市等四市的有林地分布最广,分别为 515306.96 公顷、427597.36 公顷、362167.13 公顷和 270402.54 公顷。占全省有林地总面积的25.73%、21.35%、18.09%和 13.50%。其次分别为平顶山市、驻马店市、周口市、商丘市、郑州市等五市,其有林地面积分别为 74783.77 公顷、64125.32 公顷、47145.57 公顷、43300.45 公顷和 42193.62 公顷;分别占全省有林地总面积的3.73%、3.20%、2.16%和 2.11%。濮阳市、焦作市、许昌市、漯河市、鹤壁市等五市的有林地分布最少,分别为 12782.51 公顷、10547.81 公顷、9038.97 公顷、4546.15 公顷和 2396.98 公顷,占全省有林地总面积的 0.64%、0.53%、0.45%、0.23%和 0.12%(表 4-1)。

2) 灌木林分布情况

河南省的灌木林为有林地的第二大地类,其总面积为 516399.89 公顷,占全省林地总面积的 17.11%。其中灌木林以山地分布广、降水丰富的南阳市、洛阳市、三门峡市最多,其灌木林地面积分别为 203676.55 公顷、84368.30 公顷和61494.48 公顷,占全省灌木林总面积的 39.44%、16.34%和 11.91%。平原区地市的灌木林分布相对较少,如周口市、许昌市、鹤壁市和漯河市,其灌木林面积仅为

70.09 公顷、45.85 公顷、9.78 公顷和 3.88 公顷(表 4-1)。

　　3) 疏林地分布情况

　　河南省的疏林地总面积为 214765.86 公顷,占全省林地总面积的 7.11%,且分布极为不均。主要在南阳市、洛阳市和三门峡市的疏林地分布最广,分别为59799.13 公顷、37292.97 公顷和 34866.16 公顷;占全省疏林地总面积的 27.8%、17.36%和 16.23%。以商丘市、开封市、濮阳市、周口市和漯河市等五市的疏林地分布最少,分别为总面积分别为 326.79 公顷、315.73 公顷、205.47 公顷、120.12公顷和 86.45 公顷,均不到全省疏林地总面积的 1%(表 4-1)。

　　4) 未成林造林地分布情况

　　河南省的未成林造林地面积为 275753.76 公顷,占全省林地总面积的9.14%。主要分布在三门峡市,其未成林造林地为 63405.93 公顷,占全省未成林造林地总面积的 22.99%。其次为信阳市、洛阳市和南阳市等三市,其未成林造林地的面积分别为 47225.49 公顷、43842.70 公顷和 40551.89 公顷;占全省总面积的 17.13%、15.90%和 14.71%。许昌市、商丘市、漯河市、濮阳市、周口市等五市的未成林造林地面积最少,分别为 1244.89 公顷、1062.92 公顷、275.35 公顷、158.56 公顷和 13.03 公顷,占全省未成林造林地面积的比例均低于 1%(表 4-1)。

　　5) 迹地分布和苗圃分布

　　河南省的迹地和苗圃总面积分别为 1759.62 公顷和 7397.13 公顷,占全省林地总面积的比例均低于 1%。全省迹地主要分布于开封市、洛阳市、三门峡市和郑州市等四市,分别为 445.09 公顷、355.89 公顷、207.75 公顷和 207.33 公顷;分别占全省迹地总面积的 25.29%、20.23%、11.81%和 11.78%。安阳市、平顶山市、漯河市和鹤壁市的迹地分布最低,分别为 4.86 公顷、2.79 公顷、2.33 公顷和 0.50公顷,均不足 5 公顷。河南省的苗圃主要分布在信阳市,其面积为 1606.63 公顷,占全省苗圃总面积的 21.72%。其次分别为南阳市、驻马店市、洛阳市、许昌市、郑州市等五市,苗圃面积分别为 849.34 公顷、651.10 公顷、623.63 公顷、590.03 公顷和 534.91 公顷,分别占全省苗圃总面积的 11.48%、8.80%、8.43%、7.98%和7.23%。三门峡市、商丘市、鹤壁市和济源市等四市的苗圃面积最低,分别为133.45 公顷、105.57 公顷、39.81 公顷和 30.91 公顷,占全省苗圃总面积的比例不足 2%(表 4-1)。

表 4-1　河南省各类林地分布一览表　　　　　(单位:公顷)

行政辖区	有林地	灌木林地	疏林地	未成林造林地	迹地	苗圃
郑州市	42193.62	5283.69	6788.89	6912.60	207.33	534.91
开封市	18778.77	2286.11	315.73	4161.99	445.09	166.95
洛阳市	427597.36	84368.30	37292.97	43842.70	355.89	623.63

行政辖区	有林地	灌木林地	疏林地	未成林造林地	迹地	苗圃
平顶山市	74783.77	39488.70	9367.21	3215.33	2.79	351.79
安阳市	33080.25	10927.99	11527.86	12953.22	4.86	431.90
鹤壁市	2396.98	9.78	4614.38	13821.03	0.50	39.81
新乡市	24874.46	8065.31	7589.95	15727.81	125.15	306.84
焦作市	10547.81	28592.57	3044.91	7116.47	10.79	256.39
濮阳市	12782.51	767.92	205.47	158.56	21.47	231.66
许昌市	9038.97	45.85	391.30	1244.89	23.01	590.03
漯河市	4546.15	3.88	86.45	275.35	2.33	180.51
三门峡市	270402.54	61494.48	34866.16	63405.93	207.75	133.45
南阳市	515306.96	203676.55	59799.13	40551.89	165.81	849.34
商丘市	43300.45	3890.60	326.79	1062.92	10.85	105.57
信阳市	362167.13	26700.53	18244.49	47225.49	80.31	1606.63
周口市	47145.57	70.09	120.12	13.03	76.24	305.71
驻马店市	64125.32	31805.39	15110.89	8251.35	19.45	651.10
济源市	39413.57	8922.15	5073.16	5813.20	0	30.91
河南省	2002482.19	516399.89	214765.86	275753.76	1759.62	7397.13

4.1.3 园地利用与结构

河南省园地主要包括果园、桑园、茶园和其他园地等四种类型,各省辖市园地分布不均。主要分布于豫西和豫南山地较多的地市,如南阳市、信阳市和三门峡三市;其园地面积分别为51649.18公顷、40443.74公顷和40170.55公顷,占全省园地总面积比例分别为16.45%、12.88%和12.80%。许昌市、濮阳市、济源市、鹤壁市和漯河市等五市的园地面积分布最少,分别为6070.31公顷、5820.57公顷、3806.05公顷、2573.48公顷和2089.11公顷,占全省园地总面积的比例均低于2%(图4-3)。

1) 果园分布情况

果园为河南省最大的园地类型,其面积为244340.90公顷,占园地总面积的77.84%。河南省果园主要分布于豫中和豫南的三门峡市、南阳市和商丘市三市,果园面积分别为39212.45公顷、37536.77公顷和26615.20公顷,占全省果园面积的比例分别为16.05%、15.36%和10.89%。其次分别为洛阳市、郑州市、驻马店市、周口市和信阳市等五市,其果园面积分别为18029.21公顷、16106.39公顷、15643.84公顷、14408.66公顷和14334.47公顷,占全省果园面积的比例分别为

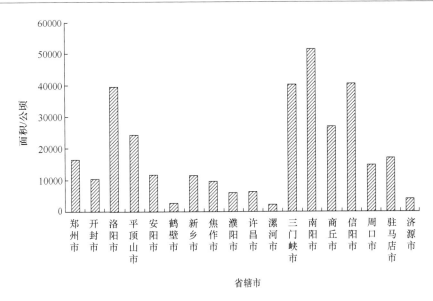

图 4-3 河南省各省辖市园地分布情况

7.38%、6.59%、6.40%、5.90% 和 5.87%。济源市、鹤壁市和漯河市的果园分布较少,分别为 3766.03 公顷、2557.04 公顷和 2075.25 公顷,占全省果园面积的比例均低于 2%(表 4-2)。

2)桑园分布情况

河南省的桑园面积为 9072.29 公顷,占全省园地总面积的 2.89%。其中超过 80% 的桑园分布在河南省南部的信阳市、南阳市和驻马店市,桑园面积分别为 3481.83 公顷、3087.09 公顷和 1015.91 公顷,占全省桑园面积比例分别为 38.38%、34.03% 和 11.20%,其次分别为商丘市、许昌市、安阳市、周口市和郑州市,其桑园面积分别为 369.82 公顷、241.67 公顷、218.57 公顷、143.43 公顷和 101.32 公顷,占全省桑园面积比例分别为 4.08%、2.66%、2.41%、1.58% 和 1.12%。其他地区也有少量的桑园零星分布,其面积均低于 100 公顷,均不到全省桑园面积的 1%(表 4-2)。

3)茶园分布情况

河南省的茶园面积 18396.74 公顷,占全省园地面积的 5.86%,均分布于河南南部的信阳市、南阳市和驻马店市,其茶园面积分别为 16898.74 公顷、1401.82 公顷和 93.41 公顷,其占全省茶园面积的比例分别为 91.86%、7.62% 和 0.51%(表 4-2)。

4)其他园地分布

河南省其他园地为 42102.14 公顷,占全省园地面积的 13.41%。约有一半的其他园地分布于平顶山市(18336.36 公顷),占全省其他园地总面积的 43.55%。

其次分别为豫南的南阳市(9623.50 公顷)和信阳市(5728.71 公顷),分别占全省其他园地总面积的 22.86％和 13.61％。新乡市、洛阳市、安阳市和三门峡市等省辖市的其他园地也有少量的零星分布,其面积分别为 3914.79 公顷、1360.01 公顷、1297.61 公顷和 920.22 公顷,占全省其他园地面积的比例为 9.30％、3.23％、3.08％和 2.19％。其他地市的园地分布均低于 300 公顷,所占比例低于 1％(表 4-2)。

表 4-2　河南省各类园地分布一览表　　　　　(单位:公顷)

行政辖区	果园	桑园	茶园	橡胶园	其他园地
郑州市	16106.39	101.32	0	0	194.93
开封市	10073.89	58.53	0	0	4.47
洛阳市	18029.21	23.30	2.77	0	1360.01
平顶山市	6084.69	49.44	0	0	18336.36
安阳市	9990.35	218.57	0	0	1297.61
鹤壁市	2557.04	9.04	0	0	7.40
新乡市	7227.55	65.18	0	0	3914.79
焦作市	9154.17	60.36	0	0	259.85
濮阳市	5728.01	71.98	0	0	20.58
许昌市	5796.93	241.67	0	0	31.72
漯河市	2075.25	9.86	0	0	4.00
三门峡市	39212.45	37.88	0	0	920.22
南阳市	37536.77	3087.09	1401.82	0	9623.50
商丘市	26615.20	369.82	0	0	62.20
信阳市	14334.47	3481.83	16898.74	0	5728.71
周口市	14408.66	143.43	0	0	84.99
驻马店市	15643.84	1015.91	93.41	0	237.86
济源市	3766.03	27.08	0	0	12.94
河南省	244340.90	9072.29	18396.74	0	42102.14

4.1.4　牧草地利用与结构

河南省的牧草地面积为 14383.93 公顷,河南省牧草地分布零散且极不均衡,牧草地资源主要集中在黄河滩区和浅山丘陵区。约 80％的牧草地分布于豫南的信阳市和南阳市。其中信阳市牧草地面积最大,为 7454.01 公顷,占全省牧草地总面积的 51.82％;南阳市为 4552.98 公顷,占全省的比例为 31.65％。其次在三门峡市、焦作市和驻马店市有少量的牧草地分布,分别为 1135.63 公顷、623.06 公顷和 448.87 公顷,占全省牧草地总面积的 7.90％、4.33％和 3.12％。平原区草地几乎没有分布,均低于 100 公顷(图 4-4)。

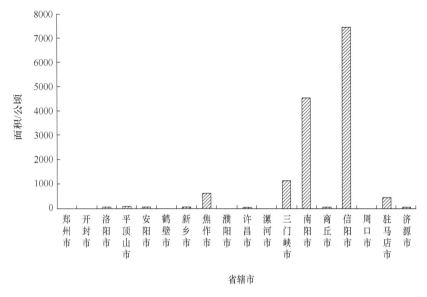

图 4-4　河南省各省辖市牧草地面积分布情况

1) 天然草地的分布情况

河南省的天然草地面积为 11066.90 公顷,为河南省牧草地资源最主要的组成部分,占全省牧草地面积比例为 77.95%。90% 以上的天然草地主要分布于山地较多的信阳市、南阳市和三门峡市,其中,一半以上天然草地分布于信阳市,面积为 7255.81 公顷,占全省天然草地总面积的 65.56%,其次分别为南阳市(2149.76 公顷;19.43%)和三门峡市(1001.79 公顷;9.05%)。其他省辖市仅有少量的零星分布,可忽略不计(表 4-3)。

2) 改良草地的分布情况

河南省的改良草地面积为 158.60 公顷,占本省牧草地资源的 1.1%。改良草地主要分布于信阳市(80.34 公顷)、南阳市(35.29 公顷)、驻马店市(30.34 公顷)和新乡市(11.99 公顷)(表 4-3)。

3) 人工草地的分布情况

河南省的人工草地总面积为 3158.43 公顷,占本省牧草地资源的 21.95%。其中南阳市的人工草地面积最大为 2367.93 公顷,占全省人工草地面积的 74.97%;其次分别为焦作市、驻马店市、三门峡市和信阳市等四市,其人工草地面积分别为 245.67 公顷、209.91 公顷、133.85 公顷和 117.86 公顷,占全省人工草地总面积的 7.78%、6.65%、4.24% 和 3.73%,其他省辖市仅有少量的分布(表 4-3)。

表 4-3　　河南省各类牧草地分布一览表　　　　（单位：公顷）

行政辖区	牧草地	天然草地	改良草地	人工草地
郑州市	0	0	0	0
开封市	0	0	0	0
洛阳市	14.05	7.07	0	6.98
平顶山市	92.53	59.19	0	33.34
安阳市	4.71	3.51	0	1.19
鹤壁市	0	0	0	0
新乡市	29.31	0	11.99	17.32
焦作市	623.06	377.39	0	245.67
濮阳市	0	0	0	0
许昌市	1.71	0.01	0	1.69
漯河市	0	0	0	0
三门峡市	1135.63	1001.79	0	133.85
南阳市	4552.98	2149.76	35.29	2367.93
商丘市	6.97	3.74	0.64	2.59
信阳市	7454.01	7255.81	80.34	117.86
周口市	0	0	0	0
驻马店市	448.87	208.63	30.34	209.91
济源市	20.1	0	0	20.1
河南省	14383.93	11066.90	158.60	3158.43

4.2　生态型土地利用变化分析

4.2.1　林地

　　全省的林地面积变化趋势是：先缓慢增加，再迅速增加，最后又是缓慢增加。其中，1996~2000 年和 2004~2008 年，全省林地的面积相对稳定；2000~2004 年，全省林地面积由 2831473.96 公顷剧增到 3019460.09 公顷，增幅高达 96.69%（图 4-5）。其主要原因为受国家退耕还林的政策驱动，形成了大量的未成林造林地。其主要分布区域为豫北太行山，豫西黄土丘陵区、伏牛山区、大别山及淮河沿岸，豫东北黄河故道泛风沙区和南阳盆地区，因此，未成林造林地是林地总面积持续增加的原因（图 4-6）。

　　除去周口市和郑州市，全省各省辖市的林地均呈现缓慢增加的趋势。城市拓展与人为破坏是周口市和郑州市林地面积减少的主要原因。林地面积增幅较大的

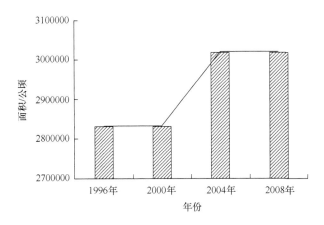

图 4-5　1996 年、2000 年、2004 年、2008 年河南省林地面积变化

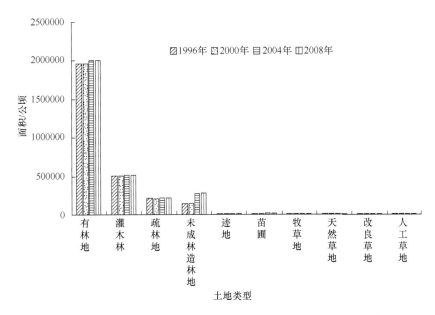

图 4-6　1996 年、2000 年、2004 年、2008 年全省各类林地面积变化

为焦作市和鹤壁市,其中焦作市林地的增幅高达 70.40%,这是因为近年进行焦作市产业转型,发展旅游业和植树造林,同时,豫北太行山的退耕还林也为其主要原因;鹤壁市的林地增幅为 37.09%,鹤壁市西部山地的退耕还林、南水北调生态建设以及相关城市生态防护林工程的建设为林地增加的主要因素。其他地市,如开封、濮阳、许昌、商丘和济源等市的林地增幅也在 10% 以上,但是由于这些省辖市林地面积基数相对较小,总体增加面积较低。1996~2008 年河南省各省辖市林地面积变化如图 4-7 所示。

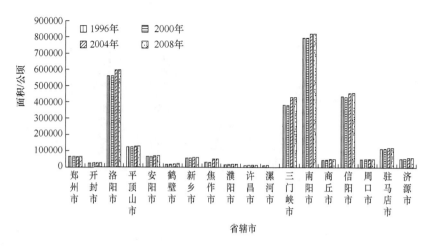

图 4-7　1996 年、2000 年、2004 年、2008 年河南省各省辖市林地面积变化

　　各个省辖市的有林地面积在 1996～2008 年没有显著变化。仅在洛阳市和南阳市的有林地面积有少量的增加,在 1996～2008 年,分别增加了 13445.35 公顷和8189.79 公顷,增幅分别为 3.24％和 1.61％。其他省辖市无显著变化(图 4-8)。

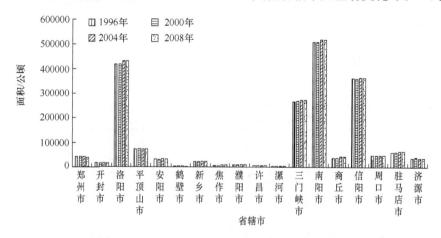

图 4-8　1996 年、2000 年、2004 年、2008 年河南省各省辖市有林地面积变化

　　全省灌木林地面积的变化不大,仅焦作市呈现了大幅度的增加,由 1996 年的18069.30 公顷增加到 2008 年的 28592.57 公顷,增幅高达 58.24％,其他省辖市无显著变化(图 4-9)。

　　全省疏林地面积变化不显著,仅信阳市和南阳市出现了小幅度的增加,分别由1996 年的 17109.77 公顷和 57575.29 公顷增加到 2008 年的 18244.49 公顷和59799.13 公顷,增幅分别为 6.63％和 3.86％(图 4-10)。

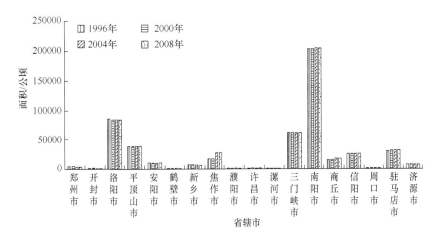

图 4-9　1996 年、2000 年、2004 年、2008 年河南省各省辖市灌木林面积变化情况

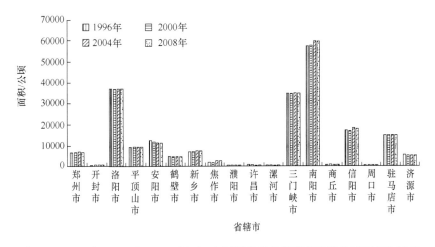

图 4-10　1996 年、2000 年、2004 年、2008 年河南省各省辖市疏林地面积变化情况

　　受退耕还林的政策影响,全省各省辖市的未成林造林地变化较大。增加最大的省辖市分别为三门峡市、洛阳市和信阳市(图 4-11)。在 1996~2008 年,三门峡市未成林造林地由 17047.93 公顷(1996 年)增加到 63405.93 公顷(2008 年),增加了 46358.00 公顷,增幅高达 271.92%,成为全省未成林造林地面积最大的省辖市。洛阳市和信阳市未成林造林地分别增加了 20788.08 公顷和 18672.97 公顷,增幅分别为 90.16% 和 65.39%。许昌市的未成林造林地增幅最大,高达 788.25%;但是由于基数较小,其未成林造林地面积增量不大;其他省辖市也都呈现了不同幅度的增加。

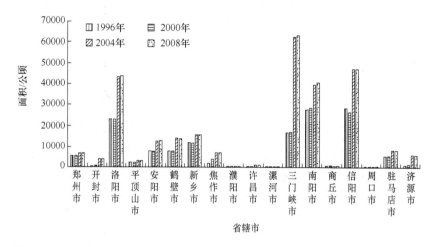

图 4-11　1996 年、2000 年、2004 年、2008 年河南省各省辖市未成林造林地变化情况

河南省苗圃的面积变化较小,主要变化在许昌市和漯河市。其中许昌市的苗圃面积变化幅度最大,由 1996 年的 260.71 公顷增加到 2008 年的 590.03 公顷,增加幅度高达 126.32%;漯河市的苗圃面积由 1996 年的 85.89 公顷,增加到 2008 年的 180.51 公顷,增加幅度高达 110.1%。其次分别为洛阳市、郑州市和驻马店市,其增幅分别为 75.02%、66.21% 和 48.03%;其他省辖市的变化幅度均较小(图 4-12)。

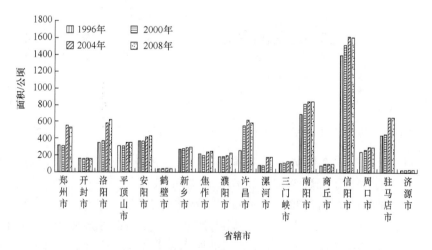

图 4-12　1996 年、2000 年、2004 年、2008 年河南省各省辖市苗圃面积变化

河南省迹地的面积比例较小且变化较小,1996～2008 年,其总面积仅增加143.43 公顷,各省辖市的迹地面积无显著变化(图 4-13)。

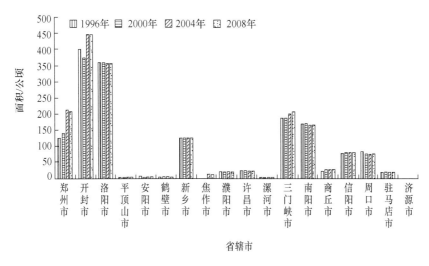

图 4-13　1996 年、2000 年、2004 年、2008 年河南省各省辖市迹地面积变化

4.2.2　园地

1996～2008 年,河南省园地面积经历了缓慢增加—快速增加—小幅减少的过程。但是总体上增加的幅度大于减少的幅度(图 4-14)。总面积由 1996 年的 308308.8 公顷增加到 2008 年的 313912.1 公顷,12 年间净增加了 5603.3 公顷,净增幅为 1.87%。各类型园地变化幅度均不显著,只有其他园地有少量变化(图 4-15)。

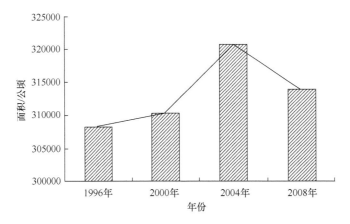

图 4-14　1996 年、2000 年、2004 年、2008 年河南省园地面积变化

从园地空间变化格局上看,河南省 18 个省辖市园地变化具有显著差异(图 4-16)。园地变化较大的地市为洛阳市、濮阳市、新乡市、三门峡市和信阳市,均有显著的增加,而焦作市、郑州市、周口市、驻马店市的园地面积,在 1996～2008 年呈现轻微的减少,其他省辖市的园地无显著变化。

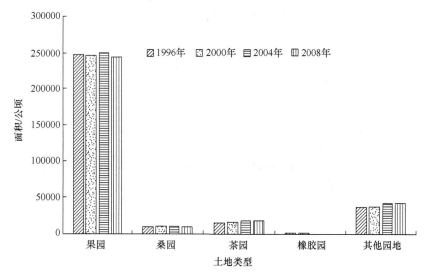

图 4-15 1996 年、2000 年、2004 年、2008 年河南省各类园地面积变化

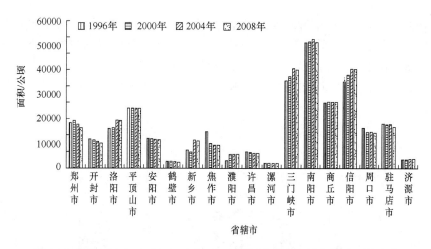

图 4-16 1996 年、2000 年、2004 年、2008 年河南省各省辖市园地面积变化

河南省果园面积呈现轻微的下降,12 年间由 248239.37 公顷(1996 年)轻度降低到 244340.90 公顷(2008 年),主要减少的省辖市为郑州市、开封市、焦作市和周口市等四市。果园占用、水果滞销、果农积极性不高等是主要原因。除了洛阳市、濮阳市和三门峡市的果园呈现了微小的增加,其他省辖市无显著变化(图 4-17)。

河南省的茶园主要集中在信阳市,且出现持续增加的趋势(图 4-18)。这主要是信阳市具有适宜的气候,因为信阳市政府投资茶产业,茶叶多元化开发,茶产业快速发展,茶园面积不断增大。

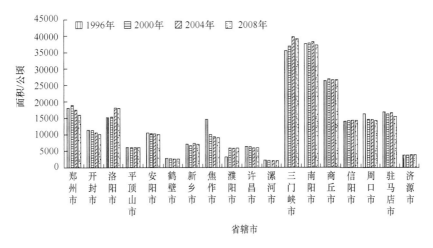

图 4-17　1996 年、2000 年、2004 年、2008 年河南省各省辖市果园面积变化

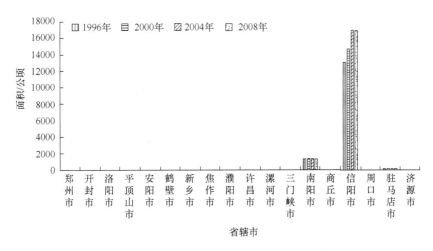

图 4-18　1996 年、2000 年、2004 年、2008 年河南省各省辖市茶园面积变化

河南省桑园面积总体无显著变化,12 年间仅增加了 162.32 公顷,增幅为 1.78%。各地市桑园面积变化差异显著,桑园种植面积呈现较大增长的省辖市有以山地为主的信阳市和三门峡市,其中信阳市桑园种植面积增加最大,由 2596.23 公顷(1996 年)增加到 3481.83 公顷(2008 年),增加幅度为 34.11%;三门峡市由 6.26 公顷(1996 年)增加到 37.88 公顷(2008 年)。焦作市、郑州市和开封市则出现了减少趋势,12 年间分别减少了 65.83%、44.54% 和 39.32%。其他省辖市无显著变化(图 4-19)。河南省橡胶种植面积仅在 1996 年和 2000 年有零星的分布(图 4-20)。

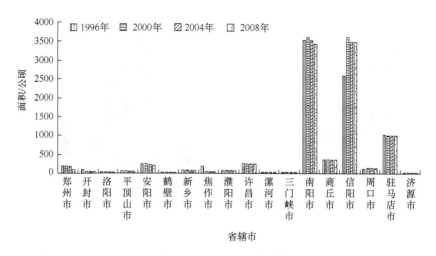

图 4-19　1996 年、2000 年、2004 年、2008 年河南省各省辖市桑园面积变化

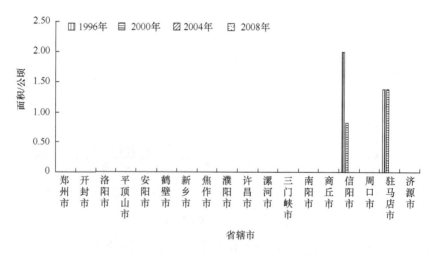

图 4-20　1996 年、2000 年、2004 年、2008 年河南省各省辖市橡胶园变化

河南省其他园地的总面积呈现较大的增加,12 年间已由 36545.53 公顷(1996年)增加到 42102.14 公顷(2008 年),增加了 5556.61 公顷。增加的园地主要分布在新乡市,由 1996 年的 228.02 公顷增加到 2008 年的 3914.79 公顷,12 年间共增加了 3686.77 公顷。其他省辖市的其他园地无显著变化(图 4-21)。

4.2.3　牧草地

河南省的牧草地面积呈现先增加后持续减少的现象,整体上减少了 1.97%。先由 14446.6 公顷(1996 年)增加到 14673.1 公顷(2000 年),然后持续减少到

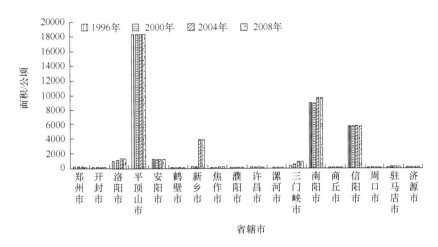

图 4-21　1996 年、2000 年、2004 年、2008 年河南省各省辖市其他园地变化情况

2008 年的 14383.9 公顷(图 4-22)。各类牧草地整体呈现平稳,变化幅度不显著(图 4-23)。12 年间,天然草地先略微增加,后细微减少;人工草地则是持续缓慢增加,由 1996 年的 3028.1 公顷增加到 2008 年的 3158.4 公顷,共增加了 130.3 公顷;改良草地无显著变化。

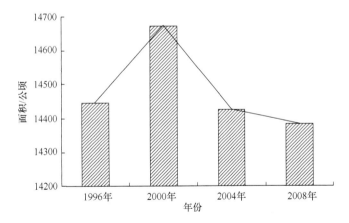

图 4-22　1996 年、2000 年、2004 年、2008 年河南省牧草地变化

12 年间,河南省各省辖市牧草地面积总体变化不大,其中变化较大的省辖市为郑州市和三门峡市。其中郑州市牧草地面积减少了 847.79 公顷,而三门峡市从 1996 年起,牧草地面积有较大的增加,共增加了 996.16 公顷,其他各省辖市的牧草地面积无明显变化(图 4-24)。

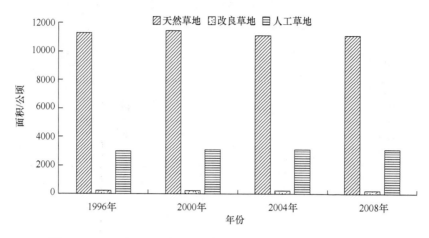

图 4-23　1996 年、2000 年、2004 年、2008 年河南省各类牧草地变化

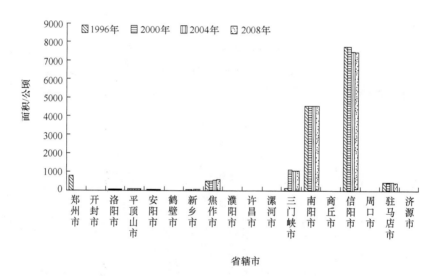

图 4-24　1996 年、2000 年、2004 年、2008 年河南省各省辖市牧草地面积变化情况

　　河南省天然草地整体变化趋势和全省牧草地面积的变化趋势相同。先由 11249.00 公顷(1996 年)增加到 11427.81 公顷(2000 年),然后持续减少到 11066.90 公顷(2008 年),整体上共减少了 182.10 公顷,减幅为 1.61%。天然草地变化较大的省辖市为郑州市和三门峡市(图 4-25)。改良草地呈现轻微的减少,12 年间共减少了 10.90 公顷,主要发生在郑州市。人工草地呈现少量的增加,1996～2008 年的净增加量为 130.31 公顷,增幅为 4.30%,主要增加在焦作市(图 4-26 和图 4-27)。

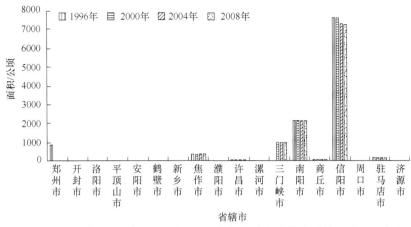

图 4-25　1996 年、2000 年、2004 年、2008 年河南省各省辖市天然草地面积变化

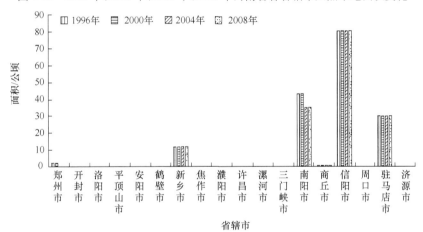

图 4-26　1996 年、2000 年、2004 年、2008 年河南省各省辖市改良草地变化

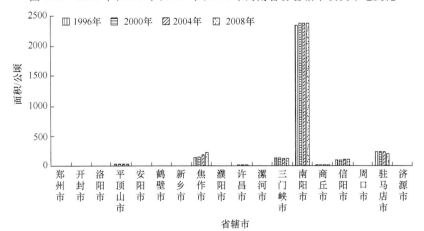

图 4-27　1996 年、2000 年、2004 年、2008 年河南省各省辖市人工草地变化

4.3　生态型土地利用变化驱动分析

4.3.1　模型选择

1. 灰色关联度

在控制论中,常用颜色的深浅来表示信息的明确程度,如将内部信息未知的对象称为黑箱,这种称谓已被人们普遍接受。"黑"表示信息未知,即对系统的内部结构、参数等一无所知,只能从外部表象来研究这类系统。"白"表示信息完全明确。而介于"黑"和"白"之间,部分信息已知,部分信息未知的系统称为灰色系统(邓聚龙,1984)。这类系统如社会系统、经济系统、生态系统等,虽然知道影响系统的某些因素,但却很难确定全部因素,更难确定各个因素之间的定量关系。灰色系统理论就是以"部分信息已知,部分信息未知"的"贫信息"、"小样本"不确定性系统为研究对象,主要通过对"部分已知信息"的生成、开发,提取有价值的信息,实现对系统运行行为、演化规律的正确描述和有效控制。社会系统、经济系统、生态系统等许多抽象系统包含多种因素,而且多种因素之间的关系是灰色的,很难分清哪些因素是主要的,哪些是次要的,哪些是潜在的,哪些是明显的等,这些都是灰色关联分析的内容(刘思峰等,2013)。

灰色关联度分析实质是分析各评价对象与理想对象的接近程度。评价对象与理想对象越接近,其关联度就越大。灰色关联度是对系统动态发展过程的量化分析,是根据因素之间发展态势的相似或相异程度来衡量因素间接近的程度。在系统发展过程中,若两个因素变化的趋势具有一致性,则二者的关联度较高;反之,则较低。因此,通过灰色关联度方法,可根据因素之间发展趋势的相似或相异来衡量因素之间关联程度(徐卫国等,2006)。

2. 灰色关联度计算步骤

1) 确定参考序列与比较序列

设参考序列为 X_0,则 $X_0 = [X_0(t)]$ $(t=1,2,3,\cdots,n)$,其中评价指标 t 共有 n 个。设比较序列为 X_i,则 $X_i = [X_i(t)]$ $(t=1,2,3,\cdots,m)$,其中评价项目 i 共有 m 个。

2) 无量纲化处理

由于原始数据的量纲不一定相同,所以需要对其进行无量纲化,消除量纲和数量级对数据的影响,使其转化为可比较的数据序列。具体方法为

$$X' = \frac{x}{\bar{x}} \tag{4-1}$$

式中,X' 为无量纲值;x 为评价指标的观测值;$\bar{x}$ 为评价指标的均值。

3）计算关联系数

经过无量纲化的参考序列记为 $\{X_0(t)\}$，比较序列记为 $\{X_i(t)\}$，则在时刻 $t=k$ 时参考序列 $\{X_0(t)\}$ 与比较序列 $\{X_i(t)\}$ 的关联系数 $\zeta_i(k)$ 为

$$\zeta_i(k)=\frac{\min\limits_{i}\min\limits_{k}|X_0(k)-X_i(k)|+\rho\max\limits_{i}\max\limits_{k}|X_0(k)-X_i(k)|}{|X_0(k)-X_i(k)|+\rho\max\limits_{i}\max\limits_{k}|X_0(k)-X_i(k)|} \tag{4-2}$$

式中，$\zeta_i(k)$ 为比较数列 X_i 对参考数列 X_0 在 k 时刻的关联系数；ρ 为分辨系数。一般来讲，分辨系数 $\rho\in[0,1]$。由式（4-2）容易看出，ρ 越大，分辨率越大；ρ 越小，分辨率越小。在实际应用中，一般取 $\rho=0.5$。

4）计算关联度

由于关联系数只表示各时点数据间的关联程度，且数据量大，不便于比较。为了使数据量便于比较分析，参考序列和比较序列的关联度便以两序列各个时刻的关联系数的平均值计算，即灰色关联度的计算公式为

$$r_i=\frac{1}{n}\sum_{k=1}^{n}\zeta_i(k) \tag{4-3}$$

式中，r_i 为比较数列 X_i 对参考数列 X_0 的关联度。

5）关联度比较与排序

将 m 个比较序列对应同一个参考序列的灰色关联度进行排序，组成关联序，记为 r_{ij}。对 r_{ij} 进行排序：$r_{ij_1}>r_{ij_2}>\cdots>r_{ij_m}$，则各自变量对因变量影响的重要程度依次是 $j_1>j_2>\cdots>j_m$。

4.3.2　生态型土地利用变化驱动指标体系

1. 因子选择

生态型土地的驱动因素繁多、内涵十分复杂，可以理解为人类活动引起的能够造成土地生态服务功能退化的、对林地和草地功能产生影响的扰动力。它是由多重因果关系、多维的因素组成，在不同的尺度或范围内，其主导驱动力的构成因素既有共性，又有很大的差异。针对河南省林地与牧草地资源的特点，把对河南省林地、牧草地生态系统产生影响的潜在驱动因子分为生态投入与政策驱动因子、自然环境驱动因子、资源消耗驱动因子、环境污染驱动因子以及人口与经济驱动因子等五大类（图 4-28）。

2. 因子权重与计算

本书运用定性与定量综合集成法来确定权重。目前进行定量评价的方法很多，如层次分析法、单纯矩阵法和模糊数学法等。层次分析法因运用了广泛的数学方法进行评价，增强了客观性，因而被广泛地应用。本书采用层次分析法对生态型土地驱动因子进行量化与计算，其主要包括以下内容。

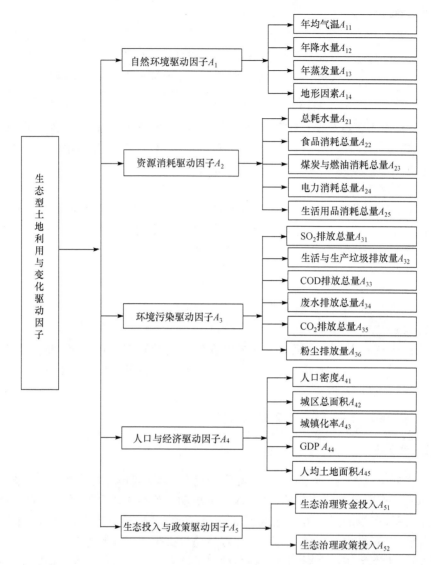

图 4-28　河南省生态型土地驱动因子

COD 指化学需氧量,是以化学方法测量水样中需要被氧化的还原性物质的量。
水样在一定条件下,以氧化 1L 水样中还原性物质所消耗的氧化剂的量为指标,
折算成每升水样全部被氧化需要的氧的毫克数,以 mg/L 表示

1) 构造判断矩阵

根据评价指标体系结构构造判断矩阵的方法如下。将每一个具有向下隶属关系的元素放在矩阵的左上角,作为判断矩阵的第一个元素,隶属于它的各个元素依次排列在其后的第一行和第一列。进而对每两个行列比较其重要性,并对其重要

性程度进行赋值(重要性标度值见表 4-4)。将所设计的评价模型编制成问卷,在对焦作市统计局、气象局、环保局提供的资料进行分析整理的基础上,请专家根据调查结果及标度表对该层次的指标逐一进行比较,可以建立这样的判断矩阵,假设 $a=\{a_1,a_2,\cdots,a_m\}$ 为评价因素集,对评价因素进行两两比较得到判断矩阵 A:

$$A=\begin{bmatrix} a_{11} & a_{12} & \cdots & a_{1m} \\ a_{21} & a_{22} & \cdots & a_{2m} \\ \vdots & \vdots & & \vdots \\ a_{m1} & a_{m2} & \cdots & a_{mn} \end{bmatrix} \qquad (4\text{-}4)$$

表 4-4　重要性标度含义表

重要性标度	含义
1	表示两个元素比较,具有同等重要性
3	表示两个元素比较,前者比后者稍重要
5	表示两个元素比较,前者比后者明显重要
7	表示两个元素比较,前者比后者强烈重要
9	表示两个元素比较,具有前者比后者极端重要
2、4、6、8	表示上述判断的中间值
倒数	若元素 i 与元素 j 的重要性之比为 a_{ij},则元素 j 与元素 i 的重要性之比为 $a_{ji}=1/a_{ij}$

2) 求取因子权重

求取因子权重即把每个判断矩阵的各元素对于其准则层来说,排出评比顺序。计算圈中的方法有和法、方根法、幂法等,本书采用方根法。首先计算第二层各因素指标的权重值 W_{Ai},即自然环境驱动因子、资源消耗驱动因子、环境污染驱动因子、人口与经济驱动因子对整个评价体系的权重:由上述判断矩阵,可求出 A 的最大特征根所对应的特征向量,所求特征向量即为各评价因素的重要性排序,归一化后就是权数分配。运用计算机工具 MATLAB 进行统计,计算出每个因子的权重系数。步骤如下。

(1) 计算判断矩阵 A 每一行元素的乘积:

$$M=\prod_{j=1}^{n}A_{ij}, \quad i,j=1,2,\cdots,n \qquad (4\text{-}5)$$

(2) 计算 M_i 的 n 次方根:

$$V_i=\sqrt[n]{M_i} \qquad (4\text{-}6)$$

(3) 对向量 $\boldsymbol{V}_i=(V_1,V_2,\cdots,V_n)^{\mathrm{T}}$ 作归一化处理:

$$\boldsymbol{W}_{Ai}=\frac{\boldsymbol{V}_i}{\displaystyle\sum_{i=1}^{n}\boldsymbol{V}_i} \qquad (4\text{-}7)$$

则 $W_{Ai}=(W_1,W_2,\cdots,W_n)^T$ 即为所求特征向量。

（4）计算判断矩阵的最大特征根 λ：

$$\lambda_{\max}=\frac{1}{n}\sum_{i=1}^{n}\frac{(AW)_i}{W_i} \tag{4-8}$$

式中，$(AW)_i$ 表示向量 (AW) 的第 i 个分量。

同样，用上述方法可计算出各因素指标对上一级目标的权重值 W_{Ai}。在计算过程中进行了层次单排序的一致性检验，发现随机一致性比率 CR＜0.10，结果较满意，由此可得出河南省生态型土地驱动因子指标体系的权重值（表4-5）。

表4-5　河南省生态型土地驱动因子指标权重

目标层	准则层	权重	指标层	权重
生态型土地利用与变化驱动因子	自然环境驱动因子 A_1	0.05	年均气温 A_{11}	0.25
			年降水量 A_{12}	0.35
			年蒸发量 A_{13}	0.15
			地形因素 A_{14}	0.25
	资源消耗驱动因子 A_2	0.15	总耗水量 A_{21}	0.10
			食品消耗总量 A_{22}	0.25
			煤炭与燃油消耗总量 A_{23}	0.20
			电力消耗总量 A_{24}	0.15
			生活用品消耗总量 A_{25}	0.30
	环境污染驱动因子 A_3	0.15	SO_2 排放总量 A_{31}	0.15
			生活与生产垃圾排放量 A_{32}	0.25
			COD 排放总量 A_{33}	0.10
			废水排放总量 A_{34}	0.20
			CO_2 排放总量 A_{35}	0.20
			粉尘排放量 A_{36}	0.10
	人口与经济驱动因子 A_4	0.25	人口密度 A_{41}	0.30
			城区总面积 A_{42}	0.15
			城镇化率 A_{43}	0.15
			GDP A_{44}	0.25
			人均土地面积 A_{45}	0.15
	生态投入与政策驱动因子 A_5	0.40	生态治理资金投入 A_{51}	0.60
			生态治理政策投入 A_{52}	0.40

4.3.3　生态型土地利用变化驱动因子

1. 生态型土地变化

河南省生态型土地动态度用式(4-9)来描述区域生态型土地变化速度。生态型土地利用类型动态度可表达区域一定时间范围内生态型土地类型的数量变化情况。公式为

$$K = \frac{U_b - U_a}{U_a} \times \frac{1}{T} \times 100\%　\text{(4-9)}$$

式中,U_a 和 U_b 分别为研究期初和期末河南省生态型土地的数量;T 为研究时段长;K 为某研究时段内河南省生态型土地变化动态度。$K>0$,说明该河南省生态型土地正向变化,总体增加;$K<0$,说明负向变化,总体减少;K 的绝对值越大表示河南省生态型土地变化速度越快。

2. 生态型土地变化驱动分析

依据式(4-2)和式(4-3),河南省生态型土地变化驱动灰色关联度指数如表 4-6 所示。

表 4-6　河南省生态型土地驱动因子灰色关联度分析

驱动因子	灰色关联度	灰色关联度数值	排序
生态投入与政策驱动因子 A_5	r_5	0.91	1
人口与经济驱动因子 A_4	r_4	0.75	2
资源消耗驱动因子 A_2	r_2	0.67	3
自然环境驱动因子 A_1	r_1	0.54	4
环境污染驱动因子 A_3	r_3	0.45	5

相应的关联序为 $r_5>r_4>r_2>r_1>r_3$。由关联序可见,五类驱动因子对河南省生态型土地变化的影响为:生态投入与政策驱动因子>人口与经济驱动因子>资源消耗驱动因子>自然环境驱动因子>环境污染驱动因子。说明相对于自然环境驱动因子而言,河南省生态型土地资源的退化与变动主要由生态投入与政策驱动、人类活动和资源的消耗引起的。

4.4　生态型土地利用调控与对策

建设生态文明、改善生态环境质量等是全面建设小康社会的基础;林地、园地和牧草地是生态建设的主体,承担着生态建设和农副产品供给的双重任务。生态

兴则文明兴,建设生态文明,实现全面小康社会,必须有强大、良好的生态条件保证。林地、园地和牧草地的建设既是改善生态状况、保障国土生态安全的战略举措,也是实现生态文明建设的客观要求。

4.4.1　林地利用存在问题与发展对策

1. 林地利用面临的主要问题

1）资源总量不足,林地质量不高

河南省森林资源总量不足、森林生态系统整体功能脆弱。人均有林地面积和活立木蓄积量分别为全国平均水平的五分之一和七分之一(河南省林业厅,2011)。约有 5000 万亩土地存在水土流失、土壤沙化、退化严重等问题。平原区树种结构单一、破坏严重;豫南和豫西山地林区乱砍滥伐、滥占林地现象时有发生。同时,林分结构不合理,幼龄林比例过大,幼龄林约占总林分 80％以上(杨海蛟,2006)。

2）生态环境存在巨大的压力

近 10 年来,河南省经济飞速发展,工业化、城镇化进程明显加快,2008 年的经济总量已占全国的第 5 位。然而,随着经济的持续发展,产业高能耗、结构不合理等问题日益凸显;经济活动对生态环境产生的破坏与压力日趋显著。生态环境问题已成为制约河南经济社会发展的最主要因素。同时,林地数量与质量偏低、现存林地立地条件差,使得林地的生态功能效益发挥大打折扣,已不适应经济与社会发展需求。

3）林业产业薄弱

全省各地林产品加工业虽然数量较多,但规模为年营业额大于 2000 万元以上的林业产业缺乏。林业产业存在产业结构不合理、林产品生产工艺落后、转化率低等问题。

4）林地向非林地逆转严重

由于人口与经济发展的压力、人地矛盾突出,林地向非林地逆转现象严重。在低山丘陵区存在开垦林地种粮、将林地转变为易水土流失的坡耕地;在平原区,由于城市扩张、宅基地建设等,毁林占用现象时有发生。道路改建、扩建时乱占林地的现象大量存在,采矿、采石乱占林地现象四处可见。

5）林地内部存在用地类型转换现象

林地可分为有林地、灌木林地、疏林地、未成林造林地、迹地和苗圃等六大类。目前,有林地向灌木林地、疏林地等转变的数量在增加,林地结构不合理,质量持续下降。

2. 林地利用对策与调控分析

要实现河南省林地资源的可持续经营和生态环境的不断优化,充分发挥林地的经济、社会与生态效益三大效益,需要加快现有林地管理体制与机制创新、充分调动社会各阶层参与林地管理、治理与经营的积极性,提高林地管理水平和综合效益。

1) 完善林地与林权管理

建立林地管理档案、加强林权管理;对林地利用、开发与保护进行科学评估与监督。强化林地用途监管,实时监控林地向耕地、建设用地等逆转。同时强化对林地占用和林地灾毁的修复力度,确保全省林地的保有量。

2) 林地资源管理与监测

加强涉林行业的经营管理,加大对林地监控和责任的追究力度。完善森林资源监测体系,开展专项森林资源动态和生长、生态环境状况监测,同时,推进森林资源可持续经营示范与试点。

3) 林地管理体制改革

林地管理体制改革主要包括林权制度、造林营林管理、林业分类经营、国有林场改制等改革;完善林地使用权流转机制,培育林权流转市场(赵体顺等,2000)。同时,公益林和商品林分类管理,建立公益林补偿制度;创新商品林管理机制,以企业为主体,改革商品林管理模式。

4) 科技与资金支撑

加强涉林科技的创新与技术研究,提高林地管理与生产力水平。开展草原良种培育、森林资源保护、林业生物技术、生物多样性保护领域等的研究,提升林地管理质量和生态效益。同时,在林权管理与改革基础上,积极拓宽资金渠道、鼓励社会投资,为林地持续生态体系建设提供强有力的资金支持。

4.4.2 园地利用存在问题与发展对策

1. 园地利用面临的主要问题

1) 园地低产因素复杂

引起园地低产的原因非常复杂,主要有:①园地生产资金、肥料等投入不足;②园地种植与生产技术落后;③果树品种质量低下、管理不善等。

2) 园地经济效益差

河南省优质水果的产品质量和产量均较低;其主要原因为农业部门良种苗木推广力度不够、假劣苗木占据市场,优质果木的科技研究不足等,致使农户园地产品品质和产量低下。

3) 整体产业落后,制约了园地的利用与发展

目前,河南省园地存在产品单一、生产工艺落后,产品产业链发展不成熟等问题,严重影响了园地的经济效益,也直接影响到果园面积的增加。因此亟须加大对特色产品的开发和深加工的投入与研究。

4) 管理落后是制约园地利用的"瓶颈"

目前,园地的投入不足是制约河南园地发展与利用的最主要因素之一,因此对有限劳力、资金等生产要素投入的高效利用是园地开发的重点。要实现上述目的,需要进行科学的管理。而在现实中,河南省园地普遍存在管理粗放、观念陈旧、管理水平低下等现象,这是造成产品质量不高、效益低下的根源。

2. 园地利用对策与调控分析

1) 优化现有园地布局,发展特色经济林

发挥河南省的地域优势,对现有园地利用进行合理布局,建立木本粮油、优质果品等特色经济林基地。同时,积极开展和支持"公司＋基地＋农户"和"公司＋专业合作组织＋农户"等经营模式。开展无公害、绿色、有机产品认证,推动特色经济林产品的发展。

2) 强化市场在园地利用的调控作用

根据市场需求来组织生产、以市场为导向、建立开放型的市场体系。充分利用市场来调控资源与园地的开发利用分配,强化市场的推动作用。充分利用市场条件基础,建立完善的园地产业服务网络,引导农民进行生产和经营,实现园地产品商品化、经营组织的多元化。

3) 加大园地利用科技投入

加大科技推广和服务力度,鼓励科技工作者深入基础生产一线,提高农民接受知识的能力。鼓励产-研结合,逐步形成研发、试验、推广紧密结合的园地产业体系。建立针对林产品开发科技培训中心,加强对园农科技与知识的培训,为园地利用高效利用形成强有力的科技培训体系。

4) 统筹园地利用布局,建立区域化的产业体系

产业化生产是市场经济的发展规律,是降低劳动成本,提高生产效率的重要手段,因此,特色林果产品的产业化生产是实现园地资源高效、持续利用的必经之路。依据河南省园地生产现状,应从下列方面进行优化与调控。①发展种苗专业化产业,建立优质种苗基地;②加强新品种的选育和优良品种的引进;③统筹园地利用布局,建立多元化的产品结构;④优化产品结构,形成区域化、专业化、标准化的产业体系与模式。

5) 以资金促进园地利用效率

资金短缺是制约河南省园地高效利用与开发的主要因素,因此应充分利用有限的资金来引导园地的开发与利用方向。主要措施如下:①加大园地生产基础设施建设,改造中低产园地、改善交通条件,使之具备高产稳产条件;②加大园地产品技术投入,提高产品深加工技术,使之满足市场的需求;③建立多渠道筹资途径,坚持"谁投资、谁开发,谁受益"的原则,充分利用市场来调控园地的利用方向。

4.4.3　牧草地利用存在问题与发展对策

1. 草地利用主要面临的问题

1）牧草地资源分布不均、开发利用不平衡

河南省气候温和，雨量充沛，优越的水热条件使得河南省草地资源非常丰富，生产力高，如天然牧草，1 年可割 3 次。与此同时，由于长期开垦与人为破坏活动，平原地带几乎没有草地分布。现存草地主要集中于豫北、豫南和豫西的浅山丘陵区且分布零散。与此同时，牲畜数量与牧草地分布错位，部分位于山区的牧草地载畜量严重不足，"有草少畜"现象严重。例如，豫南拥有全省 1/3 的草地面积的桐柏山、伏牛山地区，其交通不便利，致使大量优质饲草资源无法转化成经济效益。而位于豫东的黄淮平原区，其人口密集、牲畜密度大、天然草地少，呈现"畜多草少"的状况。

2）牧草地分布偏远、开发利用条件差

目前，河南省牧草地多集中于豫南、豫西偏远的山区，其生产水平低下，市场机制不健全，畜牧业基础设施差，无法进行规模化饲养。同时农户知识与资金缺乏，严重地限制了养殖业的发展。

3）农-林-牧三者矛盾大

河南省气候条件良好，其现存牧草地具有多宜性特点，既宜牧又宜林、宜农。因此，在草地开发利用过程中的农-林-牧之间的争地矛盾突出，尤其以林-牧矛盾为巨，这些给草地资源的持续利用带来挑战。

4）河南省畜牧业发展迅速

近年来，河南省畜牧业发展迅速。2009 年，其畜牧业总产值为全国第 2 位。畜牧业的快速发展，导致大量的草地因过度放牧而破坏、退化。目前平原区的牧草地已远不能满足畜牧发展的需求。

2. 牧草地资源利用对策与调控分析

1）加大优质品种开发与布局优化

河南省地处干旱与湿润过渡性气候带，土壤类型丰富多样，真正适合河南本土的优质草业品种十分缺乏。因此，亟须加强牧草种质资源平台建设，加大优质品种培育，针对河南省的气候特点、土壤和生态环境条件，开发出与之相适应的优质牧草品种及组合模式，并结合河南省地域分布的差异性，优化现有牧草地布局、研发具有区域特征的优质草业资源。

2）结合生态建设工程建立草地生态保护区

河南省天然草地多分布于水源地和生态重要地，具有重要的生态地位与生态价值。因此，亟须探索在水源地和生态重要地建立草地资源生态保护区。例如，建立桐柏山区暖温带草地保护区、大别山区野生白三叶草地保护区、黄河滩区野生大豆保护区等(冯长松等,2011)。积极探索"人口-生态-资源-发展"的良性循环和开发模式。

3) 因地制宜,建立具有特色牧草地资源开发基地

利用人工草地,交通便利的条件,在沿黄滩区(郑州-洛阳-开封)建立高效的奶牛基地。通过改良天然草地,种植优质牧草在大别山、伏牛山和太行山区建立肉牛生产基地;在平原农区的零星草地或滩地,可发展山羊、肉兔等多种经营基地(冯长松等,2011)。

4) 落实产权制度,强化草地监督

由于河南省草地资源农林牧矛盾大,需要处理种草-管草-用草三者之间的关系,做到种、管、用同步,因此需要落实产权制度,做到权、责、利明确。同时应建立县-乡基层草原监理中心,完善基层草地监理机构建设,丰富省级草地监督管理体系,并健全草地资源生态监测预警体系。

5) 农-林-牧结合,协调发展

在低山丘陵区,实行农-林-牧结合模式,兴建林间、林缘人工草场;在平原区开展引草入田、草田轮作、闲田种草利用模式。在条件具备的地区开展粮-草轮作及间、混套种和复种优良豆科牧草等模式,促进草地、耕地与林地的协调发展与高效利用。

第5章 居民点及独立工矿用地利用与调控

居民点及独立工矿用地与经济社会发展及其转型密切相关,为人类社会的生存、生产与发展提供了必要的场所、空间,为人类社会的发展进步提供了必要的支撑。随着经济社会的不断转型发展,特别是河南省新型城镇化、新型工业化、新型农业现代化以及新型信息化的推进,经济社会发展方式发生了重大转变,居民点及独立工矿用地随之演变。因此,研究居民点及独立工矿用地的发展演变态势,对于把握居民点及独立工矿用地演变规律,发现其利用过程中存在的问题,从而为国民经济与社会发展战略决策提供依据,保障国民经济持续、协调、全面发展。

5.1 居民点及独立工矿用地概况

在研究中根据土地统计数据口径、土地利用现状分类以及河南省的实际情况,将居民点及独立工矿用地具体分为城镇用地、农村居民点用地、独立工矿用地以及特殊用地进行分析研究。其中,由于盐田在河南省部分特定区域存在,并且随着土地分类的变化,盐田数据不断发生变化,出现前后不一致的现象,因此不再对盐田进行分析。

从表 5-1 和图 5-1 可知,1996~2008 年河南省城镇用地、独立工矿用地、特殊用地总体上呈逐年增加的态势。其中,城镇用地增幅最大,达 45.75%,从 1996 年的 130093.97 公顷急剧增加到 2008 年的 189608.56 公顷,12 年间增加 59514.59 公顷,年均增加 4959.55 公顷;独立工矿用地增幅较大,为 23.35%,从 1996 年的 200483.83 公顷增加到 2008 年的 247289.27 公顷,12 年间增加 46805.44 公顷,年均增加 3900.45 公顷;特殊用地呈持续增加趋势,从 1996 年的 46809.27 公顷增加到 2008 年的 48083.33 公顷,12 年间增加 1274.06 公顷,增幅 2.72%,年均增加 106.17 公顷。而农村居民点用地总体呈振荡减少的态势,从 1996 年的 1456724.98 公顷减少到 2008 年的 1449746.65 公顷,12 年间共减少 6978.33 公顷,年均减少 581.53 公顷。

表 5-1　　河南省居民点及独立工矿用地面积

用地类型	1996～2000 年 /公顷	2000～2004 年 /公顷	2004～2008 年 /公顷	1996～2008 年 /公顷	1996～2008 年 变化率/%
城镇用地	16030.54	25604.40	17879.65	59514.59	45.75
农村居民点用地	−3238.75	910.83	−4650.41	−6978.33	−0.48
独立工矿用地	8662.89	14081.45	24061.10	46805.44	23.35
特殊用地	70.77	849.42	353.87	1274.06	2.72

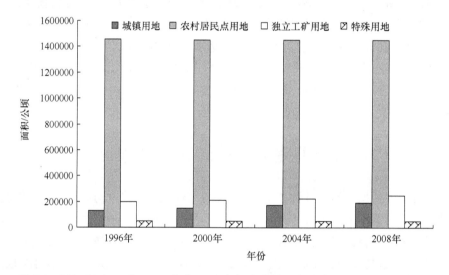

图 5-1　1996 年、2000 年、2004 年和 2008 年河南省居民点及独立工矿用地面积变化

　　研究时段内,河南省居民点及独立工矿用地中农村居民点用地数量远高于其他用地类型,主要原因是河南省是一个农业大省、人口大省,并且城镇化水平较低,导致农业人口众多,因而农村居民点用地点多面广,总量上占绝对优势;其次是独立工矿用地,近年来河南省大力调整产业结构,大力发展新型工业化,因而独立工矿用地持续增加;随着河南省新型城镇化的持续推进,城镇用地面积呈持续增加态势;特殊用地因其特殊性,研究时段内基本保持稳定,为河南省经济社会的持续发展提供了支撑。

5.2　城镇用地扩展分析

　　城镇用地为城镇经济社会的持续、健康发展提供了载体和物质基础。城镇土地利用因城镇的形成和城镇化发展而产生和演进,并在调节和控制城镇化发展中起着无可替代的重要作用(刘新卫等,2008)。城镇用地变化是工业革命以来土地利用变化的重要特征,也是全球土地利用/土地覆盖变化的研究热点(刘纪远等,2002)。随着经济社会的持续快速发展和新型城镇化进程的深入推进,农村人口不断向城镇转移,第二、三产业不断向城镇聚集,从而使城镇数量增加,城镇规模逐渐扩大,城镇用地的空间扩展日益成为现在乃至将来土地利用变化的主要特征(孔雪松等,2012),因此当前背景下研究城镇用地变化具有重要意义。

5.2.1　城镇用地数量变化

城镇用地数量变化是研究区域城镇用地变化的重要内容,通过对城镇用地面积的总量变化、增量变化、增长幅度变化的研究,可以把握研究区域城镇用地变化的总体趋势以及结构变化特征。

近年来,河南省大力推进新型城镇化、城乡一体化战略以及城镇建设扩容提升工程等,使得城镇用地持续增加。从图 5-2 和表 5-2 可以看出,研究时段内,郑州市的城镇用地总量最大,并且随着时间推移,郑州市的城镇用地不断攀升,其城镇用地占全省的比例从 1996 年的 10.69% 增加到 2000 年的 11.82%,到 2004 年激增到 19.51%,2008 年占全省的约五分之一,达 22.67%;南阳市、洛阳市、商丘市、新乡市等省辖市城镇用地数量也较大,而济源市、三门峡市、濮阳市、鹤壁市等省辖市由于城市规模相对较小、人口较少,其城镇用地总量较小。

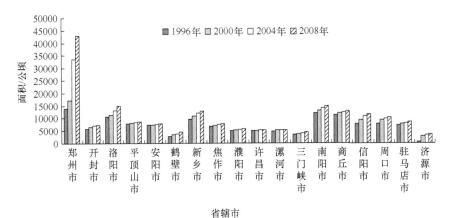

图 5-2　1996 年、2000 年、2004 年和 2008 年河南省各省辖市城镇用地面积

表 5-2　河南省城镇用地面积变化幅度　　　　　　　(单位:公顷)

行政辖区	1996~2000 年	2000~2004 年	2004~2008 年	1996~2008 年
郑州市	3365.05	16238.61	9477.10	29080.76
开封市	947.60	345.21	309.09	1601.90
洛阳市	796.59	1756.18	1650.55	4203.32
平顶山市	195.01	72.65	285.69	553.35

续表

行政辖区	1996～2000 年	2000～2004 年	2004～2008 年	1996～2008 年
安阳市	136.97	231.65	106.81	475.43
鹤壁市	578.51	323.66	731.18	1633.35
新乡市	1359.49	1173.36	725.99	3258.84
焦作市	460.42	348.54	200.41	1009.37
濮阳市	252.89	191.41	232.91	677.21
许昌市	37.27	114.77	99.93	251.97
漯河市	366.46	91.64	76.46	534.56
三门峡市	240.05	293.67	556.51	1090.23
南阳市	878.83	1037.02	827.41	2743.26
商丘市	915.79	302.23	432.89	1650.91
信阳市	1521.97	1573.75	726.70	3822.42
周口市	1519.21	490.81	701.85	2711.87
驻马店市	336.15	463.60	388.75	1188.50
济源市	2122.29	555.63	349.41	3027.33
河南省	16030.55	25604.39	17879.64	59514.58

河南省各省辖市城镇用地面积变化总量上,郑州市变化幅度最大,从 1996 年的 13905.03 公顷增加到 2008 年的 42985.79 公顷,增加了 29080.76 公顷,增幅占全省的 48.86%;其次是洛阳市,增加了 4203.32 公顷;信阳市、新乡市、济源市紧随其后,分别增加了 3822.43 公顷、3258.84 公顷、3027.33 公顷;而许昌市增幅最小,仅为 251.97 公顷;安阳市、漯河市、平顶山市等省辖市增幅较小,分别增加了 475.43 公顷、534.56 公顷、553.35 公顷。其中,1996～2000 年,郑州市城镇用地增加最多,达 3365.05 公顷,占全省城镇用地增幅的 20.99%;其次是济源市,增加了 2122.29 公顷;开封市、新乡市、商丘市、信阳市、周口市等省辖市增幅均超过了全省平均水平;而许昌市增幅最小,仅为 37.27 公顷。2000～2004 年,郑州市增幅达到 16238.61 公顷,占全省城镇用地增幅的 63.42%;其次是洛阳市,增加了 1756.18 公顷;信阳市、新乡市两个省辖市增幅较大,分别增加了 1573.75 公顷、1173.36 公顷;平顶山市、漯河市两个省辖市增幅较小,分别为 72.65 公顷、91.64 公顷。2004～2008 年,郑州市增加了 9477.10 公顷,占全省城镇用地增量的 53.0%;洛阳市增幅位列第二,增加了 1650.55 公顷;其他省辖市增幅均未超过平均水平,其中漯河市增幅最小,为 76.46 公顷。主要是由于前期其他省辖市增幅均较大,而受城市经济社会发展水平、产业结构、人口规模等制约,该阶段正处于整合、消化阶段。

　　从城镇用地面积变化率上来看(表 5-3),1996～2008 年济源市城镇用地变化率最大,达 505.75%;其次为郑州市,达 209.14%;鹤壁市、信阳市变化率增加量超过全省平均水平,分别增加了 56.98%、48.51%;许昌市最小,变化率仅增加了 5.0%;安阳市、平顶山市变化率增加量较小,分别为 6.45%、6.97%。具体而言,1996～2000 年,济源市变化率增加达 354.55%,是同期全省变化率增加量的 28.77 倍;郑州市、鹤壁市、周口市、信阳市等省辖市变化率增加量较大,分别 24.2%、20.18%、19.65%、19.32%;许昌市变化率增加量最小,仅为 0.74%;安阳市、平顶山市等省辖市变化率增加量较小,仅有 1.88% 和 2.46%。2000～2004 年,郑州市变化率增加量达 94.03%,济源市变化率增加量为 20.42%;平顶山市变化率增加量最小,仅为 0.89%;许昌市、商丘市变化率增加量较小,均未超过 3%,仅为 2.26% 和 2.48%。2004～2008 年,郑州市变化率增加量依然强劲,达 28.28%;其次是鹤壁市,达 19.4%;安阳市、漯河市、许昌市变化率增加量较小,分别为 1.4%、1.44% 和 1.92%。

表 5-3　河南省城镇用地面积变化率　　　　　　　　(单位:%)

行政辖区	1996～2000 年	2000～2004 年	2004～2008 年	1996～2008 年
郑州市	24.2	94.03	28.28	209.14
开封市	16.66	5.2	4.43	28.17
洛阳市	7.52	15.42	12.56	39.69
平顶山市	2.46	0.89	3.48	6.97
安阳市	1.88	3.13	1.4	6.54
鹤壁市	20.18	9.39	19.4	56.98
新乡市	14.21	10.74	6	34.07
焦作市	6.84	4.85	2.66	14.99
濮阳市	4.96	3.58	4.2	13.29
许昌市	0.74	2.26	1.92	5
漯河市	7.55	1.76	1.44	11.01
三门峡市	6.9	7.89	13.87	31.33
南阳市	7.21	7.94	5.87	22.52
商丘市	8.12	2.48	3.46	14.63
信阳市	19.32	16.74	6.62	48.51
周口市	19.65	5.31	7.21	35.08
驻马店市	4.55	6	4.74	16.07
济源市	354.55	20.42	10.66	505.75
河南省	12.32	17.52	10.41	45.75

　　河南省城镇用地呈现上述态势主要是由于郑州市是河南省的省会,以郑州市为核心的中原城市群、中原经济区助推郑州飞速发展,直接表现为城镇用地面积大幅度增加;而济源市成为省辖市,极大地拓展了经济社会发展空间,从而表现为城镇用地大幅增加;鹤壁市是煤炭资源型城市,近年来为解决煤炭开采出现的采空问题以及拓展城市发展空间、提升城市品位,鹤壁市进行新城区建设,因而城镇用地增幅较大。而许昌市、安阳市、平顶山市等省辖市经济社会转型较慢,产业结构较为单一、发展速度相对较缓,其城镇用地增幅较小。

5.2.2　城镇用地时空分异

1. 研究方法

1) 城镇用地扩展速度指数

　　城镇用地扩展速度指数反映了城镇用地扩展的强弱、快慢及扩展趋势,其计算公式为(孔雪松等,2012)

$$K = \frac{U_j - U_i}{U_i} \times \frac{1}{\Delta T} \times 100\% \qquad (5\text{-}1)$$

式中,K 为研究时段内城镇扩展速度指数;U_i、U_j 分别为研究期初与研究期末城镇用地数量;ΔT 为研究期时段长。当 ΔT 的时段设定为年时,K 值为该研究区内城镇用地的年变化率。

2) 城镇用地扩展强度指数

　　城镇扩展强度指数是指某空间单元在单位时期内城镇用地的扩展面积占其土地总面积的百分比。该指数将研究区内各空间单元的城镇用地年均增长速度进行了标准化处理,使不同时期增长速度具有可比性(关兴良等,2012)。计算公式为

$$L = \frac{\Delta U_i}{\Delta T \times \text{TLA}} \times 100\% \qquad (5\text{-}2)$$

式中,L 为城镇用地扩展强度指数;ΔU_i 为某一时段第 i 个城市的城镇用地扩展面积;ΔT 为研究期时段长;TLA 为研究区土地总面积。

3) 城镇用地扩展差异指数

　　城镇扩展差异指数是指某空间单元的城镇扩展变化率与研究区内的城镇扩展变化率的比值,其实质是城镇用地的相对变化率。城镇扩展差异指数消除了区域本身城镇用地规模大小的影响,使各研究区域之间的城镇用地扩展速度具有可比性,可用以分析城镇用地空间扩展的区域差异与热点区域(关兴良等,2012)。计算公式为

$$R = \frac{|U_j - U_i| \times C_i}{|C_j - C_i| \times U_i} \qquad (5\text{-}3)$$

式中,R 为研究时段内城镇扩展差异指数;U_i、U_j 分别为研究期初与研究期末城镇

用地数量;C_i、C_j 分别为整个研究区域城镇用地研究期初和期末的面积。

如果某区域的 $R > 1$,则表示该区域城镇用地变化大于整个区域城镇用地的变化,反之则小于整个区域的变化。

4) 城镇用地区位指数

为了深入分析河南省城镇用地分布,引入城镇用地结构区位意义的概念。城镇用地结构区位意义是指区域城镇用地相对于高一层次区域空间的相对集聚程度,表示城镇用地在整个研究区域的意义。区位指数,又称区位熵、专门化率或者区位熵,可以反映某一区域各种土地相对于高层次区域空间的相对优势程度。因此,可以利用区位指数测度城镇用地结构区位意义。其计算公式为

$$Q = \frac{f \big/ \sum f_i}{F \big/ \sum F_i} \tag{5-4}$$

式中,Q 为区位指数;f 为某省辖市城镇用地的面积;$\sum f_i$ 为某省辖市土地总面积;F 为河南省城镇用地总面积;$\sum F_i$ 为河南省土地总面积。

如果 $Q > 1$,则表明该省辖市城镇用地具有区位意义,即该省辖市城镇用地相对于河南省区域空间集聚程度较高;如果 $Q < 1$,则表明该省辖市城镇用地不具有区位意义,即该省辖市城镇用地相对于河南省区域空间较为分散。

2. 城镇用地扩展的时序分异

河南省城镇用地扩展的时序特征采用城镇用地扩展速度指数和城镇用地扩展强度指数进行分析,测算结果见表 5-4 和表 5-5。

表 5-4　河南省城镇用地扩展速度指数　　　　　　（单位:%）

行政辖区	1996~2000 年	2000~2004 年	2004~2008 年	1996~2008 年
郑州市	6.05	23.51	7.07	17.43
开封市	4.17	1.30	1.11	2.35
洛阳市	1.88	3.86	3.14	3.31
平顶山市	0.61	0.22	0.87	0.58
安阳市	0.47	0.78	0.35	0.55
鹤壁市	5.05	2.35	4.85	4.75
新乡市	3.55	2.69	1.50	2.84
焦作市	1.71	1.21	0.66	1.25
濮阳市	1.24	0.89	1.05	1.11
许昌市	0.18	0.56	0.48	0.42
漯河市	1.89	0.44	0.36	0.92

续表

行政辖区	1996～2000 年	2000～2004 年	2004～2008 年	1996～2008 年
三门峡市	1.72	1.97	3.47	2.61
南阳市	1.80	1.99	1.47	1.88
商丘市	2.03	0.62	0.87	1.22
信阳市	4.83	4.19	1.66	4.04
周口市	4.91	1.33	1.80	2.92
驻马店市	1.14	1.50	1.19	1.34
济源市	88.64	5.11	2.67	42.15
河南省	3.08	4.38	2.60	3.81

从表 5-4 可知,1996～2008 年河南省城镇用地的扩展速度总体水平为 3.81%,从各个时段来看,河南省城镇用地的扩展速度总体呈现倒 U 形,1996～2000 年、2000～2004 年、2004～2008 年分别为 3.08%、4.38% 和 2.60%。1996～2008 年各省辖市城镇用地扩展速度中,济源市达 42.15%,是同期全省平均水平的 11.06 倍;其次是郑州市,扩展速度指数为 17.43%,是同期全省平均水平的 4.57 倍;鹤壁市、信阳市两个省辖市的扩展速度指数超过了同期全省平均水平,分别为 4.75%、4.04%;许昌市最小,仅为 0.42%,主要是随着郑州市、济源市等省辖市新区建设的推进,城镇用地急剧扩张,1996～2008 年河南省城镇用地增加了 1.46 倍,同期,济源市、郑州市分别增加了 6.06 倍和 3.09 倍,增速远高于其他省辖市;而许昌市 1996 年城镇用地规模居全省中列,后期城市发展相对滞后,导致城镇用地增长缓慢,12 年仅增加了 251.97 公顷,远低于其他省辖市,因而其城镇用地扩展速度最小。

1996～2000 年,济源市城镇用地扩展速度剧烈,达 88.64%,主要源于济源市升为省辖市,经济活力得到释放,各项事业飞速发展,城镇范围急剧扩张,与 1996 年相比,2000 年城镇用地增加了 4.55 倍;与此同时,郑州市、鹤壁市由于城市新区的建设推进,城镇用地扩张速度明显高于其他省辖市,分别达到了 6.05% 和 5.05%;许昌市扩张速度相对较慢,仅为 0.18%。2000～2004 年,郑州市城镇用地持续强力扩张,扩展速度达 23.51%;济源市、信阳市、洛阳市等省辖市扩展速度较高,分别为 5.11%、4.19%、3.86%;平顶山市最低,仅为 0.22%;平顶山市、漯河市、许昌市、商丘市、安阳市、濮阳市等省辖市扩展速度均未超过 1%,分别为 0.22%、0.44%、0.56%、0.62%、0.78%、0.89%。这一时期多数省辖市处于稳定发展时期,城镇用地扩展速度总体上比较均衡。2004～2008 年,各省辖市城镇用地扩展速度差异持续缩小,扩展速度最快的依然是郑州市,作为河南省的龙头,城镇发展强劲,城镇用地扩展速度为 7.07%;最小的是安阳市,仅为 0.35%。

表 5-5　河南省城镇用地扩展强度指数　　　　（单位：%）

行政辖区	1996～2000 年	2000～2004 年	2004～2008 年	1996～2008 年
郑州市	11.17	53.89	31.45	32.17
开封市	3.78	1.38	1.23	2.13
洛阳市	1.31	2.88	2.71	2.30
平顶山市	0.62	0.23	0.90	0.58
安阳市	0.47	0.79	0.36	0.54
鹤壁市	6.77	3.79	8.55	6.37
新乡市	4.12	3.56	2.20	3.29
焦作市	2.88	2.18	1.25	2.10
濮阳市	1.51	1.14	1.39	1.35
许昌市	0.19	0.58	0.50	0.42
漯河市	3.40	0.85	0.71	1.65
三门峡市	0.60	0.74	1.40	0.91
南阳市	0.83	0.98	0.78	0.86
商丘市	2.14	0.71	1.01	1.29
信阳市	2.01	2.08	0.96	1.68
周口市	3.18	1.03	1.47	1.89
驻马店市	0.56	0.77	0.64	0.66
济源市	28.02	7.34	4.61	13.32
河南省	2.42	3.87	2.70	3.00

　　根据表 5-5，1996～2008 年河南省城镇用地扩展强度指数为 3.00%，其中 1996～2000 年、2000～2004 年、2004～2008 年三个时段的城镇用地扩展强度指数呈现波动增加的态势，依次为 2.42%、3.87%、2.70%，分别有 8、2、4 个省辖市城镇用地扩展强度超过同期全省扩展强度水平。总体上看，1996～2008 年各省辖市城镇用地扩展强度呈现明显的区域异质性特征。其中，郑州市达 32.17%，是安阳市（0.54%）的 59.57 倍；其次是济源市，达 13.32%；鹤壁市达 6.37%，其他省辖市均未超过 5%。分时段来看，1996～2004 年，济源市、郑州市扩展强度位居前列，分别为 28.02%、11.17%；许昌市仅为 0.19%。2000～2004 年，郑州市明显高于其他城市，达 53.89%，是同期全省平均水平的 13.94 倍；其他城市均未超过 10%，其中平顶山市最低，仅为 0.23%。2004～2008 年，郑州市最高，达到 31.45%；安阳市仅为 0.36%。

　　根据上述分析，研究时段内河南省各省辖市城镇用地扩展速度、扩展强度波动增加，呈现明显的阶段性特征。1996 年以来，河南省城镇用地扩展速度明显加速，达到 3.81%，城镇用地从 1996 年的 130093.97 公顷急剧增加到 2008 年的 189608.55 公顷，12 年间增加 59514.59 公顷，年均增加 4959.55 公顷。特别是 2000 年之后，城镇用地扩展速度、扩展强度呈现高强度趋势，2000～2004 年，城镇用地净增 25604.4 公顷、2004～2008 年净增 17879.65 公顷，分别是 1996～2000 年的 1.6 倍、1.12 倍。城镇用地扩展速度、扩展强度具有明显的阶段性特征，1996～2000 年、2000～2004 年、2004～2008 年三个研究时段，扩展速度指数分别为 3.08%、4.38%、2.60%，扩展强度指数依次为 2.42%、3.87%、2.70%，具有显著的波动性特征。

同时，河南省各省辖市城镇用地扩展速度、扩展强度变化具有显著的区域分异特征。1996～2000 年、2000～2004 年、2004～2008 年三个研究时段内，城镇用地扩展速度均值依次为 3.08%、4.38%、2.60%，城镇用地扩展速度的标准差为 0.198、0.0514、0.0171；城镇用地扩展强度均值依次为 2.42%、3.87%、2.70%，城镇用地扩展强度的标准差为 0.0637、0.1204、0.0705。由此可见，2000～2004 年，河南省各省辖市城镇用地的扩展具有强烈的空间集聚性和区域分异性，该时段内河南省城镇用地增加了 25604.4 公顷，占 1996～2008 年河南省城镇用地增加总量的 43.02%。

3. 城镇用地扩展的空间分异

河南省城镇用地扩展的空间分异特征采用城镇用地扩展差异指数和区位指数进行分析，结果见表 5-6 和表 5-7。其中，将城镇用地扩展差异指数划分为快速扩展、中速扩展、低速扩展、缓慢扩展等四大类型，其中快速扩展是指高于区域城镇用地总体扩展差异水平，中速扩展是指与区域城镇用地总体扩展差异水平基本持平，低速扩展与缓慢扩展是指低于区域城镇用地总体扩展差异水平。

表 5-6　河南省城镇用地扩展差异指数

行政辖区	1996～2000 年	2000～2004 年	2004～2008 年	1996～2008 年
郑州市	1.9639	5.3662	2.7165	4.5716
开封市	1.3521	0.2969	0.4253	0.6157
洛阳市	0.6104	0.8801	1.2061	0.8675
平顶山市	0.1993	0.0510	0.3343	0.1523
安阳市	0.1529	0.1785	0.1343	0.1430
鹤壁市	1.6377	0.5361	1.8634	1.2455
新乡市	1.1535	0.6130	0.5764	0.7448
焦作市	0.5550	0.2766	0.2553	0.3277
濮阳市	0.4027	0.2042	0.4038	0.2905

行政辖区	1996～2000 年	2000～2004 年	2004～2008 年	1996～2008 年
许昌市	0.0600	0.1289	0.1848	0.1092
漯河市	0.6128	0.1002	0.1383	0.2408
三门峡市	0.5599	0.4506	1.3318	0.6849
南阳市	0.5855	0.4532	0.5637	0.4923
商丘市	0.6588	0.1414	0.3326	0.3199
信阳市	1.5676	0.9554	0.6360	1.0605
周口市	1.5951	0.3029	0.6921	0.7669
驻马店市	0.3689	0.3422	0.4556	0.3513
济源市	28.7731	1.1654	1.0243	11.0552

从表 5-6 可知,1996～2008 年河南省各省辖市城镇用地扩展差异呈现以下特征:一是济源市、郑州市城镇用地扩展差异指数高于全省平均水平,特别是济源市,城镇用地扩展差异指数达 11.06,其城镇用地从 1996 年的 598.59 公顷增加到 2008 年的 3625.92 公顷,扩展了 6.06 倍;郑州市城镇用地扩展差异指数为 4.57,高于全省总体水平(1.34),但是其城镇用地总量增加了 29080.76 公顷,占全省城镇用地扩展总量的 48.86%;二是鹤壁市、信阳市的城镇用地扩展差异指数基本持平,城镇用地扩展差异指数分别为 1.25、1.06;三是许昌市、安阳市、平顶山市的城镇用地扩展差异指数显著低于河南省总体水平,城镇用地扩展差异指数均低于 0.16,这些省辖市城镇用地仅增加了 251.97 公顷、475.43 公顷、553.35 公顷,仅占河南省城镇用地增量的 2.15%。从城镇用地扩展的整体格局来看,河南省 18 个省辖市城镇用地扩展总体上存在区域差异分布,扩展差异指数较高的区域分布在郑州市及其周边区域,河南省东南部省辖市总体上呈现扩展迟缓态势;同时,城镇扩展的高速区域主要分布于重要交通沿线,并且南北向高于东西向。

1996～2000 年,河南省城镇用地扩展差异指数中济源市高达 28.77,主要是由于济源市城镇用地从 1996 年的 598.59 公顷激增到 2000 年的 2720.87 公顷,增加 4.55 倍;郑州市、鹤壁市、周口市、信阳市、开封市、新乡市等省辖市的城镇用地扩展速率明显高于河南省的平均水平,其城镇用地扩展差异指数分别为 1.96、1.64、1.6、1.57、1.35、1.15,城镇用地依次增加 3365.05 公顷、578.51 公顷、1519.21 公顷、1521.97 公顷、947.6 公顷、1359.49 公顷。洛阳市、焦作市、漯河市、濮阳市、南阳市、商丘市等省辖市的城镇扩展速度稍微低于河南省城镇用地总体扩展速度,城镇用地扩展差异指数为 0.4～0.7。平顶山市、安阳市、许昌市等省辖市的城镇用地扩展速度明显低于全省城镇用地总体扩展速度,城镇用地扩展差异指数均未超过 0.2。

2000～2004 年,郑州市、济源市两个省辖市的城镇用地扩展差异指数远高于其他省辖市,分别达到 5.37 和 1.17,该阶段其城镇用地分别增加了 16238.61 公顷和 555.63 公顷。信阳市、洛阳市、新乡市三个省辖市的城镇扩展速度稍低于河南省城镇用地总体扩展速度,城镇用地扩展差异指数分别为 0.96、0.88、0.61。其他省辖市城镇用地扩展速率较低,城镇用地扩展差异指数均未超过 0.54。

2004~2008 年,河南省 18 个省辖市中城镇用地扩展差异指数大于 1 的省辖市分别是郑州市、鹤壁市、洛阳市、三门峡市、济源市,说明这个五个省辖市城镇用地扩展速率高于全省平均水平。安阳市、漯河市、许昌市、焦作市等省辖市城镇用地扩展速度显著低于全省总体水平,用地扩展差异指数均低于 0.26。该阶段河南省中西部城镇用地扩展较快,北部、东部省辖市城镇用地扩展稍低于区域总体水平,而南部城镇用地扩展速度总体上较慢。

表 5-7　1996 年、2000 年、2004 年和 2008 年河南省城镇用地区位指数

行政辖区	1996 年	2000 年	2004 年	2008 年
郑州市	2.3489	2.5973	4.2881	4.9822
开封市	1.1559	1.2006	1.0747	1.0165
洛阳市	0.8849	0.8471	0.8320	0.8481
平顶山市	1.2774	1.1652	1.0003	0.9375
安阳市	1.2577	1.1408	1.0011	0.9194
鹤壁市	1.7071	1.8265	1.7002	1.8386
新乡市	1.4753	1.5001	1.4136	1.3571
焦作市	2.1410	2.0365	1.8169	1.6893
濮阳市	1.5483	1.4468	1.2752	1.2035
许昌市	1.2890	1.1561	1.0059	0.9286
漯河市	2.2925	2.1952	1.9007	1.7462
三门峡市	0.4456	0.4241	0.3893	0.4015
南阳市	0.5847	0.5581	0.5126	0.4915
商丘市	1.3416	1.2914	1.1261	1.0552
信阳市	0.5302	0.5632	0.5595	0.5403
周口市	0.8224	0.8761	0.7850	0.7622
驻马店市	0.6233	0.5802	0.5233	0.4964
济源市	0.4022	1.6276	1.6678	1.6716

从表 5-7 可以看出,1996 年、2000 年、2004 年、2008 年区位指数大于 1 的省辖市个数分别为 11、12、12、9 个。其中,郑州市、开封市、鹤壁市、新乡市、焦作市、濮阳市、漯河市、商丘市等省辖市四个年份的区位指数均大于 1,说明 1996 年、2000 年、2004 年、2008 年其城镇用地具有区位意义,即郑州市、开封市、鹤壁市等省辖市

的城镇用地相对于河南省区域空间优势程度较高;并且郑州市的区位指数从1996年的2.35持续增加到2008年的4.98,表明其城镇用地相对于河南省区域空间优势程度持续增强;而三门峡市、周口市、驻马店市的区位指数均未超过1,并且这些城市的城镇用地区位指数呈逐年下降态势,反映了三个省辖市城镇用地相对于河南省区域空间较为分散,该分散趋势逐年增强。

1996年,河南省18个省辖市中区位指数最高的是郑州市,达2.35;济源市最低,仅为0.4,两者相差5.84倍。郑州市、开封市、平顶山市、安阳市、鹤壁市、新乡市、焦作市、濮阳市、许昌市、漯河市、商丘市等省辖市的城镇用地区位指数均大于1,说明这些省辖市的城镇用地具有区位意义,即郑州市、开封市、鹤壁市等省辖市的城镇用地相对于河南省区域空间优势程度较高;而洛阳市、三门峡市、南阳市、信阳市、周口市、驻马店市、济源市等省辖市城镇用地区位指数均小于1,说明其城镇用地不具有区位意义,即洛阳市、三门峡市、南阳市、信阳市、周口市、驻马店市、济源市等省辖市的城镇用地相对于河南省区域空间较为分散。2000年,郑州市、开封市、焦作市等12个省辖市的区位指数大于1,说明这12个省辖市的城镇用地相对于河南省区域空间优势程度较高;而三门峡市、南阳市等6个省辖市的区位指数小于1,反映了其城镇用地相对于河南省区域空间较为分散;济源市区位指数变成具有区位意义,从1996年的0.4增加到2000年的1.63。2004年,郑州市的区位指数最高,达4.29,是区位指数最小的三门峡市的11.01倍,两者相差较大。2008年,郑州市与三门峡市的区位指数相差12.41倍,达到最高水平。其中平顶山市、安阳市、许昌市三个省辖市的区位指数从2004年的大于1下降到2008年的小于1,变成不具有区位意义,即城镇用地从相对于河南省区域空间优势程度较高转变成较为分散。

5.2.3 人均城镇用地及其时空变化

近年来,随着河南省新型城镇化的持续推进,河南省的城镇化水平从1996年的18.4%增加到2008年的36%,12年间增加近一倍。同时,随着河南省中原城市群、中原经济区、郑州航空港经济综合试验区等战略的先后实施以及四个河南的建设,河南省城镇化水平不断提升,城镇建设有序推进,城镇用地持续增加,从1996年的130093.97公顷增加到2008年的189608.55公顷。随着河南省人口向城镇集聚以及城镇用地总量不断增加,从总量上来看,河南省人均城镇用地呈现逐年集约态势,1996年、2000年、2004年和2008年的人均城镇用地分别为84.42平方米/人、84.27平方米/人、55.97平方米/人、53.07平方米/人,特别是2000年以来集约趋势更加显著。但是,人均城镇用地在各个省辖市中呈不同变化态势。

从图5-3可以看出,1996年河南省人均城镇用地面积均值为84.42平方米/人,在18个省辖市中人均城镇用地面积高于全省均值的有9个城市,其中,商丘市最大,达156.69平方米/人,其次是漯河市,为97.07平方米/人;而人均城镇用地面积最小的城市是济源市,仅为 24.94 平方米/人,主要是由于济源市刚刚升格为省辖市,城镇各项事业有待发展。

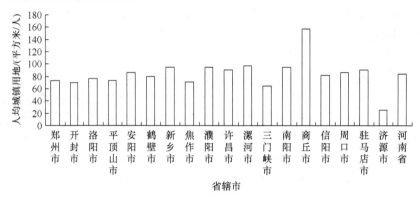

图 5-3　1996 年河南省各省辖市人均城镇用地面积

由图 5-4 可知,2000 年河南省人均城镇用地面积均值为 84.27 平方米/人,有 9 个省辖市的人均城镇用地面积高于全省均值,其中济源市最大,达 151.16 平方米/人,其次为商丘市,为 119.58 平方米/人;而三门峡市的人均城镇用地面积最小,仅为 63.05 平方米/人。这一时期,随着济源市城市各项事业的建设发展,城镇用地面积不断扩张,因而其人均城镇用地面积有较大的增幅。

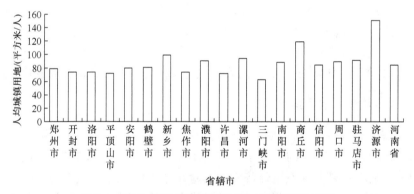

图 5-4　2000 年河南省各省辖市人均城镇用地面积

从图 5-5 可知,2004 年河南省人均城镇用地面积均值为 55.97 平方米/人,有 6 个省辖市的人均城镇用地面积高于全省均值,其中济源市最大,达 123.11 平方米/人;其次是郑州市,为 86.58 平方米/人;人均城镇用地面积最小的是许昌市,仅为 36.04 平方米/人;南阳市较低,为 43.7 平方米/人。

从图 5-6 可知,2008 年河南省人均城镇用地面积均值为 53.07 平方米/人,有 6 个省辖市的人均城镇用地面积高于全省均值,其中济源市最大,达 111.91 平方米/人;其次是郑州市,达 103.99 平方米/人;周口市、驻马店市的人均城镇用地面积相对较少,分别为 34.77 平方米/人、36.53 平方米/人。

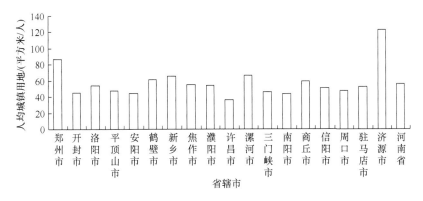

图 5-5 2004 年河南省各省辖市人均城镇用地面积

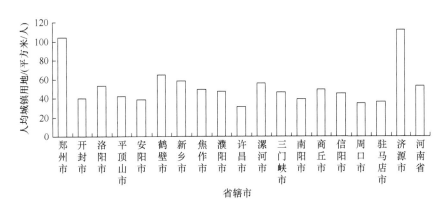

图 5-6 2008 年河南省各省辖市人均城镇用地面积

表 5-8 河南省各省辖市人均城镇用地面积变化幅度

行政辖区	变化幅度/(平方米/人)			
	1996~2000 年	2000~2004 年	2004~2008 年	1996~2008 年
郑州市	5.34	8.44	17.41	31.19
开封市	4.36	−28.97	−4.84	−29.45
洛阳市	−2.25	−20.06	−0.78	−23.09
平顶山市	−2.16	−23.80	−5.40	−31.36
安阳市	−6.90	−35.61	−5.74	−48.25
鹤壁市	0.49	−18.64	3.08	−15.07
新乡市	4.61	−34.05	−6.86	−36.30
焦作市	2.53	−18.20	−5.88	−21.55
濮阳市	−3.71	−36.80	−6.82	−47.33
许昌市	−18.50	−35.52	−5.11	−59.13

行政辖区	变化幅度/(平方米/人)			
	1996～2000 年	2000～2004 年	2004～2008 年	1996～2008 年
漯河市	−2.16	−28.65	−10.30	−41.11
三门峡市	−1.39	−16.96	0.51	−17.84
南阳市	−6.18	−44.54	−4.54	−55.26
商丘市	−37.11	−60.96	−9.11	−107.18
信阳市	2.62	−33.91	−6.05	−37.34
周口市	3.91	−41.92	−13.10	−51.11
驻马店市	0.77	−38.41	−16.01	−53.65
济源市	126.22	−28.05	−11.20	86.97
河南省	−0.15	−28.30	−2.91	−31.35

由表 5-8 可知,1996～2008 年,河南省人均城镇用地总体上呈集约利用态势,人均城镇用地减少量为 31.35 平方米/人,其中商丘市减少最多,达 107.18 平方米/人;其次是许昌市,为 59.13 平方米/人。由于郑州市是河南省城镇化的重点以及经济社会的中心所在,随着郑州航空港经济综合试验区、郑州市大都市区等战略的实施,郑州市城镇用地持续增加,因而表现为人均城镇用地呈增加态势,1996～2008 年郑州市人均城镇用地增加了 31.19 平方米/人,并且该增加趋势越来越明显,1996～2000 年增幅为 5.34 平方米/人,2000～2004 年增幅为 8.44 平方米/人,2004～2008 年增幅为 17.41 平方米/人。总体上看,1996～2008 年,济源市人均城镇用地增加了 86.97 平方米/人,主要是由于 1996 年济源市升格为省辖市之前,其人均城镇用地较小,仅为 24.94 平方米/人,随着济源市经济社会的发展,城镇用地增幅快于城镇人口的增加,因而表现为人均城镇用地有较大增幅。

研究时段内河南省人均城镇用地呈现三种变化态势,一是持续增加态势,如郑州市,作为河南省的龙头,近年来河南省着力推进郑州市的建设,其城镇用地扩张与城镇人口增长速度不断加快,1996～2008 年人均城镇用地增加 31.19 平方米/人;二是不断减少态势,如洛阳市、平顶山市、安阳市、濮阳市、许昌市、漯河市、商丘市、南阳市等省辖市,主要是由于这些城市大力推进城镇化,城镇用地面积逐年增加,但是没有与城镇人口增长的速度相匹配;三是振荡变化态势,如开封市、鹤壁市、新乡市、焦作市、三门峡市、信阳市、周口市、驻马店市、济源市等省辖市。

从人均城镇用地的变异系数来看(图 5-7),1996～2008 年,河南省人均城镇用地的变异系数为 0.22,其中郑州市、洛阳市、鹤壁市、焦作市、三门峡市等省辖市的变异系数小于全省水平,表明研究时段内,这些省辖市的人均城镇用地面积变动相对较小。与此同时,济源市和商丘市的人均城镇用地的变异系数最大,达 0.46;许昌市为 0.43,说明这些城市的人均城镇用地面积变动较大。

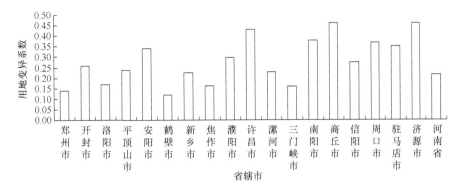

图 5-7　1996～2008 年河南省各省辖市人均城镇用地变异系数

5.2.4　城镇用地扩张与城镇人口增长的协调性分析

上述研究分析了城镇用地的数量、时空分异等,但是未能明确城镇用地的扩张与人口的增长是否协调。根据党的十八届五中全会提出的"创新、协调、绿色、开放、共享"五大发展理念,运用其中的协调发展理念,深入分析河南省城镇用地扩张与城镇人口增长是否同步推进以及两者之间的协调性。

1. 研究方法

当前,国际普遍采用城镇用地增长弹性系数(城镇用地增长率/城镇人口增长率)来测度、衡量城镇用地扩张速度与人口的增长速度,国际社会公认的标准是1.12(刘彦随等,2005)。在 2012 年中国城镇化高层国际论坛上,时任国土资源部副部长胡存智引用了上述合理系数,并指出"我国城镇用地增长的弹性系数大大超过了合理预测值,从 2000 年到 2010 年土地城镇化速率是人口城镇化速率的 1.85倍"。由于我国城镇用地水平仍处在粗放式发展阶段,全国城市用地增长弹性系数呈上升趋势,远超 1.12 的衡量标准,如果再按城市用地增长弹性系数来衡量,则不符合节约用地、紧凑城市的理念,也不能客观反映城市用地扩张和城市人口增长之间的协调关系(杨艳昭等,2013)。因此,采用张勇等、王雨岑等构建的模型(张勇等,2015;王雨岑等,2015),该模型是在研究借鉴中国科学院地理科学与资源研究所杨艳昭等研究成果的基础上,对国际上采用的城镇土地增长弹性系数模型加以改进,加入人均城镇土地约束参数,构建出改进后的城镇土地扩张与人口增长协调性评价模型(杨艳昭等,2013)。该评价模型用城镇土地扩张与城镇人口增长协调度(EC)来反映城镇土地扩张与人口增长之间的协调关系。该模型公式为

$$EC = \frac{\sqrt[n]{(SR_t - SR_o)/SR_o}}{\sqrt[n]{(PR_t - PR_o)/PR_o}} \times I \tag{5-5}$$

$$I = \frac{P_t}{L_t} \Big/ \frac{P_o}{L_o} \tag{5-6}$$

式中,EC 为城镇用地扩张与城镇人口增长的协调度指数,表示城镇用地与城镇人口增长至今的协调程度;SR_o、SR_t 分别为基期年、目标年城镇用地面积;PR_o、PR_t 分别为基期年、目标年城镇人口数量;$n=t-o$(目标年-基期年);I 为人均城镇用地约束系数;P_o、P_t 分别为基期年、目标年人均城镇用地面积;L_o、L_t 分别为基期年、目标年的理想人均城镇用地面积。

关于理想人均城镇用地面积的取值,在参考相关研究成果的基础上(陆大道等,2007;姚士谋等,2010),结合河南省 18 个省辖市的城市规模以及经济社会水平等划分城市类别,并根据 2014 年 11 月 20 日国务院印发的《关于调整城市规模划分标准的通知》,将郑州市列为特大城市,洛阳市、南阳市为大城市,开封市、平顶山市、安阳市、新乡市、焦作市、商丘市、许昌市、漯河市列为中等城市,其他省辖市为小城市。按照《城市用地分类与规划建设用地标准》(GB 50137—2011)同类别城市的用地指标最大值,按特大城市、大城市、中等城市和小城市分类别依次取 95 平方米/人、100 平方米/人、105 平方米/人、110 平方米/人作为人均城镇用地的理想值。

2. 协调度指数分级

为了清晰体现各个省辖市城镇用地在扩张强度或城镇人口增长速度上表现出的不同特征,在充分考虑新型城市化过程中城镇用地扩张与城镇人口增长之间关系的基础上,参照相关研究成果(刘彦随等,2005;Julian,2007;司成兰等,2008;刘彦随,2010;杨艳昭等,2013;王雨岑等,2015;李建新等,2015),并根据城镇用地扩张与城镇人口增长的协调度指数,将河南省省辖市城镇用地扩张与城镇人口增长协调性分为土地快速扩张、人地基本协调、人口快速增长和人地有所收缩四类,以城镇用地扩张与城镇人口增长的协调度指数等于 1.1 为基点,进一步根据城镇用地扩张与城镇人口增长的协调度指数的大小,细分为 6 个级别,分类标准及类型特征如表 5-9 所示。

表 5-9　城镇用地与城镇人口增长协调度分级标准

协调性类型	协调性级别	协调性区间	特征
土地快速扩张	土地显著扩张	(1.7,+∞)	城镇用地扩张远高于城镇人口增长速度,人均城镇用地有显著增加的趋势
	土地明显扩张	(1.3,1.7]	城镇用地扩张高于城镇人口增长速度,人均城镇用地有明显增加的趋势
人地基本协调	人地基本协调	(0.9,1.3]	城镇用地扩张和城镇人口增长基本同步,两者基本协调,人均城镇用地变化幅度不大

协调性类型	协调性级别	协调性区间	特征
人口快速增长	人口显著增长	$(0.5, 0.9]$	城镇用地扩张低于城镇人口增长速度，人均城镇用地显著减少
	人口明显增长	$(0.0, 0.5]$	城镇用地扩张远低于城镇人口增长速度，人均城镇用地明显减少
人地有所收缩	人地有所收缩	$(0, +\infty)$ 或 $(-\infty, 0)$	城镇用地和城镇人口同时减少或其中一个减少，城镇人口迁出大于城镇人口迁入，城镇用地规模或城镇人口规模有所减少

3. 结果及分析

根据 1996 年、2000 年、2004 年和 2008 年河南省 18 个省辖市的城镇用地数据和城镇人口数据，基于城镇用地扩张与城镇人口增长关系模型和评价标准，对河南省 18 个省辖市的城镇用地扩张与城镇人口增长的协调度进行评价，结果如表 5-10 所示。

表 5-10　河南省城镇用地与城镇人口增长协调度评价结果

行政辖区	1996~2000 年	2000~2004 年	2004~2008 年	1996~2008 年
郑州市	1.34	1.31	1.92	1.68
开封市	1.34	0.35	0.70	0.56
洛阳市	0.99	0.58	1.06	0.72
平顶山市	0.87	0.27	0.66	0.51
安阳市	0.66	0.27	0.52	0.38
鹤壁市	1.12	0.58	1.26	0.86
新乡市	1.30	0.46	0.75	0.61
焦作市	1.39	0.49	0.64	0.68
濮阳市	0.90	0.31	0.66	0.45
许昌市	0.36	0.21	0.54	0.28
漯河市	1.01	0.34	0.48	0.53
三门峡市	1.00	0.51	1.14	0.73
南阳市	0.87	0.28	0.75	0.38
商丘市	0.56	0.21	0.58	0.27
信阳市	1.20	0.43	0.73	0.54
周口市	1.24	0.28	0.50	0.38
驻马店市	1.17	0.33	0.42	0.36
济源市	−146.37	0.72	0.84	6.17

　　从表5-10可知,1996~2008年,济源市的城镇用地扩张与城镇人口增长的协调度指数达到6.17,大于1.7,属于土地显著扩张类型,说明济源市的城镇用地扩张远高于城镇人口增长速度,并且人均城镇用地有显著增加的趋势,与这一时期济源市由县级市升格为省辖市后拓展了发展空间,城镇迅速发展相契合。郑州市的协调度指数为1.68,属于土地快速扩展类型,表明这一时期郑州市城镇用地扩张高于城镇人口的增长速度,人均城镇用地有明显增加的趋势。开封市、洛阳市、平顶山市、鹤壁市、新乡市、焦作市、漯河市、三门峡市、信阳市等省辖市的协调度指数为0.5~0.9,属于人口显著增长类型,并且这些城市的城镇用地扩张低于城镇人口的增长速度,人均城镇用地显著减少;安阳市、濮阳市、许昌市、南阳市、商丘市、周口市、驻马店市等省辖市的协调度指数均小于0.5,属于人口明显增长类型,并且这些城市的城镇用地扩张远低于城镇人口的增长速度,人均城镇用地明显减少。

　　具体而言,1996~2000年,郑州市、开封市、新乡市、焦作市等省辖市的协调度指数为1.3~1.7,属于土地明显扩张类型;洛阳市、鹤壁市、漯河市、三门峡市、信阳市、周口市、驻马店市等省辖市的协调度指数为0.9~1.3,属于人地基本协调类型;平顶山市、安阳市、濮阳市、南阳市、商丘市等省辖市的协调度指数为0.5~0.9,属于人口显著增长类型,这一时期,这些城市的城镇用地扩张低于城镇人口的增长速度,人均城镇用地显著减少;许昌市的协调度指数为0.36,小于0.5,属于人口明显增长类型,说明城镇人口增长的速度远高于城镇用地扩张的速度,导致人均城镇用地明显减少;济源市的协调度指数为负值,属于人地有所收缩类型,根据统计口径数据显示,这一时期济源市的城镇人口减少,因而导致该指数为负值。

　　2000~2004年,仅有郑州市的协调度指数大于1.3,属于土地明显扩张类型;洛阳市、鹤壁市、三门峡市、济源市等省辖市的协调度指数为0.5~0.9,属于人口显著增长类型;剩余的开封市、平顶山市、安阳市、新乡市、焦作市、濮阳市、许昌市、漯河市、南阳市、商丘市、信阳市、周口市、驻马店市等省辖市的协调度指数小于0.5,属于人口明显增长类型。

　　2004~2008年,郑州市的协调度指数为1.92,大于1.7,属于土地显著扩张类型;洛阳市、鹤壁市、三门峡市等省辖市的协调度指数为0.9~1.3,属于人地基本协调类型;开封市、平顶山市、安阳市、新乡市、焦作市、濮阳市、许昌市、南阳市、商丘市、信阳市、济源市等省辖市的协调度指数为0.5~0.9,属于人口显著增长类型;漯河市、周口市、驻马店市等省辖市的协调度指数小于0.5,属于人口明显增长类型。

　　横向来看,研究时段内,郑州市的协调度指数均高于1.3,处于城镇用地快速扩张阶段;安阳市、濮阳市、许昌市、南阳市、商丘市等省辖市的协调度指数为0.0~0.9,属于城镇人口快速增长阶段;其他省辖市处于波动态势,在人地基本协调阶段、土地明显扩张、人口显著增长几个阶段交替。

5.3　农村居民点用地分析

农村居民点是农村人口居住与活动的空间单元,是农村经济和社会主要景观之一(海贝贝等,2013)。农村居民点用地是人类活动对周围环境进行竞争性控制和覆盖后所形成的人文景观(文博等,2014;谭雪兰等,2014),作为农村居民生活、生产的主要场所和空间,农村居民点用地的空间结构反映了人类经济活动在一定地域上的空间组织形式和相互关系,影响着区域经济发展的规模、方向以及发展的可能性(王万茂,2006)。当前,河南省正处于新型城镇化和新兴工业化快速发展阶段,新型城镇化和新兴工业化对农村居民点空间发展演变产生了剧烈的影响和冲击。因而,开展农村居民点用地分析具有重要意义。

5.3.1　农村居民点用地变化特征分析

1. 农村居民点用地数量及变化

由表 5-11 和图 5-8～图 5-11 可以看出,1996 年、2000 年、2004 年和 2008 年河南省各省辖市中位于豫东、豫南的南阳市、驻马店市、周口市、信阳市等省辖市的农村居民点用地面积明显高于其他省辖市,主要是由于这些省辖市是粮食主产区、农业大市,属于传统农区,因而农村人口较多。其中农村居民点用地面积最大的是南阳市,分别为 177429.44 公顷、176793.78 公顷、176953.37 公顷、176921.21 公顷,占当年全省农村居民点用地面积的 12.18%、12.16%、12.17%、12.2%,总体上农村居民点用地呈减少态势。郑州市、开封市、洛阳市、平顶山市、安阳市、新乡市等省辖市的城镇化水平、工业化水平整体较高,研究时段内其农村居民点用地面积位于河南省中间水平,为 68315.61～80835.61 公顷;济源市、鹤壁市等省辖市由于土地面积相对较小,因而其农村居民点用地面积较小,1996～2008 年,济源市、鹤壁市的农村居民点用地面积占全省农村居民点用地面积的比例在 0.65% 和 1.2% 之间徘徊。

从各省辖市农村居民点用地面积变化来看,1996～2008 年,河南省农村居民点用地面积减少了 6978.32 公顷,郑州市、开封市、洛阳市、许昌市、漯河市、三门峡市、南阳市、信阳市、周口市、济源市等省辖市的农村居民点用地面积均呈减少态势,其中郑州市减少最多,达 5443.04 公顷,占同期河南省农村居民点用地面积减少总量的 78%;济源市减少 1624.97 公顷,减少量位居全省第二位;信阳市、开封市、三门峡市、洛阳市等省辖市减少也较多,分别为 1625.78 公顷、1318.86 公顷、909.19 公顷和 847.45 公顷。同期,平顶山市、安阳市、鹤壁市、新乡市、焦作市、濮阳市、商丘市、驻马店市等省辖市的农村居民点用地呈增加趋势,其中安阳市增加最多,达 2646.39 公顷;焦作市增加了 2445.06 公顷;新乡市、商丘市两个省辖市的农村居民点用地面积基本持平,增加量小于 7 公顷。

分阶段来看,1996～2000 年、2000～2004 年、2004～2008 年三个研究时段内河南省 18 个省辖市的农村居民点用地面积呈现以下态势:一是持续减少态势,包括郑州市、开封市、三门峡市三个省辖市;二是增加趋势,包括平顶山市、安阳市、焦作市等省辖市;三是振荡增加态势,包括鹤壁市、新乡市、濮阳市、商丘市、驻马店市等省辖市;四是波动减少趋势,包括洛阳市、许昌市、漯河市、南阳市、信阳市、周口市、济源市等省辖市。

表 5-11　河南省农村居民点用地面积变化　　　　（单位:公顷）

行政辖区	1996～2000 年	2000～2004 年	2004～2008 年	1996～2008 年
郑州市	−775.23	−1721.51	−2946.30	−5443.04
开封市	−599.29	−123.86	−595.71	−1318.86
洛阳市	−337.06	53.73	−564.13	−847.46
平顶山市	96.20	93.01	253.42	442.63
安阳市	408.55	384.61	1853.23	2646.39
鹤壁市	21.01	409.35	−82.20	348.16
新乡市	−855.43	659.23	200.65	4.45
焦作市	1054.90	1205.26	184.90	2445.06
濮阳市	151.81	−26.28	−45.17	80.36
许昌市	532.44	33.55	−718.47	−152.48
漯河市	10.84	−161.81	−334.37	−485.34
三门峡市	−210.82	−171.42	−526.95	−909.19
南阳市	−635.66	159.59	−32.16	−508.23
商丘市	69.16	225.07	−287.25	6.98
信阳市	−1548.91	304.90	−381.77	−1625.78
周口市	−224.41	−279.57	76.83	−427.15
驻马店市	959.26	238.46	−807.57	390.15
济源市	−1356.09	−371.49	102.61	−1624.97
河南省	−3238.73	910.82	−4650.41	−6978.32

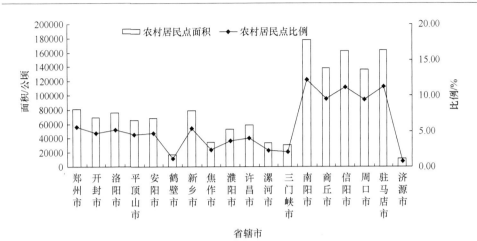

图 5-8　1996 年河南各省辖市农村居民点用地面积及比例

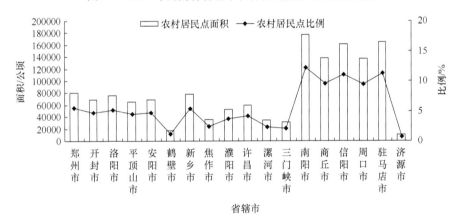

图 5-9　2000 年河南各省辖市农村居民点用地面积及比例

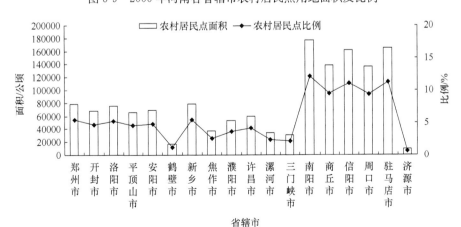

图 5-10　2004 年河南各省辖市农村居民点用地面积及比例

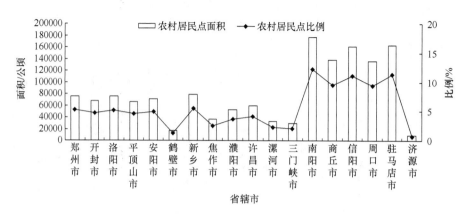

图 5-11　2008 年河南各省辖市农村居民点用地面积及比例

2. 农村居民点用地动态度

根据动态度模型,分别测算了河南省 18 个省辖市 1996～2000 年、2000～2004 年、2004～2008 年以及 1996～2008 年的农村居民点用地变化情况,结果见表 5-12。

表 5-12　河南省农村居民点用地动态度

行政辖区	1996～2000 年	2000～2004 年	2004～2008 年	1996～2008 年
郑州市	−0.0096	−0.0215	−0.0376	−0.0673
开封市	−0.0087	−0.0018	−0.0087	−0.0191
洛阳市	−0.0044	0.0007	−0.0074	−0.0111
平顶山市	0.0015	0.0014	0.0038	0.0067
安阳市	0.0060	0.0056	0.0268	0.0387
鹤壁市	0.0012	0.0240	−0.0047	0.0204
新乡市	−0.0108	0.0084	0.0025	0.0001
焦作市	0.0305	0.0338	0.0050	0.0706
濮阳市	0.0029	−0.0005	−0.0009	0.0015
许昌市	0.0090	0.0006	−0.0120	−0.0026
漯河市	0.0003	−0.0048	−0.0099	−0.0143
三门峡市	−0.0068	−0.0056	−0.0173	−0.0295
南阳市	−0.0036	0.0009	−0.0002	−0.0029
商丘市	0.0005	0.0016	−0.0021	0.0001
信阳市	−0.0095	0.0019	−0.0024	−0.0100
周口市	−0.0016	−0.0020	0.0006	−0.0031
驻马店市	0.0059	0.0015	−0.0049	0.0024
济源市	−0.1216	−0.0379	0.0109	−0.1458
河南省	−0.0022	0.0006	−0.0032	−0.0048

从表 5-12 可知,1996～2008 年,河南省农村居民点用地的动态度为
－0.0048,表明研究时段内,河南省的农村居民点用地呈减少态势。在各省辖市
中,郑州市、开封市、洛阳市、许昌市、漯河市、三门峡市、南阳市、信阳市、周口市、济
源市等省辖市的农村居民点用地的动态度均为负值,说明这些省辖市的农村居民
点用地不断减少;其中济源市最小,为－0.1458,说明相对其他省辖市的农村居民
点用地而言,济源市的农村居民点用地缩减的比例最大。同期,平顶山市、安阳市、
鹤壁市、新乡市、焦作市、濮阳市、商丘市、驻马店市等省辖市的农村居民点用地的
动态度均为正值,说明这些省辖市的农村居民点用地呈增加态势,其中安阳市的动
态度最大,为 0.0387,说明相对其他省辖市的农村居民点用地而言,安阳市的农村
居民点用地增加的比例最大。1996～2000 年,河南省有郑州市、洛阳市、开封市等 9
个省辖市的农村居民点用地动态度为负值;2000～2004 年,河南省有 7 个省辖市的
农村居民点用地动态度为负值;2004～2008 年,河南省有 12 个省辖市的农村居民
点用地动态度为负值;1996～2008 年河南省有 10 个省辖市的农村居民点用地动
态度为负值,侧面反映了研究时段内,河南省的农村居民点用地呈减少态势,这与
河南省大力发展新型城镇化、城镇用地和城镇人口持续增加相一致。

5.3.2 人均农村居民点用地变化特征分析

1. 农村人口变化

从表 5-13 可知,1996～2008 年河南省农村人口数量总体上呈减少态势,全省
农村人口从 1996 年的 7659 万人减少到 2008 年的 6239.06 万人,累计减少
1419.94 万人,与河南省城镇化以及农村劳动力转移密切相关。河南省 18 个省辖
市均呈减少态势,其中南阳市减少最多,达 190.74 万人,占全省农村人口减少总量
的 13.43%;其次为郑州市,减少 167.18 万人,平顶山市、商丘市、信阳市、周口市
等省辖市农村人口减少总量均超过 100 万人;农村人口减少总量最小的是济源市,
减少了 3.29 万人,主要是由于济源市较小,其农村人口数量基数很小。1996～
2000 年,全省农村人口呈增加趋势,共增加了 96 万人,其中开封市、洛阳市、安阳
市、鹤壁市、新乡市、焦作市、濮阳市、许昌市、漯河市、周口市、驻马店市、济源市等
省辖市的农村人口均呈增加趋势,仅有郑州市、平顶山市、三门峡市、商丘市、信阳
市五市的农村人口呈减少趋势,南阳市的农村人口数量保持均衡不变。随着城镇
化的加速推进,2000～2004 年,河南省 18 个省辖市的农村人口数量均出现减少,
其中郑州市农村人口减少最多,达 131 万人,这与郑州市大力推进以郑州为龙头的
中原城市群战略以及城镇化战略密切相关,其农村人口持续转移减少;南阳市农村
人口转移较为显著,减少了 120.81 万人;其他省辖市均有不同程度的减少。2004～
2008 年,周口市农村人口减少最多,为 103.19 万人,占同期河南省农村人口减少
总量的 15.93%;驻马店市、南阳市、商丘市农村人口减少较多,分别达到 77.67 万
人、69.93 万人和 53.59 万人,其他省辖市的农村人口减少量均未超过 50 万人。

表 5-13　　1996 年、2000 年、2004 年和 2008 年河南省农村人口数量　　（单位：万人）

行政辖区	1996 年	2000 年	2004 年	2008 年
郑州市	417.00	404.00	273.00	249.82
开封市	373.00	374.00	348.50	301.42
洛阳市	464.00	470.00	411.25	375.82
平顶山市	436.00	366.00	326.11	299.67
安阳市	420.00	425.00	366.45	339.72
鹤壁市	96.00	97.00	84.20	76.07
新乡市	418.00	428.00	373.62	341.13
焦作市	218.00	230.00	209.00	189.65
濮阳市	280.00	289.00	259.22	240.61
许昌市	294.00	369.00	313.80	285.21
漯河市	189.00	190.00	176.20	160.62
三门峡市	160.00	156.00	138.02	125.33
南阳市	901.00	901.00	780.19	710.26
商丘市	697.00	694.00	620.77	567.18
信阳市	656.00	655.00	584.20	541.25
周口市	899.00	936.00	888.95	785.76
驻马店市	702.00	725.00	691.51	613.83
济源市	39.00	46.00	41.96	35.71
河南省	7659.00	7755.00	6886.95	6239.06

2. 人均农村居民点用地变化

人均农村居民用地采用当年农村居民点用地面积与当年农村人口的比值来确定，结果见表 5-14。

表 5-14　　1996 年、2000 年、2004 年和 2008 年河南省人均农村居民点用地面积

（单位：平方米/人）

行政辖区	1996 年	2000 年	2004 年	2008 年
郑州市	193.85	198.17	286.96	301.79
开封市	185.09	182.99	196.03	224.67
洛阳市	163.91	161.10	184.25	200.11
平顶山市	150.94	180.07	202.38	221.09
安阳市	162.79	161.83	188.74	209.04
鹤壁市	177.62	176.01	207.62	228.75
新乡市	188.89	182.48	210.80	231.47

续表

行政辖区	1996 年	2000 年	2004 年	2008 年
焦作市	158.87	155.17	176.53	195.51
濮阳市	188.40	183.06	203.99	219.58
许昌市	200.95	161.55	190.08	206.61
漯河市	179.63	178.74	191.83	208.35
三门峡市	192.86	196.45	220.80	238.95
南阳市	196.93	196.22	226.81	249.09
商丘市	198.17	199.13	222.99	243.55
信阳市	248.01	246.02	276.36	297.58
周口市	151.99	145.75	153.15	173.35
驻马店市	232.61	226.55	237.87	266.65
济源市	285.87	212.89	224.51	266.70
河南省	190.20	187.43	211.18	232.37

从表 5-14 可以看出,1996～2008 年,河南省人均农村居民点用地面积呈波动增加的态势,从 1996 年的 190.2 平方米/人,减少到 2000 年的 187.43 平方米/人,再增加到 2004 年的 211.18 平方米/人以及 2008 年的 232.37 平方米/人。根据前述分析可知,研究时段内,河南省农村居民点用地面积总体上呈现减少趋势,并且农村人口也呈减少趋势,而人均农村居民点用地面积波动增加,说明研究时段内河南省农村居民点用地面积减少的速度低于农村人口转移的速度。

1996 年,全省有郑州市、许昌市、三门峡市、南阳市、商丘市、信阳市、驻马店市、济源市等 8 个省辖市的人均农村居民点用地高于全省平均水平,其中济源市人均农村居民点用地最大,达到 285.87 平方米/人,比同期全省平均水平高了 95.67 平方米/人;1996 年,全省人均农村居民点用地最小的平顶山为 150.94 平方米/人,高于国家相关标准。2000 年、2004 年和 2008 年郑州市、三门峡市、南阳市、商丘市、信阳市、驻马店市、济源市等 7 个省辖市的人均农村居民点用地高于全省平均水平。2000 年,信阳市的人均农村居民点用地最高,达 246.02 平方米/人;最小的是周口市,为 145.75 平方米/人,两者相差 100.27 平方米/人。2004 年和 2008 年郑州的人均农村居民点用地持续攀高,分别达到了 286.965 平方米/人和 301.795 平方米/人,与同期全省最低值相比多了 133.81 平方米/人和 128.44 平方米/人。

从人均农村居民点用地变化来看,1996～2000 年,郑州市、平顶山市、三门峡市、商丘市呈增加趋势,其中平顶山市增长最多,达 29.13 平方米/人;其他省辖市均呈减少趋势,说明这一时期河南省大多数省辖市的农村居民点用地面积的减少速度高于农村人口转移的速率。2000～2004 年、2004～2008 年河南省 18 个省辖市的人均农村居民点用地面积均呈增加趋势,反映了该时期农村人口转移速率高于农村居民点用地的缩减速度。1996～2008 年,济源市的人均农村居民点用地呈减少趋势,减少了 19.17 平方米/人;其他省辖市均呈增加态势,其中郑州市增加最多,达 107.94 平方米/人;增加最少的是许昌市,12 年增加了5.66 平方米/人。

5.3.3　农村人口与农村居民点用地的协调性分析

1. 研究方法

为了深入分析农村人口与农村居民点用地之间的关系,借鉴刘彦随、毕军、李裕瑞等的相关研究成果(刘彦随,2007;毕军等,1998;李裕瑞等,2010),构建农村人口与农村居民点用地变化协调度分析模型,从而进一步揭示农村人口与农村居民点用地之间的时空协调特征。模型表述为

$$I = RP/RL \qquad\qquad (5\text{-}7)$$

式中,I 为农村人口与农村居民点用地变化协调度指数;RP 和 RL 分别为农村人口年均变化率、农村居民点用地面积年均变化率。

根据 RL 和 RP 的正负方向及 I 的大小综合划定协调类型。由图 5-12 可见,若位于第 Ⅰ 区,表明 RL 和 RP 均为正值,并且 RP 大于 RL,即农村人口和农村居民点用地都在增长,但是相对于农村人口的增长而言农村居民点用地的增长速度更慢,因而人均农村居民点用地减少,趋向于集约、协调;若位于第 Ⅱ 区,表明 RL 和 RP 均为正值,且后者大,即农村人口和农村居民点用地均在增长,但是农村人口增速更慢,因而人均农村居民点用地增加,趋向于粗放、失调;若位于第 Ⅲ 区,表明 RL 为正值、RP 为负值,即农村人口减少,农村居民点用地增加,并且农村居民点用地的增长速度快于农村人口减少的速率,趋向于粗放、失调;若位于第 Ⅳ 区,表明 RL 为正值、RP 为负值,并且 RL 大于 RP,农村人口减少的速率大于农村居民点用地增加的速率,趋向于粗放、失调。其余根据农村人口与农村居民点用地变化协调度分析模型以及图 5-7 以此类推。

2. 农村人口与农村居民点用地协调性分析

采用农村人口与农村居民点用地变化协调度分析模型分别测算河南省 18 个省辖市的农村人口与农村居民点用地的耦合状况,结果见表 5-15。

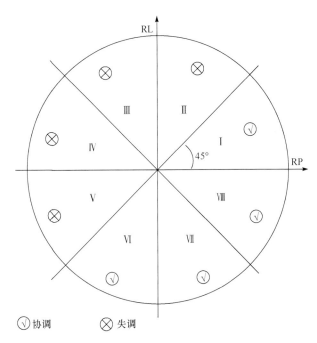

图 5-12　农村人口与农村居民点用地变化类型图解(李裕瑞等,2010)

表 5-15　农村人口与农村居民点用地协调度指数

行政辖区	1996~2000 年	2000~2004 年	2004~2008 年	1996~2008 年
郑州市	0.02	0.08	0.01	0.03
开封市	−0.00	0.21	0.08	0.05
洛阳市	−0.02	−1.09	0.06	0.10
平顶山市	−0.73	−0.43	−0.10	−0.31
安阳市	0.01	−0.15	−0.01	−0.03
鹤壁市	0.05	−0.03	0.10	−0.06
新乡市	−0.01	−0.08	−0.16	−17.31
焦作市	0.01	−0.02	−0.10	−0.01
濮阳市	0.06	1.13	0.41	−0.49
许昌市	0.14	−1.65	0.04	0.06
漯河市	0.09	0.09	0.05	0.06
三门峡市	0.02	0.10	0.02	0.04
南阳市	0.00	−0.76	2.17	0.38
商丘市	−0.04	−0.33	0.19	−18.60
信阳市	0.00	−0.23	0.11	0.07

续表

行政辖区	1996～2000 年	2000～2004 年	2004～2008 年	1996～2008 年
周口市	−0.16	0.17	−1.34	0.27
驻马店市	0.02	−0.14	0.10	−0.23
济源市	−0.01	0.01	−0.06	0.00
河南省	−0.03	−0.95	0.14	0.20

由表 5-15 可知,1996～2008 年河南省农村人口与农村居民点用地协调度指数为 0.2,农村居民点用地减少的变化率远小于农村人口减少的年均变化率,位于第Ⅵ区,因而农村居民点用地趋于集约,农村人口与农村居民点用地变化整体上趋于协调。1996～2000 年,河南省农村人口与农村居民点用地协调度指数为负值,并且农村居民点用地缩减的速度远高于农村人口增长的速度,位于第Ⅶ区,农村居民点用地趋于集约,农村人口与农村居民点用地变化整体上趋于协调。2000～2004 年,河南省农村人口与农村居民点用地协调度指数为负值,并且农村居民点用地增加的速度远高于农村人口减少的速度,位于第Ⅲ区,农村居民点用地趋于粗放,农村人口与农村居民点用地变化整体上趋于失调。2004～2008 年,河南省农村人口与农村居民点用地协调度指数为正值,并且农村居民点用地减少的速度远高于农村人口减少的速度,位于第Ⅵ区,因而农村居民点用地趋于集约,农村人口与农村居民点用地变化整体上趋于协调。

1996～2000 年,河南省 18 个省辖市中有 9 个省辖市的农村居民点用地趋于集约,农村人口与农村居民点用地变化整体上趋于协调。其中,郑州市、三门峡市、南阳市等省辖市的农村人口与农村居民点用地协调度指数为正值,并且农村居民点用地减少的速度远高于农村人口减少的速度,位于第Ⅵ区,农村居民点用地趋于集约,农村人口与农村居民点用地变化整体上趋于协调。开封市、洛阳市、新乡市、周口市、济源市等省辖市的农村人口与农村居民点用地协调度指数为负值,并且农村居民点用地缩减的速度远高于农村人口增长的速度,位于第Ⅶ区,农村居民点用地趋于集约,农村人口与农村居民点用地变化整体上趋于协调。平顶山市、商丘市两个省辖市的农村人口与农村居民点用地协调度指数为负值,位于第Ⅲ区,反映了其农村居民点用地增加的速度远高于农村人口减少的速度,整体上趋于失调。安阳市、鹤壁市、焦作市、濮阳市、许昌市、漯河市等省辖市的农村人口与农村居民点用地协调度指数为正值,并且位于第Ⅱ区,表明这些省辖市的农村居民点用地增加的速度远高于农村人口增加的速度,整体上趋于失调,农村居民点用地向粗放利用趋势发展。

2000～2004 年,河南省 18 个省辖市中有 6 个省辖市的农村居民点用地趋于集约,农村人口与农村居民点用地变化整体上趋于协调。其中,郑州市、开封市、漯河市、三门峡市、周口市、济源市等省辖市位于第Ⅵ区,其农村居民点用地减少的速度远高于农村人口减少的速度。洛阳市、许昌市两个省辖市的农村人口与农村居民点用地协调度指数分别为−1.09 和−1.65,并且农村居民点用地增加的速度低于农村人口减少的速度,位于第Ⅳ区,整体上趋于失调;平顶山市、安阳市、新乡市、焦作市、南阳市、商丘市、信阳市、驻马店市等省辖市的农村人口与农村居民点用地协调度指数为负值,并位于第Ⅲ区,农村人口与农村居民点用地的年均变化率趋向于失调。鹤壁市的农村人口与农村居民点用地协调度指数为-0.03,位于第Ⅴ区,农村人口与农村居民点用地的年均变化率趋向于失调。

2004～2008 年,河南省 18 个省辖市中有 11 个省辖市的农村居民点用地趋于集约,农村人口与农村居民点用地变化整体上趋于协调。郑州市、开封市、洛阳市、鹤壁市、濮阳市、许昌市、漯河市、三门峡市、商丘市、信阳市、驻马店市等省辖市的农村人口与农村居民点用地协调度指数位于第Ⅵ区,其农村居民点用地减少的速度远高于农村人口减少的速度,农村人口与农村居民点用地趋向于集约、协调发展。平顶山市、安阳市、新乡市、焦作市、济源市等省辖市的农村人口与农村居民点用地协调度指数均为负值,并且位于第Ⅲ区,说明研究时段内其农村居民点用地增加的速度远高于农村人口减少的速度,整体上趋于失调。南阳市的农村人口与农村居民点用地协调度指数位于第Ⅴ区,属于失调发展趋势;周口市的农村人口与农村居民点用地协调度指数为-1.34,位于第Ⅳ区,农村人口与农村居民点用地的变化属于失调。

1996～2008 年,河南省 18 个省辖市中有 10 个省辖市的农村人口与农村居民点用地变化整体上趋于协调,8 个省辖市的农村人口与农村居民点用地变化整体上趋于失调。郑州市、开封市、洛阳市、许昌市、漯河市、三门峡市、南阳市、信阳市、周口市、济源市等省辖市的农村人口与农村居民点用地协调度指数均为正值,并且位于第Ⅵ区,说明这些省辖市的农村人口与农村居民点用地发展变化处于协调趋势。平顶山市、安阳市、鹤壁市、焦作市、濮阳市、驻马店市等省辖市的农村人口与农村居民点用地协调度指数位于第Ⅲ区,农村人口与农村居民点用地发展变化属于失调趋势;新乡市、商丘市两个省辖市的农村人口与农村居民点用地协调度指数为负值,位于第Ⅳ区,说明其农村居民点用地的增加速度低于农村人口的减少速度,农村人口与农村居民点用地发展变化处于失调趋势。

横向来看,河南省 18 个省辖市的农村人口与农村居民点用地协调度指数呈现以下趋势:一是持续协调发展趋势,包括郑州市、开封市、三门峡市等省辖市;二是持续失调趋势,包括平顶山市、安阳市、焦作市等省辖市;三是协调—失调—协调发展趋势,包括洛阳市、驻马店市等省辖市;四是协调—失调发展趋势,包括新乡市、南阳市、周口市、济源市等省辖市;五是失调—协调趋势,包括鹤壁市、濮阳市、许昌市、漯河市、商丘市、信阳市等省辖市。

5.4　独立工矿用地分析

5.4.1　独立工矿用地概况

随着河南省经济社会的转型发展,独立工矿用地发生较大变化,从 1996 年的

200483.83 公顷增加到 2008 年的 247289.26 公顷,年均增加 3900.45 公顷,1996～2008 年均变化率为 23.35％;独立工矿用地占全省建设用地的比例从 1996 年的 9.6％增加到 2008 年的 11.05％,12 年间增加了 1.45％(图 5-13)。

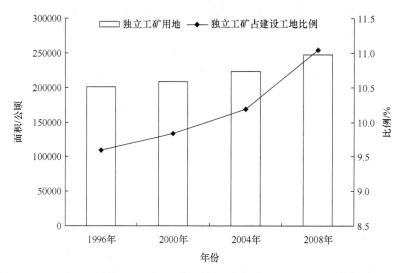

图 5-13　1996 年、2000 年、2004 年和 2008 年河南省独立工矿用地及与建设用地比例

5.4.2　独立工矿用地变化分析

1. 独立工矿用地数量变化

1996～2008 年河南省及其所辖 18 个省辖市的独立工矿用地面积发生较大变化,并且存在区域差异,具体分析如下。

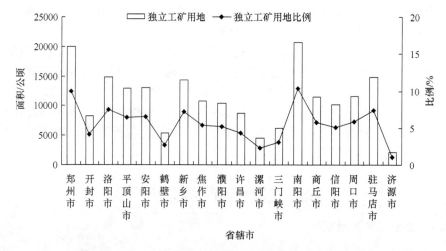

图 5-14　1996 年河南省各省辖市独立工矿用地面积及比例

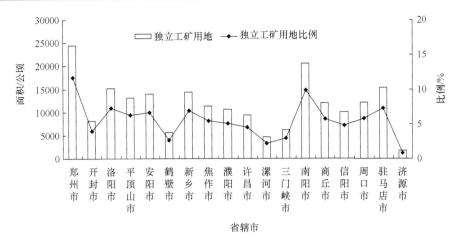

图 5-15　2000 年河南省各省辖市独立工矿用地面积及比例

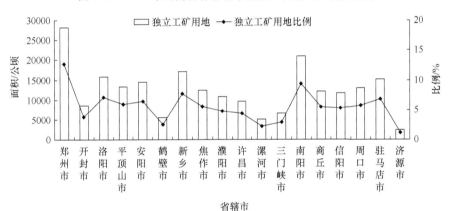

图 5-16　2004 年河南省各省辖市独立工矿用地面积及比例

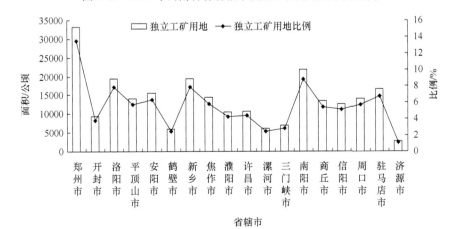

图 5-17　2008 年河南省各省辖市独立工矿用地面积及比例

表 5-16　河南省独立工矿用地面积变化　　　　　（单位:公顷）

行政辖区	1996~2000年	2000~2004年	2004~2008年	1996~2008年
郑州市	4455.04	3818.47	4981.70	13255.21
开封市	-30.19	367.68	859.64	1197.13
洛阳市	327.86	614.74	3588.59	4531.19
平顶山市	223.74	171.20	842.09	1237.03
安阳市	886.92	482.91	1093.77	2463.60
鹤壁市	267.19	-73.17	447.00	641.02
新乡市	28.97	2774.64	2243.39	5047.00
焦作市	484.54	1098.22	1963.61	3546.37
濮阳市	225.87	161.67	-289.48	98.06
许昌市	735.33	272.34	1050.61	2058.28
漯河市	77.71	425.85	1028.03	1531.59
三门峡市	24.63	369.66	349.49	743.78
南阳市	-57.50	322.43	955.12	1220.05
商丘市	526.25	198.45	1207.11	1931.81
信阳市	-134.25	1648.35	1026.09	2540.19
周口市	554.63	752.63	1122.38	2429.64
驻马店市	449.02	-58.29	1414.23	1804.96
济源市	-382.87	733.67	177.71	528.51
河南省	8662.89	14081.45	24061.08	46805.42

　　由表 5-16、图 5-14~图 5-17 可知,独立工矿用地在河南省 18 个省辖市均有分布,在各省辖市中,2008 年郑州市的独立工矿面积最大,为 33279.75 公顷,占全省独立工矿用地面积的 13.46%;其次是南阳市,为 21873.13 公顷,占全省独立工矿用地面积的 8.85%;洛阳市位居第三,面积为 19406.96 公顷,占全省独立工矿用地面积的 7.85%;新乡市的独立工矿用地面积比洛阳稍小一点,为 19379.17 公顷,占全省独立工矿用地面积的 7.84%;济源市的独立工矿用地面积最小,仅为 2692.93 公顷,占全省独立工矿用地面积的 1.09%。但是,从各省辖市的独立工矿用地占自身当年建设用地的比例来看,2008 年济源市的独立工矿用地占其建设用地的比例为 12.01%,高于全省 11.05%的平均水平;信阳市的独立工矿用地占其建设用地的比例最低,仅为 5.34%,远低于全省的平均水平。

　　1996 年、2000 年、2004 年、2008 年河南省 18 个省辖市中,郑州的独立工矿用地面积在全省各省辖市中占有明显优势。1996 年郑州市的独立工矿面积为

20024.53 公顷,是独立工矿面积最小的济源市的 9 倍,2000 年郑州市的独立工矿面积变为济源市的 14 倍,2004 年郑州市的独立工矿用地面积是独立工矿面积最小的济源市的 11 倍,2008 年变为 12 倍。

从各省辖市独立工矿用地面积变化来看,1996~2000 年,济源市、信阳市、南阳市、开封市等 4 个省辖市呈减少态势,其他省辖市均呈增加趋势。其中,郑州市增加最多,达 4455.04 公顷;其次为安阳市,增加了 886.92 公顷;许昌市居第三位,增加了 735.33 公顷;新乡市增加最少,仅增加了 28.97 公顷。济源市的独立工矿用地减少最多,达 382.87 公顷,主要是由于统计口径的差异以及砖瓦窑的复垦。2000~2004 年,仅有鹤壁市、驻马店市两个省辖市的独立工矿用地减少,分别减少了 73.17 公顷和 58.29 公顷;其他省辖市的独立工矿用地均有不同程度的增加。其中,郑州市增幅保持全省领先,增加了 3818.47 公顷;其次是新乡市,增加了 2774.64 公顷;再次是信阳市,增加了 1648.35 公顷;增幅最小的是濮阳市,仅增加了 161.67 公顷。2004~2008 年,全省 18 个省辖市仅濮阳的独立工矿用地减少了 289.48 公顷,其余省辖市均有不同程度的增幅。其中,郑州市、洛阳市、新乡市等省辖市增幅较大,分别增加了 4981.7 公顷、3588.59 公顷、2243.39 公顷;而济源市、三门峡市等增幅较小,分别增加了 177.71 公顷和 349.49 公顷。1996~2008 年,郑州市的增幅远高于省内其他省辖市,增幅达 13255.21 公顷,是增幅最小的濮阳市的 135.17 倍;新乡市的增幅居第二位,增加了 5047.0 公顷;再次为洛阳市,增加了 4531.19 公顷。研究时段内,各省辖市独立工矿用地变化差异较大,河南省传统的大市、强市其独立工矿用地的面积及其增幅较大,如郑州市、洛阳市、新乡市等省辖市;新兴的、经济社会转型发展较快的省辖市独立工矿用地的面积增长较快,如焦作市、许昌市、信阳市、周口市等省辖市;鹤壁市、济源市由于其辖区土地面积远小于其他省辖市,因而其独立工矿用地从总量看较小,但是从独立工矿用地占各自辖区建设用地的比例看并不是全省最低。

从区位分布上看,河南省的独立工矿用地主要集中在豫中、豫南地区的郑州市、南阳市、洛阳市、新乡市、驻马店市等 5 个省辖市,这 5 个省辖市的独立工矿用地为 110595.39 公顷,占全省独立工矿用地面积的 44.72%。主要源于这些省辖市处于国家交通干线沿线,区位优越,资源禀赋较好,基础较好,并且在国家以及河南省新一轮发展中抢抓机遇,经济社会发展转型较好,产业结构得到优化升级,因而表现为独立工矿地较多。

2. 独立工矿用地变化率

通过独立工矿用地的变化率来反映区域独立工矿用地的总量变化以及相对量变化,从而研究区域独立工矿用地变化的总体态势,见表 5-17。

表 5-17　河南省独立工矿用地变化率　　　　（单位:%）

行政辖区	1996~2000 年	2000~2004 年	2004~2008 年	1996~2008 年
郑州市	22.25	15.60	17.60	66.19
开封市	-0.37	4.48	10.03	14.55
洛阳市	2.20	4.04	22.69	30.46
平顶山市	1.73	1.30	6.32	9.56
安阳市	6.78	3.46	7.57	18.84
鹤壁市	4.98	-1.30	8.05	11.95
新乡市	0.20	19.32	13.09	35.21
焦作市	4.49	9.73	15.86	32.84
濮阳市	2.18	1.52	-2.69	0.94
许昌市	8.46	2.89	10.83	23.67
漯河市	1.69	9.10	20.14	33.29
三门峡市	0.40	5.91	5.27	11.94
南阳市	-0.28	1.57	4.57	5.91
商丘市	4.59	1.66	9.91	16.87
信阳市	-1.32	16.43	8.79	24.99
周口市	4.76	6.17	8.66	20.86
驻马店市	3.02	-0.38	9.28	12.15
济源市	-17.69	41.18	7.07	24.42
河南省	4.32	6.73	10.78	23.35

从表 5-17 可知,1996~2008 年,河南省独立工矿用地的变化率总体上呈波动变大趋势,1996 年、2000 年、2004 年和 2008 年分别为 4.32%、6.73%、10.78%、23.35%。2008 年河南省独立工矿用地的变化率是 1996 年的 5.41 倍。1996~2008 年,郑州市变化率最大,达 66.19%;其次为新乡市,为 35.21%;漯河市位居第三,为 33.29%;变化率最小的是濮阳市,仅为 0.94%。1996~2000 年,有 4 个省辖市独立工矿用地变化率为负值,分别是济源市、信阳市、南阳市、开封市;其他省辖市为正值。2000~2004 年演变为鹤壁市、驻马店市等独立工矿用地变化率为负值,其他省辖市为正值。2004~2008 年仅有濮阳市的独立工矿用地变化率为负值,其余 17 个省辖市的独立工矿用地变化率为正值。

5.5　特殊用地分析

5.5.1　特殊用地概况

随着河南省经济社会发展水平的不断提高,产业结构的不断优化升级,各项民生事业的持续推进,研究时段内,河南省及其 18 个省辖市的特殊用地稳步增长,从

1996 年的 46809.27 公顷增加到 2008 年的 48083.32 公顷,12 年增加了 1274.05 公顷,年均增加 106.17 公顷;1996～2008 年特殊用地变化率为 2.72%。与全省建设用地的变化相比,1996 年、2000 年、2004 年、2008 年河南省特殊用地占建设用地的比例呈递减趋势,分别为 2.24%、2.21%、2.18%、2.15%,具体如图 5-18 所示。

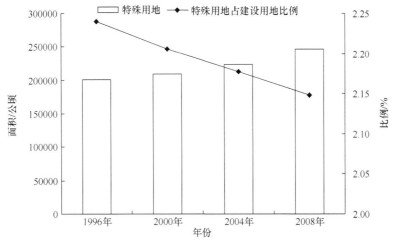

图 5-18　1996 年、2000 年、2004 年和 2008 年河南省特殊用地面积及其与建设用地比例

5.5.2　特殊用地变化分析

1. 特殊用地数量变化

1996～2008 年,河南省及其所辖 18 个省辖市的特殊用地面积均出现不同程度的增加,但是各省辖市特殊用地的变化存在区域差异。1996 年、2000 年、2004 年和 2008 年特殊用地的面积及各省辖市占全省的比例,具体见图 5-19～图 5-22 和表 5-18。

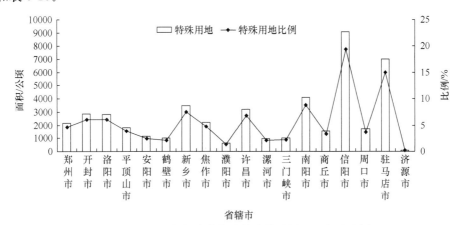

图 5-19　1996 年河南省各省辖市特殊用地面积及比例

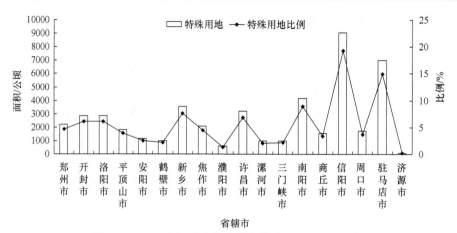

图 5-20　2000 年河南省各省辖市特殊用地面积及比例

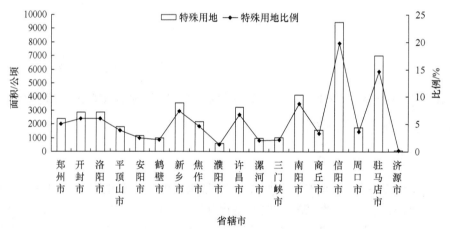

图 5-21　2004 年河南省各省辖市特殊用地面积及比例

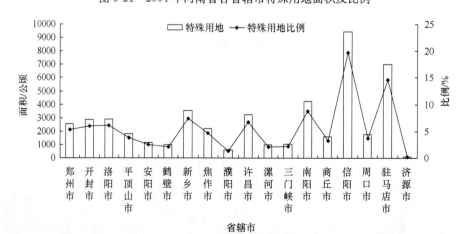

图 5-22　2008 年河南省各省辖市特殊用地面积及比例

表 5-18 河南省特殊用地面积变化 （单位：公顷）

行政辖区	1996～2000 年	2000～2004 年	2004～2008 年	1996～2008 年
郑州市	63.43	188.83	140.18	392.44
开封市	−10.49	20.93	−2.65	7.79
洛阳市	32.35	9.95	53.95	96.25
平顶山市	5.92	5.77	−0.16	11.53
安阳市	4.71	2.65	16.97	24.33
鹤壁市	2.14	4.25	1.20	7.59
新乡市	53.97	−9.29	3.95	48.63
焦作市	−122.41	111.73	24.58	13.90
濮阳市	−1.71	0.53	2.42	1.24
许昌市	8.60	12.18	−5.13	15.65
漯河市	−3.91	3.70	−1.25	−1.46
三门峡市	−3.25	22.39	17.36	36.50
南阳市	42.74	7.67	82.15	132.56
商丘市	21.31	13.92	5.54	40.77
信阳市	−36.59	415.99	0.53	379.93
周口市	13.82	26.68	1.27	41.77
驻马店市	6.97	4.86	9.28	21.11
济源市	−6.85	6.67	3.68	3.50
河南省	70.75	849.41	353.87	1274.03

从图 5-19～图 5-22 可知看出，1996 年、2000 年、2004 年、2008 年河南省 18 个省辖市中信阳市的特殊用地均保持在全省首位，分别为 9066.17 公顷、9029.58 公顷、9445.57 公顷和 9446.1 公顷，但是其特殊用地占同期全省特殊用地的比例则呈波动增加的趋势。同时，驻马店市的特殊用地居全省第二位，占同期全省特殊用地的比例分别为 14.95%、14.94%、14.69%、14.6%，总体呈下降态势。济源市由于所辖土地面积较小，因而其特殊用地总量相对其他省辖市而言较小，一直位居全省末席，其特殊用地占同期全省特殊用地的比例分别为 0.19%、0.17%、0.18% 和 0.19%，总体变化不明显。

同时，研究发现郑州市的特殊用地面积在全省各省辖市中占有明显的优势。1996 年，郑州市的特殊用地面积为 2140.04 公顷，是特殊用地面积最小的济源市的 24 倍；2000 年，郑州市特殊用地面积是特殊用地面积最小的济源市的 27 倍；2004 年，郑州市的特殊用地面积为 2392.31 公顷，是特殊用地面积最小的济源市的 27 倍；2008 年，郑州市的特殊用地面积为 2532.49 公顷，是特殊用地面积最小的济源市的 28 倍。

从地理位置上看,特殊用地主要集中在豫南地区,信阳市、驻马店市、南阳市 3个省辖市特殊用地面积达 20703.89 公顷,占全省特殊用地总面积的 44%,其余 15个省辖市占全省特殊用地总面积的 56%。

由表 5-18 可知,1996~2008 年,河南省的特殊用地增加了 1274.03 公顷,其中2000~2004 年增加最多,增加了 849.41 公顷,占 1996~2008 年增加量的66.67%;2004~2008 年增加了 353.87 公顷;1996~2000 年增幅最小,仅增加了70.75 公顷。1996~2008 年,郑州市的特殊用地增加量位居全省首位,其次是信阳市,再次为南阳市;而漯河市的特殊用地呈负增加,减少了 1.45 公顷。1996~2000年,全省有 7 个省辖市的特殊用地呈减少态势,其中焦作市减少最多,达 122.41 公顷;其次为信阳市,减少了 36.59 公顷。郑州市的特殊用地增加最多,为 63.43 公顷;新乡市的特殊用地增幅居全省第二位,为 53.97 公顷。2000~2004 年,仅有新乡市的特殊用地呈减少趋势,其他省辖市均呈现增长态势。其中,信阳市增幅最大,达 415.99 公顷;其次为郑州市,增加了 188.83 公顷;第三是焦作市,增加了111.73 公顷;增幅最小的是濮阳市,仅增加了 0.53 公顷。2004~2008 年,郑州市的特殊用地增加量位居全省前列,为 140.18 公顷;其次为南阳市,为 82.15 公顷;而开封市、平顶山市、许昌市、漯河市等 4 个省辖市的特殊用地呈减少趋势,减少量并不明显,均小于 5.5 公顷。

2. 特殊用地变化率

通过特殊用地的变化率来反映区域特殊用地的总量变化以及相对量变化,从而研究区域特殊用地变化的总态势。

表 5-19　河南省特殊用地变化率　　　　　　（单位:%）

行政辖区	1996~2000 年	2000~2004 年	2004~2008 年	1996~2008 年
郑州市	2.96	8.57	5.86	18.34
开封市	−0.37	0.73	−0.09	0.27
洛阳市	1.15	0.35	1.89	3.42
平顶山市	0.33	0.32	−0.01	0.64
安阳市	0.41	0.23	1.46	2.10
鹤壁市	0.21	0.43	0.12	0.76
新乡市	1.54	−0.26	0.11	1.39
焦作市	−5.56	5.38	1.12	0.63
濮阳市	−0.28	0.09	0.39	0.20
许昌市	0.27	0.38	−0.16	0.49
漯河市	−0.39	0.38	−0.13	−0.15
三门峡市	−0.32	2.21	1.68	3.59

续表

行政辖区	1996~2000 年	2000~2004 年	2004~2008 年	1996~2008 年
南阳市	1.04	0.18	1.98	3.23
商丘市	1.38	0.89	0.35	2.65
信阳市	−0.40	4.61	0.01	4.19
周口市	0.81	1.55	0.07	2.44
驻马店市	0.10	0.07	0.13	0.30
济源市	−7.75	8.18	4.17	3.96
河南省	0.15	1.81	0.74	2.72

由表 5-19 可知,1996~2008 年,河南省特殊用地的变化率呈波动增加趋势,从 1996 年的 0.15% 增加到 2000 年的 1.81%,再减少到 2004 年的 0.74%,最后增加到 2008 年的 2.72%。1996~2008 年,河南省 18 个省辖市中漯河市的特殊用地变化率为负值,为 −0.15%,与其研究时段内特殊用地总体呈减少态势一致。郑州市的特殊用地变化率最大,达 18.34%,是变化率最小的濮阳市的 90.86 倍;其他省辖市特殊用地的变化率均未超过 10.0%,特殊用地变化率变动较小。

1996~2000 年,开封市、焦作市、濮阳市、漯河市、三门峡市、信阳市、济源市等 7 个省辖市的特殊用地变化率为负值,其中济源市最小,为 −7.75%。2000~2004 年,仅有新乡市的特殊用地变化率为负值,其他省辖市中郑州市的变化率最大,为 8.57%;其次为济源市,达 8.18%。2004~2008 年,有 4 个省辖市的特殊用地变化率为负值,分别是开封市、平顶山市、许昌市、漯河市;其他 14 个省辖市特殊用地的变化率均大于零,其中郑州市的特殊用地变化率增长较大,因而表现为其变化率最大,为 5.86%;位居第二位的是济源市,为 4.17%;变化率最小的是信阳市,仅为 0.01%,处于基本保持不变的状态。同时,研究发现,1996~2000 年、2000~2004 年、2004~2008 年 3 个研究时段内河南省 18 个省辖市特殊用地的变化率呈现以下趋势:一是呈倒 U 形,如郑州市、开封市、鹤壁市、焦作市、许昌市、漯河市、三门峡市、信阳市、周口市、济源市等省辖市;二是呈 U 形,如洛阳市、安阳市、新乡市、南阳市、驻马店市等省辖市;三是持续增加态势,如濮阳市;四是直线下降型,如商丘市、平顶山市。

5.6　居民点及独立工矿用地调控与对策研究

5.6.1　城镇用地存在的主要问题与调控对策

1. 城镇用地存在的主要问题

1) 城镇用地偏重外延式发展

1996~2008 年,河南省的城镇用地飞速增加,从 1996 年的 130093.97 公顷增加到 2008 年的 189608.55 公顷,增加了 59514.59 公顷,增幅达 45.75％。与之相对应,河南省 18 个省辖市都规划建设了新城区,并大力发展小城镇,拓展了城镇发展空间,但是多属于"另起炉灶"、"摊大饼"式发展,对于城镇用地挖潜不足,属于外延式扩张。

2)城镇用地扩张存在明显的区域差异

1996～2008 年,河南省各省辖市中济源市、郑州市的城镇用地扩展差异指数高于全省平均水平;而鹤壁市、信阳市的城镇用地扩展差异指数基本持平,许昌市、安阳市、平顶山市等省辖市的城镇用地扩展差异指数显著低于河南省总体水平。从城镇用地扩展的整体格局来看,河南省 18 个省辖市城镇用地扩展总体上存在区域差异分布,扩展差异指数较高的区域分布在郑州市及其周边区域,河南省东南部省辖市总体上呈现扩展迟缓态势;同时,城镇扩展的高速区域主要分布于重要交通沿线,并且南北向高于东西向。

3)部分省辖市城镇用地扩张与城镇人口增长不相协调

1996～2008 年,河南省 18 个省辖市中,济源市的城镇用地扩张与城镇人口增长属于土地显著扩张类型,郑州市属于土地快速扩展类型,开封市、洛阳市、鹤壁市、新乡市、焦作市、漯河市、三门峡市、信阳市等省辖市属于人口明显增长类型,安阳市、濮阳市、南阳市、商丘市、周口市、驻马店市等省辖市属于人口显著增长类型。

2. 城镇用地调控对策及建议

1)走内涵挖潜集约利用之路

1996～2008 年,河南省及其 18 个省辖市的城镇化速度发展较快,并且城镇数量、规模和城镇经济社会建设取得了长足发展。随着城镇的持续发展,城镇用地面积加速扩大,城镇建设用地与耕地保护、土地资源集约利用的矛盾十分突出。传统的"摊大饼"式城镇发展模式弊端日益显现,因此在城镇用地方面要注重建设用地内涵挖潜,促进城镇合理发展。积极盘活和充分利用存量城镇用地,作为城镇建设用地的积极有效补充,优化城镇用地结构,提高城镇用地集约化水平,是当前应当研究的重点课题。同时,全面建立城镇用地批后动态监管体系机制、闲置土地清理处置联查工作机制及新批项目的投资效益评估机制,积极探索建立健全监管措施,完善奖励机制,促进城镇用地良性循环。

2)科学确定城市发展战略

城镇用地的科学和合理利用与城镇化水平以及城镇的经济社会发展阶段紧密相关。因而,充分研究城镇所处的发展水平和阶段是研究城镇用地的科学和合理利用的前提和基础。1996 年,河南省的城镇化水平仅为 16.77％,2008 年增长到 36％,12 年间增长了一倍多,同时,研究时段内河南省 18 个省辖市的城镇化水平差异较大,1996 年全省城镇化水平最高的济源市为 38.1％,是周口市的 4.19 倍。

2008 年,河南省 18 个省辖市中郑州市的城镇化水平最高,达 62.33%,处于城镇化水平急剧上升的加速阶段;而周口市最低,仅为 27.65%,属于城镇化水平较低且发展缓慢的初始阶段,并且两者相差 34.68%。随着经济社会发展水平的提升,郑州等省辖市经济社会发展,以及产业结构的优化升级,集约化经营和内涵式发展是必然的选择。因此,城市发展过程中根据各个省辖市自身经济发展及其所处的历史阶段,精准确定城市发展战略,分类推进,分步实施,根据各个省辖市的实际科学确定城镇用地规模和发展速度,合理确定城镇的发展战略,走内涵式发展道路,推动城镇用地的协调、绿色、开放、健康、可持续发展。

3) 树立城镇用地集约利用的理念

"十分珍惜、合理利用每寸土地和切实保护耕地"是我国的基本国策之一,对城镇闲置土地加以改造实现再利用,同时盘活城镇存量用地,科学确定城镇增量用地,形成城镇用地的集约与合理利用机制。同时,严格按照国家以及国土资源部对于城镇用地闲置的相关法律法规收取土地闲置费或收回土地使用权。推进旧城区更新改造工作,挖掘城镇用地潜力,探索城镇立体用地发展模式。

5.6.2　农村居民点用地存在的主要问题与调控对策

1. 农村居民点用地存在的主要问题

1) 农村居民点用地占地面积大并且不减反增

根据河南省城镇化发展战略以及农村人口转移政策等,农村人口以及农村居民点用地面积逐年呈减少的趋势,但是研究发现,部分省辖市的农村居民点用地面积不减反增,并且增幅较大,如平顶山市、安阳市、鹤壁市、新乡市、焦作市、濮阳市、商丘市、驻马店市等省辖市的农村居民点用地呈增加的趋势。

2) 人均农村居民点用地普遍超标

1996~2008 年,河南省人均农村居民点用地面积呈波动增加态势,从 1996 年的 190.2 平方米/人,减少到 2000 年的 187.43 平方米/人,再增加到 2004 年的 211.18 平方米/人以及 2008 年的 232.37 平方米/人。在各省辖市中,周口市 2000 年的人均农村居民点用地最小,为 145.75 平方米/人;郑州市 2008 年的人均农村居民点用地最大,达 301.79 平方米/人。人均农村居民点用地普遍超过国家标准(150 平方米/人),并且多数省辖市的人均农村居民点用地远高于国家相关标准。

3) 农村人口与农村居民点用地协调性不足

通常而言,随着经济社会的持续、健康发展,农村人口不断向城镇转移,农村居民点用地将逐渐缩减。但是,在研究中发现,1996~2008 年河南省以及 18 个省辖市的农村人口整体上均呈减少趋势,但是部分省辖市的农村居民点用地面积持续增加,导致农村人口与农村居民用地的发展变化不协调。

2. 农村居民点用地调控对策及建议

1）切实落实农村居民点用地减少与城镇用地增加政策

2004 年,国务院 28 号文件中提出城乡建设用地增减挂钩政策,实现增加耕地的有效面积,提高耕地质量,节约集约利用建设用地,城乡用地布局更合理的目标。具体实施过程中,地方将其作为增加城镇工矿建设用地指标的有效途径,而农村居民点用地并未缩减,造成城镇用地增加了,农村居民点用地并未减少。因此,在实践层面,应坚持农村居民点用地先减少,城镇用地再增加的措施,保障城乡建设用地总量的动态平衡,优化城乡建设用地布局。同时深化土地整理研究,积极探索符合河南省情的"人地挂钩"政策,探索开展城乡之间、地区之间"人地挂钩"政策与实施机制,为河南省社会经济协调发展提供用地指标保障。

2）实现土地利用总体规划与村镇建设规划的对接与衔接

在乡镇土地利用总体规划制定过程中,充分考虑各个乡镇、村镇建设规划,优化农村居民点用地布局与功能分区,按照"生产发展、生活宽裕、乡风文明、村容整洁、管理民主"的总要求,并结合美丽乡村、新农村建设、扶贫等大力发展中心村,同时腾退部分偏远、生产生活不便的农村居民点,实现农村居民点用地的集约节约、合理科学利用。

3）大力开展农村居民点整理

积极推进农村居民点用地整理,根据土地利用总体规划,结合河南省新型城镇化发展战略,科学制定和实施农村居民点改造、归并农村居民点整治规划,大力开展农村居民点用地整理,提高农村居民点用地集约利用水平。同时,开展"空心村"、闲置宅基地、空置住宅、"一户多宅"的调查摸底工作,掌握农村居民点用地的真实数据,为开展农村居民点整理提供前提条件。

5.6.3　独立工矿用地存在的主要问题与调控对策

1. 独立工矿用地存在的主要问题

1）用地结构与布局不尽合理

随着河南省新型工业化进程的不断向前推进,各省辖市独立工矿用地持续增加,存在用地布局不合理的现象(如部分独立工矿用地布局于城市中心区域),导致土地的区位优势没有得到充分发挥,一些独立工矿用地与商服用地、居住用地等相互混杂。此外,部分省辖市的独立工矿用地有不够紧凑、布局过于凌乱、不按规划布局等问题,并且投资强度、建筑容积率等不符合相关标准,存在用地粗放的问题。

2）用地投资强度不大,产出效率不高

独立工矿用地投入产出效率偏低是一个普遍性的问题,衡量工业用地集约利用的一个有效途径就是通过地均投资强度反映。根据国土资源部颁布的《工业项目建设用地控制指标》(国土资发〔2008〕24 号文)以及《河南省工业项目建设用地控制指标》的规定,河南省工业项目投资强度应为 440~1245 万元/公顷。河南省 2008 年独立工矿用地的平均投资强度为 1064.99 万元/公顷,最低的是济源市,为 474.62 万元/公顷,最高的是许昌市,为 1760.51 万元/公顷。而同期上海的平均投资强度为 3000 万元/公顷,成都的平均投资强度为 1800 万元/公顷,与之相比,河南省的投资强度普遍不高。

在工业用地产出方面,2008 年河南省独立工矿用地的地均工业产值为 1391.10 万元/公顷,而新乡市的地均工业产值最低,为 564.66 万元/公顷;河南省地均利税为 582.53 万元/公顷,与国土资源部颁布的《工业项目建设用地控制指标》中的投资强度相比,河南省独立工矿用地产出较低,反映了单位独立工矿用地的产出效率不高。同时,河南省独立工矿用地的社会效益和生态效益还存在一些问题。在社会效益方面,河南省工人的在岗工资水平为 18914~29837 元/年,相差近 10000 元/年,差距较大。生态效益方面,万元 GDP 能耗均高于同期的全国平均水平,存在以高投入、高能耗换取工业发展的问题。

2. 独立工矿用地调控对策及建议

1) 建立独立工矿用地利用评价反馈机制

独立工矿用地的用地效果如何,采取哪些更正和补救措施,只有通过独立工矿用地实施评价反馈机制来解决。为了真正掌握河南省独立工矿用地的情况,需要建立独立工矿用地实施评价反馈机制。可以每两年通盘检查独立工矿用地一次,依据发展情况并参考企业、公众的建议进行调整工业用地。同时,为了定量评价独立工矿用地,构建一个既包括单项的实施绩效评价,又包括综合评价的独立工矿用地评价指标体系。国土管理部门及时将独立工矿用地利用评价结果反馈给决策部门,从而根据评价结果调整修改与工业用地相关的规划,从管理机制上保证独立工矿用地的有效、科学、合理利用。

2) 优化独立工矿用地结构与布局

根据丹尼斯·迪帕斯奎尔提出的工业用地分布理论(即工业用地呈现出由中心到近郊区、再由近郊区到远郊区的分散和集聚变动趋势)指导河南省各省辖市独立工矿用地结构与布局的优化。独立工矿用地的结构与布局可以在一定程度上反映产业的结构与布局。因此,优化工业用地结构与布局关键在于优化工业产业结构,形成以郑汴都市区为发展核心,陇海、京广、南太行、伏牛东四大产业带为重点,宁西、黄淮海两大产业发展轴为关键,产业集聚区为载体,生产要素向轴带地区及产业集聚区集中发展的工业产业空间布局特征。一是陇海发展带。沿陇海铁路、连霍高速公路、310 国道走向连接三门峡市、洛阳市、郑州市、开封市、商丘市等中心城市,重点建设现代制造、高新技术、能源、石油化工等产业。二是京广发展带。

沿京广铁路、京珠高速公路与 107 国道走向,连接包括安阳市、新乡市、郑州市、许昌市、漯河市、驻马店市、信阳市等省辖市发展形成汽车、电力装备、起重机、家用电器等先进制造业,医药、电子信息、新材料等高新技术产业,以及食品、纺织、建材和煤电铝等支柱产业。三是南太行产业带。从新乡市向西沿太行山前连接新乡市、焦作市、济源市、洛阳市等城市,主要发展能源、原材料、重化工等产业。四是伏牛山东麓产业发展带。沿洛界高速公路和漯宝铁路,从洛阳向东南连接洛阳市、平顶山市、漯河市、周口市等城市,重点培育食品、能源、重化工等产业。五是宁西产业发展轴。沿宁西铁路和沪陕高速公路,连接南阳市和信阳市两个省辖市,以农副产品加工业和旅游业为主产业。六是黄淮海产业发展轴,主要发展以农副产品加工、畜禽产品加工、纺织和旅游业为主的产业。通过这六大产业轴带的发展,在全省形成食品、能源、有色金属、化工、汽车及零部件、装备制造、纺织、高新技术产业等八类产业基地,实现河南省工业产业有序、协作、互补的发展格局与结构,从而促进独立工矿用地结构与布局的优化。

3) 树立集约节约利用独立工矿用地观念

随着城市工业化的不断发展,城市用地特别是城市用地中的独立工矿用地日益紧张,必须实现独立工矿用地传统的外延式发展向内涵式发展的转变,走独立工矿用地的节约、集约利用道路。具体根据河南省各省辖市经济发展水平、产业发展趋势和国家政策导向,研究制定独立工矿用地集约节约用地政策。同时,设立产业用地园区,实现工业企业集聚发展。

5.6.4　特殊用地存在的主要问题与调控对策

特殊用地是用于军事设施、涉外、宗教、监教、墓地等其他有特殊用途的用地,特殊用地对于保障国家安全、社会稳定、民族和谐发展等具有重要作用。因此,特殊用地的发展演变与城镇用地、农村居民点用地等类型用地不同,有自身的特点,利用过程中存在的问题有其特殊性。研究发现,河南省及 18 个省辖市的特殊用地均不同程度地存在点多面广、分散等问题。

因此,对于特殊用地的利用,建议国土管理部门加强与相关部门的沟通,提前谋划、整体布局,促进特殊用地的集中、集聚利用,同时根据土地利用分区及区域地形地貌特征等尽量少占或不占耕地,实现既保障特殊用地需求,又保护耕地的目标。

第6章 主要基础设施用地利用与调控

《全国土地利用总体规划纲要(2006—2020年)》提出了保障能源产业用地,重点保障国家大型煤炭、油气基地和电源、电网建设用地,并合理安排新增能源建设用地;统筹安排交通用地,合理安排水利设施用地,加强水利设施的规划选址和用地论证,优先保障具有全国和区域战略意义的重点水利设施用地的重要战略思想。近年来,河南省在土地利用规划中也将保障基础设施用地作为土地规划和实施的重要环节。

6.1 基础设施用地结构与概况

6.1.1 主要基础设施用地概况

河南省主要基础设施用地中占地比例最大的为交通运输用地和水利设施用地两类。截至 2008 年,河南省共有交通运输用地面积为 121699.93 公顷,其中公路用地面积达到 99670.78 公顷,占全省交通运输用地总面积的 81.90%,这与河南省近年来大力发展公共交通建设密切相关。河南省铁路用地面积为 20839.82 公顷,占全省交通运输用地总面积的 17.12%;全省民用机场用地、港口码头用地和管道运输用地面积比例较小,面积分别为 1144.48 公顷、20.08 公顷和 24.72 公顷,占交通运输用地总面积不足 1.00%(图 6-1)。

河南省水利设施用地总面积为 182161.87 公顷,其中水库水面用地面积为 144475.69 公顷,占全省水利设施用地总面积的 79.31%;水工建筑用地面积为 37686.17 公顷,占全省水利设施用地总面积的 20.69%(图 6-1)。

6.1.2 交通运输用地与结构

交通运输用地是社会经济运行和发展的基础。近年来,河南省大力实施城乡一体化和城镇建设扩容提升工程。城镇基础设施投资力度不断加大,交通运输用地面积持续增加。在全省各地市的交通运输用地中,南阳市和郑州市的交通用地占地面积最大,分别为 12764.20 公顷和 12170.93 公顷,各占全省运输总面积的 10.49% 和 10.00%。其次分别为信阳市、商丘市、驻马店市、新乡市和洛阳市等五个省辖市,其交通运输用地面积分别为 10851.42 公顷、9918.87 公顷、8779.40 公顷、8777.71 公顷和 8406.56 公顷,分别占全省交通运输用地总面积的 8.92%、8.15%、7.21%、7.21% 和 6.91%;许昌市、濮阳市、漯河市、鹤壁市、济源市等五个省辖市的交通运输用地最低,分别为 4476.35 公顷、3551.49 公顷、2733.70 公顷、

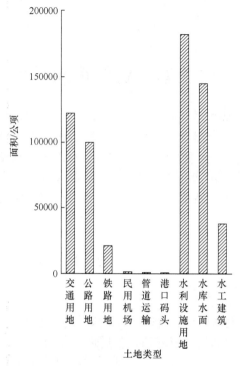

图 6-1　河南省主要基础设施用地

2054.61公顷和1946.15公顷,占全省交通运输用地总面积的 3.68%、2.92%、2.25%、1.69%和 1.60%(图 6-2)。

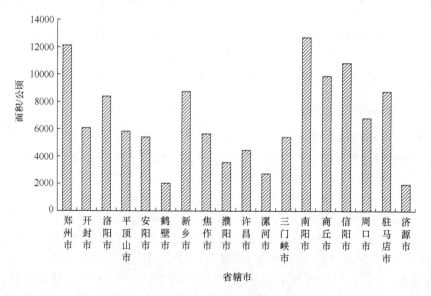

图 6-2　2008 年河南省各省辖市交通运输用地

1）铁路用地

截至 2008 年,河南省铁路用地总面积为 20839.78 公顷。其中,南阳市、郑州市和三门峡市的铁路用地面积最大,分别为 2332.71 公顷、2197.71 公顷和 2140.67 公顷,占全省铁路用地总面积的 11.19%、10.55% 和 10.27%。其次分别为信阳市(1705.25 公顷)、洛阳市(1540.24 公顷)、新乡市(1491.70 公顷)、商丘市(1433.05 公顷)和平顶山市(1294.71 公顷)等省辖市。鹤壁市、濮阳市和济源市的铁路用地最小,分别为 518.11 公顷、314.49 公顷和 276.95 公顷,占全省铁路用地总面积的比例分别为 2.49%、1.51% 和 1.33%(表 6-1)。

2）公路用地

截至 2008 年,河南省公路用地总面积为 99670.82 公顷。其中,南阳市、郑州市和信阳市的公路用地面积最大,分别为 10307.07 公顷、9528.09 公顷和 9133.89 公顷,占全省公路用地总面积的 10.34%、9.56% 和 9.16%。其次分别为商丘市(8485.09 公顷)、驻马店市(7790.18 公顷)、新乡市(7284.62 公顷)、洛阳市(6721.12 公顷)和周口市(6162.99 公顷)等省辖市。公路用地面积最小的省辖市分别为漯河市、鹤壁市和济源市,其面积分别为 1978.98 公顷、1536.49 公顷和 1455.68 公顷,占全省公路用地面积的 1.99%、1.54% 和 1.46%(表 6-1)。

3）民用机场用地

截至 2008 年,河南省民用机场用地面积为 1144.48 公顷。民用机场用地主要分布在郑州市、济源市、安阳市、洛阳市和南阳市等省辖市。其中,郑州市的民用机场用地面积最大,为 444.44 公顷,占全省民用机场用地面积的 38.83%,其次分别为济源市(213.51 公顷)、安阳市(170.04 公顷)、洛阳市(143.55 公顷)和南阳市(124.42 公顷)。周口市、开封市、三门峡市、信阳市和商丘市等五个省辖市也有极少量的民用机场占地面积,但占地面积均低于 20.00 公顷;其他省辖市无民用机场用地(表 6-1)。

4）港口码头用地

河南省水运资源丰富,境内河流众多,分属长江、淮河、黄河、海河四大水系,共有河流 493 条(流域面积在 100 平方公里以上),河道总里程 26245 公里,其中干流长度 7250 公里,支流长度 18995 公里。具有较为优越的内河航运条件。由于历史原因,河南航运一度发生断航,"十五""十一五"期间,河南省内河航运快速发展,基础设施建设得到不断加强,小浪底等库区、港航、安全设施得到完善,启动了淮河、涡河(一期)航运工程等系列航运工程,实现了淮河水系与长三角直接对接,有力地促进了河南省经济的发展。

截至 2008 年,河南省港口码头用地面积为 20.08 公顷。主要在分布在三门峡市、周口市和濮阳市等三个省辖市,其面积分别为 5.51 公顷、4.23 公顷和 3.68 公顷,占全省港口码头用地的比例分别为 27.42%、21.05% 和 18.33%。其次分别为信阳市(3.35公顷)、驻马店市(1.990公顷)、安阳市(0.67公顷)和洛阳市(0.65公顷);其他省辖市无港口码头用地(表6-1)。

　　5)管道运输用地

　　相比于其他运输方式,管道运输具有运输运量大,占地少,安全性较好,节约劳力和能源等优势。传统的管道运输常见于城市生活和工业生产的自来水输送系统、污水排放系统、煤气或天然气输送系统及工业石油输送系统等。新兴的管道运输主要指用管道来输送煤炭、矿石、邮件、垃圾等固体货物的运输系统。目前,河南省运输方式仍以传统公路、铁路运输为主,管道运输所占比例较少。

　　截至2008年,河南省管道运输用地总面积为24.72公顷。主要分布于许昌市和濮阳市,其占地面积分别为6.29公顷和3.94公顷,占全省管道运输用地面积的比例分别为25.45%和23.59%。其他省辖市如平顶山市(3.33公顷)、信阳市(2.86公顷)、漯河市(2.24公顷)、周口市(1.80公顷)、新乡市(1.39公顷)、洛阳市(1.00公顷)、郑州市(0.68公顷)、驻马店市(0.63公顷)、三门峡市(0.33公顷)和开封市(0.23公顷)也有少量的分布(表6-1)。

表6-1　2008年河南省各省辖市交通运输用地构成　　(单位:公顷)

行政辖区	交通用地	铁路用地	公路用地	民用机场用地	港口码头用地	管道运输用地
郑州市	12170.93	2197.71	9528.09	444.44	0.00	0.68
开封市	6066.74	834.01	5216.28	16.21	0.00	0.23
洛阳市	8406.56	1540.24	6721.12	143.55	0.65	1.00
平顶山市	5852.72	1294.71	4554.68	0.00	0.00	3.33
安阳市	5408.51	810.34	4427.46	170.04	0.67	0.00
鹤壁市	2054.61	518.11	1536.49	0.00	0.00	0.00
新乡市	8777.71	1491.70	7284.62	0.00	0.00	1.39
焦作市	5675.84	837.03	4838.81	0.00	0.00	0.00
濮阳市	3551.49	314.49	3229.37	0.00	3.68	3.94
许昌市	4476.35	723.58	3746.49	0.00	0.00	6.29
漯河市	2733.70	752.48	1978.98	0.00	0.00	2.24
三门峡市	5426.51	2140.67	3273.53	6.47	5.51	0.33
南阳市	12764.20	2332.71	10307.07	124.42	0.00	0.00
商丘市	9918.87	1433.05	8485.09	0.72	0.00	0.00
信阳市	10851.42	1705.25	9133.89	6.07	3.35	2.86
周口市	6838.22	650.15	6162.99	19.05	4.23	1.80
驻马店市	8779.40	986.60	7790.18	0.00	1.99	0.63
济源市	1946.15	276.95	1455.68	213.51	0.00	0.00
河南省	121699.93	20839.78	99670.82	1144.48	20.08	24.72

6.1.3 水利设施用地与结构

截至 2008 年,河南省水利设施用地总面积为 182161.87 公顷。主要分布在豫南山地较多的省辖市:南阳市、信阳市和驻马店市,其水利设施建设用地面积分别为 52848.80 公顷、31961.02 公顷和 7172.99 公顷,占全省水利设施用地总面积的比例分别为 29.01%、17.55% 和 14.92%。其次分别为洛阳市、平顶山市、商丘市、新乡市和郑州市等省辖市,水利设施建设用地面积分别为 15499.67 公顷、14016.47 公顷、6898.08 公顷、6467.82 公顷和 5411.93 公顷,占全省水利设施用地面积的比例分别为 8.51%、7.69%、3.79%、3.55% 和 2.97%。许昌市、漯河市、鹤壁市、周口市等四个省辖市的水利设施用地最少,分别为 1480.45 公顷、1284.77 公顷、1086.11 公顷和 512.90 公顷,占全省水利设施用地比例不足 1.00%(图 6-3)。

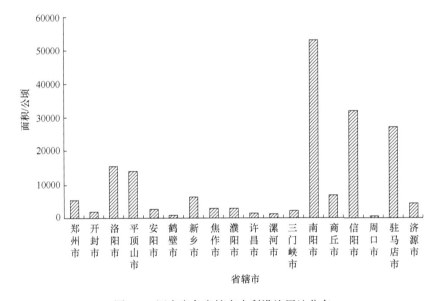

图 6-3 河南省各省辖市水利设施用地分布

截至 2008 年,河南省水库水面用地总面积为 144475.69 公顷。主要分布在南阳市、信阳市和驻马店市,其水库水面用地面积分别为 50924.16 公顷、27982.84 公顷和 21133.69 公顷,占全省水库水面用地面积的比例分别为 35.25%、19.37% 和 14.63%。其次分别为洛阳市(14176.86 公顷)、平顶山市(12858.35 公顷)、济源市(4503.39 公顷)、郑州市(3894.95 公顷)、商丘市(2881.42 公顷)、三门峡市(2174.04 公顷)和安阳市(1545.89 公顷)等。鹤壁市、濮阳市、开封市和漯河市水库水面用地最少,分别为 261.47 公顷、191.99 公顷、22.15 公顷和 0.83 公顷,占全省水库水面用地面积的比例不足 0.50%(图 6-4)。

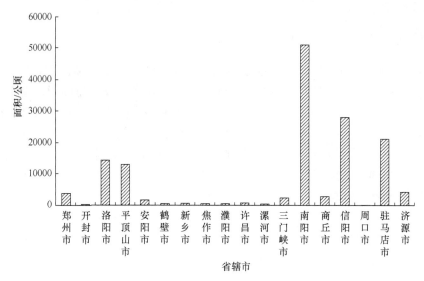

图 6-4　河南省各省辖市水库水面用地分布

河南省的水工建筑用地总面积为 37686.17 公顷,主要分布在驻马店市、新乡市、商丘市和信阳市,其面积分别为 6039.31 公顷、5834.99 公顷、4016.66 公顷和 3978.18 公顷,占全省水工建筑用地面积的比例分别为 16.03％、15.48％、10.66％和 10.56％。其次分别为濮阳市(2700.41 公顷)、焦作市(2430.44 公顷)、南阳市(1924.64 公顷)、开封市(1873.77 公顷)和郑州市(1516.99 公顷)。三门峡市和济源市水工建筑用地最少,其占地面积分别为 202.29 公顷和 36.13 公顷,占全省水工建筑用地面积的比例不足 1％(图 6-5)。

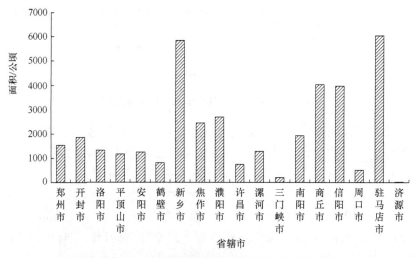

图 6-5　河南省各省辖市水工建筑用地分布

6.2　基础设施用地变化分析

6.2.1　交通运输用地

　　1996～2008 年,河南省交通运输用地显著增加,面积由 85036.53 公顷(1996 年)增加到 121699.93 公顷(2008 年),年均增长 3055.28 公顷,年增长率为 3.59%,其中 2000～2004 年的增速最大。主要原因是:一方面,河南省快速发展经济与城镇化建设对基础设施发展的需求驱动;另一方面,河南省地处中原,承东启西、连南接北,在全国公路交通网中处于枢纽地位,随着国家交通网建设速度的加快,投资力度的加大,河南省交通建设、用地规模迅速增加(图 6-6)。

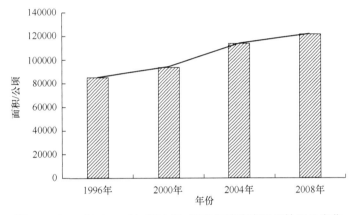

图 6-6　1996 年、2000 年、2004 年、2008 年我省交通运输用地变化

　　相比于 12 年间(1996～2008 年)河南省交通用地需求的持续增长,河南省民用机场用地却呈现出下降的趋势,民用机场用地由 1996 年的 1419.40 公顷下降到 2008 年的 1144.49 公顷,累计减少了 19.36%,主要原因为铁路和公路的迅速发展,导致民用机场运营艰难。与此同时,河南省公路用地 12 年间呈现大幅度的增长,由 65812.37 公顷(1996 年)增加到 99670.82 公顷(2008 年),增幅高达 51.44%,为交通用地中增速最快的用地类型。除此之外,河南省铁路用地、港口码头用地和管道运输用地也有大幅的增加,其中管道运输也实现了从无到有的变化(表 6-2)。

表 6-2　1996 年、2000 年、2004 年、2008 年河南省各类交通用地变化情况　　(单位:公顷)

土地类型	1996 年	2000 年	2004 年	2008 年
铁路用地	17788.19	18094.23	20137.95	20839.78
公路用地	65812.37	74798.77	92281.03	99670.82
民用机场	1419.40	1440.30	1144.97	1144.48
港口码头	16.58	16.58	17.25	20.08
管道运输	0.00	0.00	16.75	24.72

从河南省交通用地扩张的空间格局上可以看出交通用地与经济增长和城镇化水平具有密切的联系。1996～2008 年,河南省经济发展水平较高和城镇化进程较快的省辖市有焦作市、郑州市、商丘市、信阳市、开封市、新乡市等,其交通用地增幅达到 40% 以上。而驻马店市、濮阳市、济源市、安阳市和鹤壁市等经济发展速度相对较慢的省辖市的交通用地增加速度较慢(表 6-3)。

表 6-3 1996 年、2000 年、2004 年、2008 年河南省各省辖市交通运输用地变化

行政辖区	1996 年/公顷	2000 年/公顷	2004 年/公顷	2008 年/公顷	1996～2008 年 变化/公顷	1996～2008 年 变化率/%
郑州市	7407.55	8039.67	10762.15	12170.93	4763.38	64.30
开封市	3924.86	4306.69	5250.43	6066.74	2141.88	54.57
洛阳市	5936.36	6847.30	7792.56	8406.56	2470.20	41.61
平顶山市	4459.95	4645.89	5680.65	5852.72	1392.77	31.23
安阳市	4733.45	4911.01	5188.53	5408.51	675.06	14.26
鹤壁市	1873.57	1875.65	1892.19	2054.61	181.04	9.66
新乡市	5782.53	6215.75	7405.29	8777.71	2995.18	51.80
焦作市	3055.29	3783.17	5507.91	5675.84	2620.55	85.77
濮阳市	2858.91	3115.33	3248.33	3551.49	692.58	24.23
许昌市	3183.70	3571.52	4060.31	4476.35	1292.65	40.60
漯河市	2053.19	2435.71	2711.24	2733.70	680.51	33.14
三门峡市	3993.69	4926.17	5303.27	5426.51	1432.82	35.88
南阳市	9209.65	9543.47	11981.73	12764.20	3554.55	38.60
商丘市	6379.70	7499.63	9521.87	9918.87	3539.17	55.48
信阳市	6831.28	7827.25	10316.53	10851.42	4020.14	58.85
周口市	4921.27	5389.03	6523.54	6838.22	1916.95	38.95
驻马店市	6797.05	7712.18	8713.76	8779.40	1982.35	29.16
济源市	1634.53	1704.47	1737.65	1946.15	311.62	19.06

1996～2008 年,河南省铁路交通用地的增加主要发生在南阳市、信阳市、郑州市和洛阳市,其分别由 1996 年的 1190.05 公顷、928.1 公顷、1621.33 公顷和 1289.44 公顷增加到 2008 年的 2332.71 公顷、1705.25 公顷、2197.71 公顷和 1540.24 公顷,其中南阳市和信阳市的铁路用地增幅高达 96.02% 和 83.74%。其他省辖市铁路交通运输用地面积无显著变化(图 6-7),这与各个省辖市的经

济发展速度是密切相关的,同样也反映出河南省经济发展和交通运输用地分布的不均。

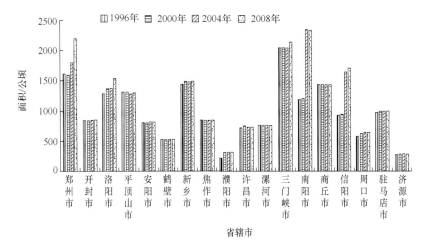

图 6-7　1996 年、2000 年、2004 年、2008 年河南省各省辖市铁路用地变化

　　随着城镇化进程的快速推进,河南省公路用地迅速增长,截至 2008 年,全省公路里程 5304 公里,是 1996 年(2829 公里)的 1.87 倍,公路里程位居全国第二位,其中高速公路里程位居全国第一。由图 6-8 可知,全省除了安阳市、鹤壁市、濮阳市、漯河市和济源市等 5 个省辖市增速缓慢外,其他地市的公路用地均增长迅速。尤其是郑州市,由 1996 年的 5045.50 公顷增加到 2008 年的 9528.09 公顷,增加了 4482.59 公顷,增幅高达 88.45%。

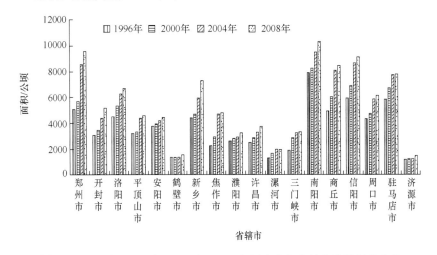

图 6-8　1996 年、2000 年、2004 年、2008 年河南省各省辖市公路用地变化

　　港口码头用地主要增加在安阳市和三门峡市(图 6-9)。由于启动了西气东输项目,河南省 1996~2008 年管道运输用地实现了从无到有的变化,主要发生在平顶山、许昌、信阳等省辖市;濮阳市的管道运输用地增速也较大,这与当地的石油开采密切相关(图 6-10)。民用机场用地面积均有不同程度的缩减,尤其是郑州市。郑州市的民用机场用地面积在 2000~2004 年由 740.73 公顷减少到 444.44 公顷,共减少了 296.29 公顷(图 6-11)。

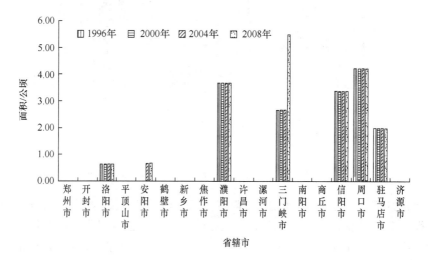

图 6-9　1996 年、2000 年、2004 年、2008 年河南省各省辖市港口码头用地变化情况

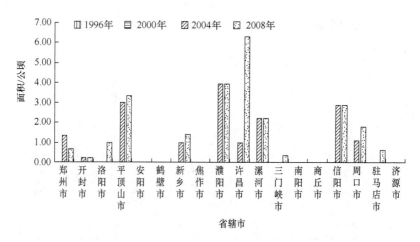

图 6-10　1996 年、2000 年、2004 年、2008 年河南省各省辖市管道运输用地变化情况

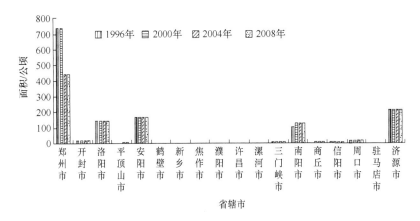

图 6-11　1996 年、2000 年、2004 年、2008 年河南省各省辖市民用机场用地变化情况

6.2.2　水利设施用地

河南省位于黄河、淮河、长江、海河四大流域,气候复杂、降雨时空分布不均,年内降水量的 60%～70% 集中在 7～8 月,极易形成突发暴雨和洪涝灾害。黄河部分支流尚缺乏洪水控制工程,上游洪水对下游平原及重要交通设施安全造成的威胁依然存在,因此河南省的水库与水工建筑的建设仍需进一步加强。

12 年间,河南省水利设施用地面积由 1996 年的 170171.40 公顷增加到 2008 年的 182161.87 公顷,年均增加 999.21 公顷,年均增长率为 0.58%;其中1996～2004 年增速较大,由 170171.40 公顷增加到 181449.67 公顷,年均增长率为 0.82%(图 6-12)。河南省水库水面增速较大,由 1996 年的 133794.52 公

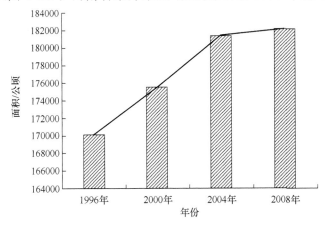

图 6-12　1996 年、2000 年、2004 年、2008 年河南省水利设施用地变化情况

顷增加到 2008 年的 144475.69 公顷,共增加了 10681.17 公顷,年均增长率为 0.67%(图 6-13(a));水工建筑面积呈现快(1996～2000 年)—慢(2000～2004 年)—快(2004～2008 年)的增加趋势,由 1996 年的 36376.88 公顷增加到 2008 年的 37686.17 公顷,共增加了 1309.29 公顷,年均增长率为 0.30% (图 6-13(b))。

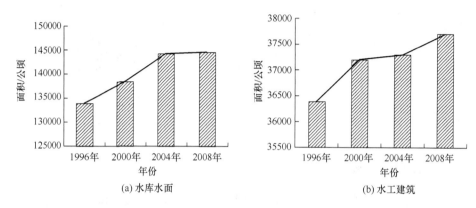

图 6-13 1996 年、2000 年、2004 年、2008 年河南省水库水面和水工建筑用地变化情况

由图 6-14 可知,河南省水利设施用地主要集中在平顶山市、南阳市、信阳市和驻马店市等 4 个省辖市,其占全省水利设施用地的 69.35%。1996～2008 年,洛阳市和济源市的水利设施用地均有较大幅度的增加,分别由 1996 年的 8784.56 公顷和 313.69 公顷增加到 2008 年的 15499.67 公顷和 4539.52 公顷。主要由于洛阳市和济源市两市的小浪底工程的建设引起水利设施用地增加。

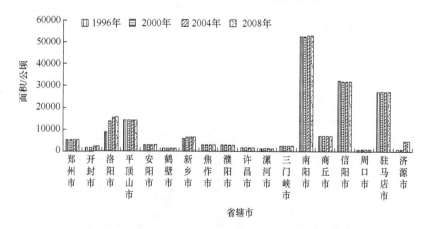

图 6-14 1996 年、2000 年、2004 年、2008 年河南省各省辖市水利设施用地变化情况

水库水面面积在水利设施用地中占据绝对主导的比例,因此河南省水库水面

用地面积的变化趋势和其水利设施用地面积的变化趋势一致,水库水面用地面积的增长均发生在洛阳市和济源市,其他省辖市无显著变化(图 6-15)。河南省水工建筑的变化原因复杂多样,呈现地域差异。水工建筑增加较大的地市为郑州市、开封市、洛阳市、焦作市、新乡市等 5 个省辖市,其他省辖市无显著变化(图 6-16)。其中郑州市在 1996~2008 年水工建筑面积增加了 218.95 公顷,而水库面积却减少了 128.65 公顷,其原因在于郑州市的经济活动和城镇化进程,导致其对水域的占用以及水上活动与建筑设施的增加。

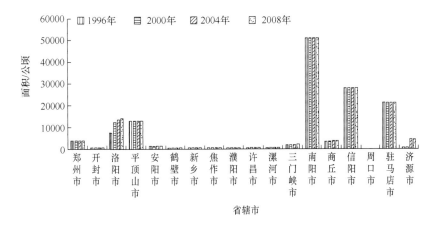

图 6-15　1996 年、2000 年、2004 年、2008 年河南省各省辖市水库水面用地变化情况

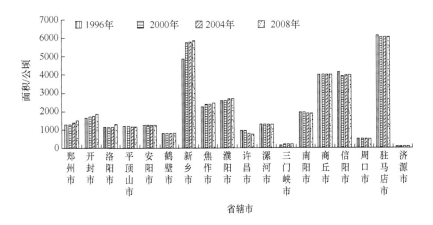

图 6-16　1996 年、2000 年、2004 年、2008 年河南省各省辖市水工建筑用地变化情况

6.3 基础设施用地与经济发展协调度研究

6.3.1 协调度模型

1. 协调与发展

"协调"与"发展"二者互为关联、互为制约,发展是系统或系统要素本身的一种演化,是系统从小到大、从简单到复杂、从低级到高级、从无序到有序的变化过程。然而在系统某一单元或要素发展的过程中,往往急功近利,只顾眼前利益,以损害系统其他要素为发展条件(或代价);如目前片面追求经济发展而产生一系列的环境外部性的问题(如耕地减少、环境污染、水土流失等)(熊建新等,2014)。这样的"发展"是一种狭隘的、片面的发展,将导致系统与其外部环境之间严重的不协调,最终这种不协调反过来将制约发展(苏静等,2013)。因此,要实现持续发展的目标,就需要建立一种兼顾各方要素、共同提高的多元发展观。协调是两种或两种以上系统或系统要素之间一种良性的相互关联,是系统之间或系统内要素之间配合得当、和谐一致、良性循环的关系。因此,发展是系统本身的一种演化过程,而协调则是系统之间的一种良好关联。所以,"协调发展"只能是"协调"与"发展"概念的交集,是系统或系统内要素之间在和谐一致、配合得当、良性循环的基础上由低级到高级,由简单到复杂,由无序到有序的总体演化过程(黄建欢等,2014)。协调发展不是单一的发展,而是一种多元发展。在协调发展的运动过程中,发展是系统运动的指向,而协调则是对这种指向行为的有益约束和规定。协调之于发展,如水管之于自来水,既要使自来水流动,又要使其沿着水管延伸的一定方向流动。协调发展是一种强调整体性、综合性和内在性的发展聚合,它不是单个系统或要素的"增长",而是多系统或要素在协调这一有益的约束和规定之下的综合发展。协调发展不允许其中一个(哪怕仅仅一个)系统或要素使整体或综合发展受影响。协调发展追求的是一种齐头并进、整体提高、全局优化、共同发展的美好前景。

2. 协调模型

协调度就是度量系统或要素之间协调状况好坏程度的定量指标。根据实际需要,协调度可分为发展协调度和对比协调度两类,前者用于度量一个区域在不同发展阶段环境与经济的协调状况,后者则用于度量同一发展阶段或同一时期不同区域间环境与经济的协调状况。根据协调与发展的概念与内涵,并借鉴廖重斌(1999年)关于协调发展度模型研究的基础上建立经济社会与基础设施用地相互作用。协调度模型为

$$C=\left\{\frac{E_S(x)\cdot E_R(y)}{\left[\dfrac{E_S(x)+E_R(y)}{2}\right]^2}\right\}^k \tag{6-1}$$

式中,C 为发展协调;$E_S(x)$、$E_R(y)$ 分别为经济社会、基础设施用地建设子系统的综合评价值;k 为调节系数。由于经济社会的发展与基础设施建设同等重要,因而在研究中取 $k=2$。C 在 $0\sim1$ 取值,C 越大说明两系统的协调程度越好,反之协调程度越差。发展协调度的等级及其划分标准如表 6-4 所示。

表 6-4　协调等级的划分

协调度 C	协调等级	协调度 C	协调等级
$0\sim0.09$	极度失调	$0.10\sim0.19$	严重失调
$0.20\sim0.29$	中度失调	$0.30\sim0.39$	轻度失调
$0.40\sim0.49$	濒临失调	$0.50\sim0.59$	勉强协调
$0.60\sim0.69$	初级协调	$0.70\sim0.79$	中级协调
$0.80\sim0.89$	良好协调	$0.90\sim1.00$	优质协调

为了更好地研究社会经济发展水平与基础设施用地建设之间的协调关系,还有必要采用对比协调度来研究它们之间的相对变化速率:

$$\varepsilon=\frac{E_S(x)}{E_R(y)} \tag{6-2}$$

式中,ε 为对比协调度;$E_S(x)$、$E_R(y)$ 分别为经济社会、基础设施用地建设子系统的综合评价值。由此可见,协调度(发展协调度和对比协调度)是描述环境与经济相互协调的重要指标,它对于约束基础设施用地建设行为,促进基础设施用地建设与外部环境健康、协调地发展具有十分重要的价值。然而,协调度在有些情况下却很难反映出基础设施用地建设与经济的整体功能或综合环境经济效益的大小(或发展水平)。因此需要引入协调发展度或协调发展系数(D)来度量基础设施用地建设与经济的整体功能水平的高低。

$$D=\sqrt{C\times T} \tag{6-3}$$
$$T=\alpha E_S(x)+\beta E_R(y) \tag{6-4}$$

式中,D 为协调发展度(协调发展系数);C 为发展协调度;T 为经济社会与基础设施用地建设综合评价指数,它反映基础设施用地与经济的整体效益或水平权数;α、β 为待定系数。由于经济社会发展和基础设施用地建设同等重要,因而取 $\alpha=\beta=0.5$,不难证明 $D\in(0,1)$。根据廖重斌的分类体系并适当修正,得到经济社会与资源环境协调发展类型判别标准(表 6-5)。

表 6-5　社会经济与基础设施用地建设协调发展类型判别标准

协调发展类别		D	ε	协调发展类型
失调衰退类	严重失调衰退类	$[0.0,0.2)$	>1	严重失调衰退,基础设施用地建设滞后型
			=1	严重失调衰退同步型
			<1	严重失调衰退,社会经济滞后型
	中度失调衰退类	$[0.2,0.3)$	>1	中度失调衰退,基础设施用地建设滞后型
			=1	中度失调衰退同步型
			<1	中度失调衰退,社会经济滞后型
	轻度失调衰退类	$[0.3,0.4)$	>1	轻度失调衰退,基础设施用地建设滞后型
			=1	轻度失调衰退同步型
			<1	轻度失调衰退,社会经济滞后型
过度发展类	濒临失调衰退类	$[0.4,0.5)$	>1	濒临失调衰退,基础设施用地建设滞后型
			=1	濒临失调衰退同步型
			<1	濒临失调衰退,社会经济滞后型
	勉强协调发展类	$[0.5,0.6)$	>1	勉强协调发展,基础设施用地建设滞后型
			=1	勉强协调发展同步型
			<1	勉强协调发展,社会经济滞后型
协调发展类	初级协调发展类	$[0.6,0.7)$	>1	初级协调发展,基础设施用地建设滞后型
			=1	初级协调发展同步型
			<1	初级协调发展,社会经济滞后型
	中级协调发展类	$[0.7,0.9)$	>1	中级协调发展,基础设施用地建设滞后型
			=1	中级协调发展同步型
			<1	中级协调发展,社会经济滞后型
	优质协调发展类	$[0.9,0.1]$	>1	优质协调发展,基础设施用地建设滞后型
			=1	优质协调发展同步型
			<1	优质协调发展,社会经济滞后型

由表 6-3 可以看出,低水平协调阶段内两系统不一定不存在协调发展现象,高水平协调阶段内两系统也可能会出现失调现象。

6.3.2　评价指标体系构建

1. 指标选择

评价指标体系是评价经济社会、基础设施用地建设两个子系统的协调发展状况的基础。在选取评价指标时,既注重单个指标的代表意义,又注重指标体系的内部结构。选取的指标既能独立反映研究对象某方面的特性，又能满足指标体系的全面性，能联合反映评价对象的整体属性的需求。因此在遵循上述原则的基础上，综合了河南省 1996～2008 年的经济发展与基础设施用地现状，建立了河南省经济社会子系统发展水平评价指标体系：经济发展（A）、社会发展（B）、人民生活（C）、生态环境（D）（表 6-6）和基础设施用地建设子系统发展水平评价指标体系（表 6-7），并采用专家打分法确定权重。

表 6-6　河南省经济社会发展评价指标体系

因素	权重	代码	指标名称
经济发展（A）	27	A1	GDP 发展速度
		A2	人均 GDP 发展速度与 GDP 发展速度之比
		A3	人均税收收入发展速度
		A4	万元工业增加值能耗降低率
		A5	行政运行成本占财政一般预算支出的比例
		A6	民营经济增加值发展速度
		A7	高技术制造业增加值占工业增加值的比例
		A8	旅游业收入发展速度
社会发展（B）	21	B1	符合政策生育率
		B2	社会事业和公共服务支出占财政一般预算支出的比例
		B3	社会安全指数
		B4	信息化发展指数
		B5	民主法治建设指数
		B6	高中阶段教育毛入学率
		B7	每万人公交车辆拥有量
人民生活（C）	22	C1	城镇失业率
		C2	城镇居民恩格尔系数
		C3	城乡居民人均收入发展速度与人均 GDP 发展速度之比
		C4	基本社会保险覆盖率
		C5	城乡住房困难户占总户数的比例
		C6	城乡居民收入比
		C7	农村饮用水安全普及率
		C8	新型农村合作医疗参合率
		C9	农村劳动力转移就业率

因素	权重	代码	指标名称
		D1	森林覆盖率
		D2	耕地保有量
		D3	城市环境空气质量优良天数
生态环境(D)	30	D4	主要污染物总量减排完成率
		D5	城市人均公园绿地面积
		D6	城镇生活污水处理率
		D7	城镇生活垃圾无害化处理率

表 6-7　河南省基础设施用地建设评价指标体系

因素	权重	代码	指标名称
		E1	燃气普及率
能源系统(E)	0.2	E2	全年供电量
		E3	集中供热热化率
		F1	下水道总长度
给水与排水系统(F)	0.2	F2	自来水供水能力
		F3	供水管道长度
		F4	自来水普及率
		G1	城市道路总面积
道路交通系统(G)	0.5	G2	人均道路面积
		G3	路网密度
		G4	公交车总数量
		H1	人均水库面积
水利设施系统(H)	0.1	H2	人均水工建筑面积
		H3	大型水利工程人均投资

2. 指标计算

指标数值来自河南省统计年鉴,其计算采用下列公式进行:正向指标采用式(6-5)计算;负向指标采用式(6-6)计算;当指标中间值为最优时,采用式(6-7)计算;指标累计计算采用式(6-8):

$$\bar{E}_j = \frac{E_{ij} - E_{\min}}{E_{\max} - E_{\min}} \qquad (6\text{-}5)$$

$$\bar{E}_j = \frac{E_{\max} - E_{ij}}{E_{\max} - E_{\min}} \qquad (6\text{-}6)$$

$$\overline{E}_j = 1 - \left| \frac{E_{ij} - \overline{E}}{\overline{E}} \right| \tag{6-7}$$

式中, $\overline{E}_j$ 为指标计算值; E_{ij} 为指标实测值; $\overline{E}$ 为指标标准值; E_{min} 为指标最小值; E_{max} 为指标最大值。

$$\overline{E}_{ij} = \sum_{i=1}^{i} w_j \times \overline{E}_j \tag{6-8}$$

式中, $\overline{E}_{ij}$ 为上一级指标值; W_j 为权重; $\overline{E}_j$ 为指标计算值。

6.3.3　社会经济与基础设施用地建设的协调度分析

首先根据式(6-8)计算出各年度的经济社会发展与基础设施用地建设子系统的 $E_S(x)$ 和 $E_R(y)$ 数值。然后分别按式(6-1)和式(6-2),计算出发展协调度 C 和二者的对比协调度 ε。最后采用式(6-3)和式(6-4)计算出经济社会与基础设施用地建设的协调发展度(协调发展系数) D,其中式(6-1)中取 $k=2$,认为经济社会发展与基础设施的改善与提高同等重要。结果如表6-8所示。

表 6-8　河南省经济社会发展与基础设施用地建设协调发展的表征判断

变量	1996 年	2000 年	2004 年	2008 年
$E_S(x)$	0.42	0.49	0.55	0.68
$E_R(y)$	0.33	0.45	0.61	0.82
C	0.971	0.996	0.995	0.983
T	0.375	0.47	0.58	0.75
ε	1.273	1.089	0.902	0.829
D	0.604	0.684	0.760	0.858

根据表6-8的计算结果,并综合社会经济与基础设施用地建设协调发展判别标准(表6-5),得出河南省1996～2008年的经济社会发展与基础设施用地建设协调发展状况(表6-9)。

表 6-9　河南省经济社会发展与基础设施用地建设协调发展类型

年度	类型	年度	类型
1996 年	初级协调发展、基础设施用地建设滞后型	2000 年	初级协调发展、社会经济与基础设施用地建设同步型
2004 年	中级协调发展、社会经济与基础设施用地建设同步型	2008 年	中级协调发展、社会经济滞后型

由表6-9可知,从总体上看,河南省经济社会发展与基础设施用地建设处于初级与中级协调发展类别;其中,1996～2000年处于初级协调发展类别,2004～

2008 年处于中级发展类别。在其经济发展与基础设施建设系统的内部关系之中，经济社会发展与基础设施用地建设之间的关系为 1996 年基础设施用地建设滞后型发展到 2000~2004 年的二者同步型，至 2008 年的社会经济滞后型。表明在 1996 年，由于经济的迅速发展，而基础设施建设不到位，一定程度上制约了经济发展的步伐；随着 2000~2004 年国家和河南省大范围的基础建设、道路与管道建设，二者间的发展相互匹配。然而随着大型工程的建设（高铁、高速道路、城际铁路等）的持续建设，至 2008 年表现出基础设施用地建设过热，已经产生了一系列问题，如环境污染严重、土地占用过多，基础设施用地规划粗放、集约利用度低下等，已经影响到了社会经济的持续发展。

6.4　基础设施用地调控与对策研究

6.4.1　交通运输用地主要面临的问题

交通运输用地建设、水库与水工建设为河南省最主要的基础设施建设类型，但由于目前我国水库与水工建设工程主要是由国家层面进行规划与建设，因此本节重点对河南省交通运输用地建设面临的问题与调控对策进行分析。

1）交通运输用地虽大幅增加，但仍无法满足需求

为了适应经济增长和快速城镇化需求，河南省对交通基础设施建设投入大力度，交通条件有了很大的改善。但是，相对于机动车的增长速率，道路建设的速度和规模明显滞后。近十年，河南省家用汽车拥有量增长十余倍，而相应的交通运输用地仅增加不到一倍。与此同时，交通运输用地的规划没有充分考虑现有的土地供给，缺乏对土地结构和利用效率的思考。

2）交通运输用地供给不足、效率低下

交通运输用地的供给与分布由先期的土地利用决定。由于近十年的机动车保有量和物流运输迅速增加，交通运输用地相对不足的局面将会更加恶化。为此，许多省辖市在巨大的交通需求压力下开始提高交通用地的开发强度。而由于受技术与管理所限，交通运输用地规划中无序扩张、重复建设等不合理的用地规划等现象依然存在，这些必然将加剧土地资源的紧张和低效。

3）交通运输用地规划保守、道路结构和布局不合理

随着经济的发展，河南省交通由非机动车为主转向以机动车为主，与之相适应的城市交通基础设施无法有效地进行更替。目前交通供给与交通需求之间的不平衡是城市交通问题的主要根源。由于交通运输用地规划和建设缺乏统筹和系统的规划。交通运输用地建设一直是"头痛医头、脚痛医脚"的被动保守思想。表现出城市道路体系结构快速路、主干道、次干道和支路不合理；市域之间道路网络空间布局不完善，严重限制了交通运输用地利用效率的高效发挥。

4）城市交通系统不完善

不同类型的交通工具在城市交通系统中承担着不同的作用,城市"大交通"建设与规划可以大幅度提高城市交通系统的运行效率。但是由于受资金、技术等条件的制约,河南省城市公共交通体系规划不合理、交通网络管理落后、低下。同时缺乏保障公共交通优先的政策和相关措施,使得城市公共交通缺乏竞争力,没有发挥出城市大交通在提高城市道路利用率的应有作用。

6.4.2　交通运输用地利用对策与调控分析

为了确保河南省经济社会的持续发展,既需要从宏观层面解决交通用地与其他用地类型之间的争地矛盾;又需要针对交通运输用地各组成要素的特点,优化交通运输用地结构与空间布局,提高交通运输用地的效率。其主要调控对策与措施如下。

1）健全交通运输用地统计与监控体系

交通运输管理部门需要建立针对公路用地、铁路用地与管道运输用地等基础设施的专项统计,监控交通运输用地建设与利用。完善交通用地统计制度,使统计数据真实、有效;减少数据的失真、错漏,为制定交通用地规划、政策等提供数据支持。

2）确保合理的交通用地需求

交通运输用地的规划与建设对改变地区交通条件、改善投资环境和促进区域经济具有重要的价值,因此,需要处理好交通运输用地与其他类型用地之间的矛盾,寻求保障经济发展与保护土地资源的最佳结合点。在土地利用规划与用地计划调控时,需要科学预测交通运输用地需求,在"严控增量"和"集约利用"的原则下,保障合理的交通运输用地需求。

3）将交通运输用地规划与土地规划进行有效的对接

为了有效地应对经济发展的需求,充分发挥"扩内需、保增长、调结构、惠民生"的政策导向,因此在交通运输用地规划与建设中需要对规划的合理性、供地的可行性进行充分的论证。同时需要考虑经济与社会发展的动态性,实时调整交通运输用地规划与建设,使之与土地利用规划进行有效的对接。

4）加强交通运输用地节地建设,提高土地利用效率

由于土地资源稀缺且不可再生,交通运输用地与耕地、林地等其他用地之间的争地矛盾将日趋突出。因此需要执行严格的土地管理政策、坚守耕地红线;充分利用交通运输用地建设过程中的闲置土地(李连成,2009)。同时采用土地整理与复垦项目施工临时用地,提高土地利用效率,确保有效耕地面积。

5）交通运输用地规划贯彻负荷最小化原则

随着城市与市域的交通拥堵问题的日益严重,高效的交通运输用地运转极为

重要。需要优化城市交通系统与交通运输用地结构与布局之间的矛盾,使之与城市交通运输用地形式、道路体系和空间布局相适应。因此,在交通运输用地规划中需借鉴"凑型城市"和"公交导向"的建设理念、贯彻交通负荷最小化的原则。在有效抑制不同城市功能区间的交通流动的同时,充分发挥公共交通的优势,最大限度地提高交通运输用地的利用效率。

6)统筹交通运输用地规划,合理布局

交通运输用地规划是一项复杂的系统工程,以往片面地以交通运输流量为对象进行交通运输用地规划缺乏科学性和前瞻性。因此规划不仅应充分考虑不同的用地结构、空间布局及其所产生作用,还需统筹不同交通方式及其运载能力差异,最大限度地提高交通运输用地的运作效率。本着集约和优化原则,统筹兼顾道路结构体系、空间布局,合理规划提高用地效率。

6.4.3　水利设施用地主要面临问题

1)设施老化,土地使用效能低下

现有水库与灌区多修建于 20 世纪 60 年代,运行时间长、工程老化、失修严重,效益衰减。城镇建设、道路修建等使大量的机电井被占用、渠系被破坏,部分小型灌区渠系基本报废,农田灌溉渠系利用系数低下。

2)投资不足

目前,水利设施建设的资金来源主要有中央财政、市县乡财政和农民自筹三种方式。对于河南省这样经济相对落后的省份而言,财政压力巨大,水利设施投资不足具有必然性。与此同时,尽管河南省每年有一定的财政资金用于农田水利建设,然而由于地方政府配套资金短缺,致使部分水利建设难以实施。

3)管理不善与权属不明

目前,水利工程特别是小型农田水利设施的归属与管理责任不明确。水利设施受益群体(农民)与集体利益之间的矛盾日渐加剧。大量以公益性、准公益性为主的小型水利设施因本身经济效益低下,农民缺乏参与建设和管理的积极性,运行管理和维护责任难以落实。

6.4.4　水利设施用地主要调控与治理对策研究

1)完善设施用地的财政投入机制

从小型水利设施与粮食安全的角度出发,强化中央和省财政部门对小型水利建设的投入,加大转移支付力度。依据谁投资谁受益的原则,构建不同层级政府投资分担机制,建设中央和地方共同负责制。逐步扩大中央和省级水利专项资金规模,强化对纯公益的跨行政区划水利建设项目的投入。

2) 强化设施用地建设管理,建立社会参与机制

水利设施的管理体制可以借鉴国际经验,遵循"规范、民主、公开"的原则。建立以"农民"为中心,参与式的水利设施管理模式。积极提倡农户参与项目管理,同时给予基层政府更大的灵活性和自主性,努力建设农户参与式管理的长期机制和收益预期。

3) 明晰水利设施产权

明晰水利设施产权主要包括所有权、经营权、使用权和监督权。政府部门应该首先明确水利设施的所有权,然后根据"谁投资、谁受益、谁所有"的原则来分配初始水权,落实管护责任主体。同时建立相应的权属转移机制,稳定集体所有权,放活经营权,允许社会团体与企业参与农田水利设施的管理与养护。

第7章　未利用地开发利用与保护

　　未利用地作为后备土地资源,具有重要的生态、生产、资源承载、生育等功能,并且为我国的耕地总量动态平衡、城乡基础设施建设、生态环境以及生物多样性的保护与改善等提供了重要的保障(王筱明等,2010;韦仕川等,2013;袁磊等,2013)。随着我国经济社会的转型发展,粮食安全、人地矛盾等问题日益显现,未利用地的开发利用是解决这些问题的有效途径(强海洋,2012;王丽敏,2013;王志涛等,2016)。随着对未利用地认识的不断深入,对未利用地开发利用的深度和广度向纵深方向发展,在未利用地的开发利用过程中出现了一些问题(吴全等,2015;冯菲等,2016),为此《国务院关于促进节约集约用地的通知》(国发〔2008〕3 号)中明确提出:"国土资源部门要对适宜开发的未利用地做出规划,引导和鼓励将适宜建设的未利用地开发成建设用地"。未利用地的开发利用与保护对于河南这样一个人口大省、农业大省、新兴工业大省具有特殊的重要意义,事关河南省经济社会转型发展的大局,是河南省推进实施中原城市群、国家粮食生产核心区、中原经济区、航空港经济综合试验区国家重大战略的重要突破口,拓展生存和发展空间的重要途径。因此,要开展未利用地变化及其开发与保护研究,分析未利用地的概况及其发展演变态势,研究未利用地开发利用的优劣势、机遇与挑战等,探索未利用地的开发利用、保护模式及调控对策,协调未利用地开发利用与生态环境保护之间的关系,为河南省"保增长、保红线"以及实现未利用地的有序、持续、绿色开发利用提供借鉴及参考。

7.1　未利用地变化分析

　　未利用地是指农用地和建设用地以外的土地,在当前技术水平条件下难以为人类所利用的土地,包括未利用土地和其他土地(类淑霞等,2011;贺文龙等,2016)。其中,未利用土地又分为荒草地、盐碱地、沼泽地、沙地、裸土地、裸岩石砾地和其他未利用土地;其他土地又分为河流水面、湖泊水面、苇地、滩涂、冰川及永久积雪。由于河南省地处内陆,属大陆季风气候,从伏牛山至淮河干流一线把全省划分为亚热带与暖温带两个部分,境内没有冰川及永久积雪,因而在研究中不再阐述冰川及永久积雪。

　　未利用地变化首先表现为未利用地面积在数量上的变化,因此未利用地数量变化是研究区域未利用地变化的重要内容。通过对未利用地面积的总量及二级地类变化的研究,可以把握研究区域未利用地变化的总体趋势以及结构变化特征。未利用地数量变化通常可以用未利用地变化幅度和未利用地利用速度表示,前者可以用未利用地总量变化、相对量变化反映,后者则可以通过未利用地变化率反映。

7.1.1 未利用地概况

1. 总体概况

从表 7-1 和图 7-1 可知,1996～2008 年,河南省未利用地面积总体上呈持续减少的态势,从 1996 年的 2227318.34 公顷减少到 2008 年的 2085629.55 公顷,累计减少 141688.79 公顷,年均减少 11807.4 公顷,未利用地变化率为－6.36%;未利用地面积占河南省土地总面积的比例从 1996 年的 13.46% 下降到 2008 年的 12.6%,减少了 0.86%。分阶段来看,2000～2004 年,河南省未利用地减少最多,达 100600.77 公顷,占 1996～2008 年河南省未利用地减少总量的 71.0%,这一时期也是河南省经济社会转型发展的关键时期,经济社会各项事业突飞猛进、产业结构不断优化升级、GDP 增长率连年攀升,土地资源消耗较大。由于未利用地属于后备的、保障性资源,在当前技术条件下主要开发成耕地或者直接用于经济社会发展以及生产生活,表现为未利用地减少量最大。2004～2008 年,河南省未利用地减少了 32315.16 公顷,未利用地变化率为－1.53%;1996～2000 年河南省未利用地减少了 8772.86 公顷,未利用地变化率为－0.39%。

表 7-1 河南省未利用地变化

变化指标	1996～2000 年	2000～2004 年	2004～2008 年	1996～2008 年
变化幅度/公顷	－8772.86	－100600.77	－32315.16	－141688.79
变化率/%	－0.39	－4.53	－1.53	－6.36

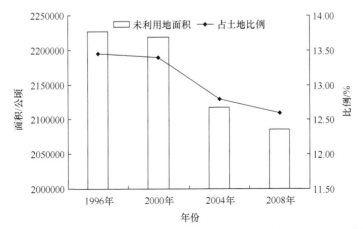

图 7-1 1996 年、2000 年、2004 年和 2008 年河南省未利用地面积及比例

从图 7-2 可知,1996～2008 年,河南省未利用地中未利用土地的面积占绝对优势,占未利用地的比例为 72.0%～73.0%。其中,1996 年最高,达 73.01%;2004 年较低,为 72.59%。其他土地的面积相对未利用土地而言较小,并且呈不断下降的趋势,从 1996 年的 601198.79 公顷下降到 2008 年的 567344.07 公顷;但是,河南省其他土地占未利用地的比例呈现倒 U 形发展趋势,从 1996 年的 26.99% 增加到 2000 年的 27.4%,再增加到 2004 年的 27.41%,最后下降至 2008 年的 27.2%,反映了河南省其他土地的减少量相对于其他地类的变化量呈减缓的趋势,主要是由于研究期内河南省加大对河流、湖泊、滩涂等保护的力度。

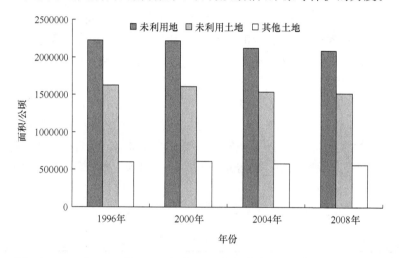

图 7-2　1996 年、2000 年、2004 年和 2008 年河南省未利用地二级地类构成

2. 未利用地现状分布

从图 7-3 可以看出,2008 年河南省土地总面积为 16553641.93 公顷,其中未利用地面积为 2085629.55 公顷,占全省土地总面积的 12.6%。从各省辖市来看,南阳市的未利用地面积最大,达 346576.87 公顷,占全省未利用地面积的 16.62%;其次为洛阳市,未利用地面积为 290924.99 公顷,占全省未利用地面积的 13.95%;三门峡市的未利用地面积位居全省第三位,为 262973.08 公顷,占全省未利用地面积的 12.61%;漯河市的未利用地面积最小,为 6960.55 公顷,仅占全省未利用地面积的 0.33%;开封市、鹤壁市、商丘市、周口市等省辖市是河南省乃至国家重要的粮食生产基地,是传统的农区,未利用地开发利用历史悠久,因而未利用地面积相对较小,其未利用地面积占全省未利用地面积的比例均未超过 2.0%。

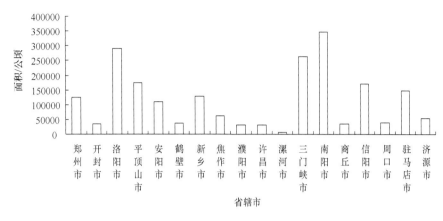

图 7-3　2008 年河南省各省辖市未利用地面积

3. 未利用地构成

1）未利用土地

由表 7-2 可知,2008 年河南省未利用土地的总面积为 1518285.47 公顷,其中荒草地的面积最大,达 805515.99 公顷,占河南省未利用土地总面积的 53.05%;其次为裸岩石砾地,面积为 443286.75 公顷,占河南省未利用土地总面积的29.2%;其他未利用土地位居第三位,面积为 163976.36 公顷,占河南省未利用土地总面积的 10.8%;盐碱地、沼泽地面积较小,面积为分别为 4459.11 公顷和5681.81 公顷,仅占河南省未利用土地总面积的 0.29% 和 0.37%。

表 7-2　2008 年河南省未利用土地现状

地类	未利用土地面积/公顷	占未利用土地的比例/%
荒草地	805515.99	53.05
盐碱地	4459.11	0.29
沼泽地	5681.81	0.37
沙地	32119.65	2.12
裸土地	63245.80	4.17
裸岩石砾地	443286.75	29.20
其他未利用地	163976.36	10.80
合计	1518285.47	100.00

2）其他土地

从表 7-3 可以看出,2008 年河南省其他土地的总面积为 567344.07 公顷,其中滩涂面积最大,达 311217.76 公顷,占其他土地面积的 54.85%,主要由于河南省境内河流较多、流经范围较广,地跨淮河、长江、黄河、海河四大流域,其中,河流流域面积超过 10000 平方公里的有 9 条,为黄河、洛河、沁河、淮河、沙河、洪河、卫河、白河、丹江;河流流域面积为 5000～10000 平方公里的有 8 条,为伊河、金堤河、史河、汝河、北汝河、颍河、贾鲁河、唐河;河流流域面积为 1000～5000 平方公里的有 43 条;河流流域面积为 100～1000 平方公里的多达 433 条,同时,境内湖泊较多,因而滩涂面积最大。河流水面面积为 244896.67 公顷,占其他土地面积的 43.17%;湖泊水面面积最小,仅有 3307.48 公顷,占其他土地面积的 0.58%;苇地的面积也较小,共有 7922.16 公顷,仅占全省其他土地面积的 1.4%。

表 7-3　2008 年河南省其他土地现状

地类	其他土地面积/公顷	占其他土地面积的比例/%
河流水面	244896.67	43.17
湖泊水面	3307.48	0.58
苇地	7922.16	1.40
滩涂	311217.76	54.85
合计	567344.07	100.00

7.1.2　未利用土地变化分析

未利用土地的变化主要分析荒草地、盐碱地、沼泽地、沙地、裸土地、裸岩石砾地和其他未利用土地等。

1. 未利用土地总量变化

由表 7-4 可知,1996～2008 年,河南省未利用土地中所属的荒草地、盐碱地、沼泽地、沙地、裸土地、裸岩石砾地和其他未利用土地总体上均呈减少的态势,其中荒草地减少最多,达 73684.77 公顷,主要是由于荒草地自然禀赋较好,较为适宜耕地开发,并且开发为耕地的成本较低。这一时段是河南省经济社会转型发展的关键时期,建设占用耕地面积较为剧烈。为了实现耕地总量的动态平衡,在此期间,河南省开发了大量的荒草地;其次为其他未利用土地,减少了 25745.38 公顷;盐碱地由于其特殊性,当前条件下对其开发利用有一定的难度,因而研究时段内盐碱地的变化最小,仅减少了 773.65 公顷;裸岩石砾地的利用也较难,其减少量也较小,为 1377.97 公顷。

表 7-4　1996～2008 年河南省未利用土地变化　　　　　(单位:公顷)

地类	1996～2000 年	2000～2004 年	2004～2008 年	1996～2008 年
荒草地	−32415.18	−28588.13	−12681.46	−73684.77
盐碱地	−226.73	−54.87	−492.05	−773.65
沼泽地	−511.46	−733.15	−78.84	−1323.45

续表

地类	1996~2000 年	2000~2004 年	2004~2008 年	1996~2008 年
沙地	1847.10	−1538.41	−3186.85	−2878.16
裸土地	−1036.69	−548.80	−465.21	−2050.70
裸岩石砾地	17538.97	−17710.17	−1206.77	−1377.97
其他未利用土地	−756.47	−23889.66	−1099.25	−25745.38
合计	−15560.46	−73063.19	−19210.43	−107834.08

分时段来看,1996~2000 年,河南省未利用土地的面积累计减少 15560.46 公顷,荒草地、盐碱地、沼泽地、裸土地、其他未利用土地呈减少趋势,而沙地、裸岩石砾地则呈增加态势。其中,荒草地减少量最大,为 32415.18 公顷,裸土地减幅为 1036.69 公顷,盐碱地、沼泽地、其他未利用土地的减幅相对较小,均未超过 800.0 公顷;同时,研究时段内,裸岩石砾地增加了 17538.97 公顷,主要是由于该时段内为了更好地服务于经济社会的转型发展,国土资源部修改完善了土地利用现状分类体系,提出了土地利用现状分类由城乡分割的分类体系向城乡一体化的分类体系转变,对该地类的统计发生了转变,因而表现为裸岩石砾地面积出现大幅增加的趋势;沙地的面积增加了 1847.1 公顷,主要源于不合理的土地利用,导致部分区域出现了土地沙化现象。

2000~2004 年,河南省未利用土地的面积减幅最大,达 73063.19 公顷,占 1966~2008 年河南省未利用土地面积减少量的 67.76%。其中,荒草地面积减少最多,为 28588.13 公顷;其次为其他未利用土地,减少了 23889.66 公顷;盐碱地减少的面积最小,仅减少了 54.87 公顷。

2004~2008 年,河南省未利用土地的面积共计减少了 19210.43 公顷,其中荒草地依然减少最多,达 12681.46 公顷;其次为沙地,减少了 3186.85 公顷;沼泽地减少最少,为 78.84 公顷。说明随着生态环境保护观念的深入人心,沼泽地的生态功能日益为人们所关注,减少了对沼泽地的侵占。

2. 未利用土地区域变化

1) 荒草地变化

由图 7-4~图 7-7 和表 7-5 可知,荒草地在河南省 18 个省辖市中均有分布,但是存在较大差异。三门峡、洛阳、南阳等省辖市的荒草地面积占全省荒草地面积的 60.0% 以上,其中三门峡市荒草地面积最大,1996 年、2000 年、2004 年和 2008 年荒草地面积分别为 223557.33 公顷、220444.65 公顷、200747.85 公顷、198966.33 公顷,占同期河南省荒草地面积的 25.43%、26.03%、24.54%、24.70%;其次为洛阳市,1996 年、2000 年、2004 年和 2008 年 4 个时间断面荒草地面积分别占同期河

南省荒草地面积的 20.88％、21.47％、20.97％、21.13％；南阳市居第三位，1996
年、2000 年、2004 年和 2008 年荒草地面积分别占同期河南省荒草地面积的
17.06％、17.56％、17.72％、17.82％；漯河市的荒草地面积最小，不超过 16.0 公
顷；商丘市的荒草地面积也不多，1996～2008 年荒草地面积为 236.72～271.23 公
顷，仅占河南省荒草地面积的 0.03％。从荒草地的区域分布来看，主要分布于河
南省的西部和西南部丘陵山区，而中部和东部的平原则较少。

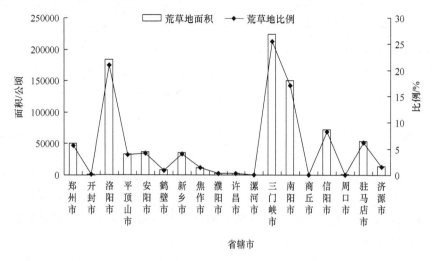

图 7-4　1996 年河南省各省辖市荒草地面积及比例

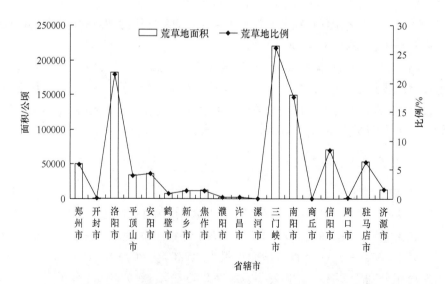

图 7-5　2000 年河南省各省辖市荒草地面积及比例

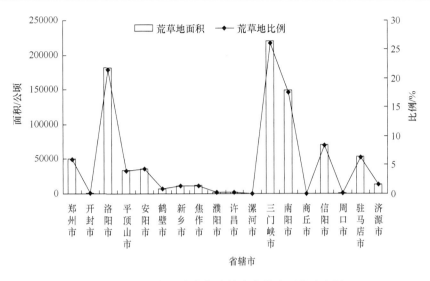

图 7-6　2004 年河南省各省辖市荒草地面积及比例

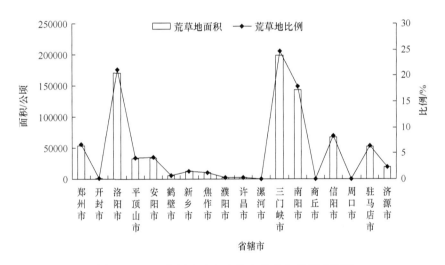

图 7-7　2008 年河南省各省辖市荒草地面积及比例

表 7-5　河南省各省辖市荒草地面积变化　　　　　　（单位:公顷）

行政辖区	1996～2000 年	2000～2004 年	2004～2008 年	1996～2008 年
郑州市	−171.56	6199.31	−2416.27	3611.48
开封市	−160.09	−128.15	−145.32	−433.56
洛阳市	−1786.77	−10203.25	−1364.61	−13354.63
平顶山市	−144.63	−158.78	−131.67	−435.08
安阳市	54.01	−444.43	−1262.43	−1652.85

续表

行政辖区	1996～2000 年	2000～2004 年	2004～2008 年	1996～2008 年
鹤壁市	−251.37	−1302.89	−437.64	−1991.90
新乡市	−23653.59	1673.03	−800.94	−22781.50
焦作市	51.65	−2110.15	−213.61	−2272.11
濮阳市	−27.23	−233.54	−180.59	−441.36
许昌市	−50.92	−98.79	−31.36	−181.07
漯河市	0.00	0.00	−0.33	−0.33
三门峡市	−3112.68	−19696.80	−1781.51	−24590.99
南阳市	−1340.93	−3689.64	−1434.54	−6465.11
商丘市	−27.43	−7.08	0.00	−34.51
信阳市	−863.89	−3131.19	−1487.05	−5482.13
周口市	−15.50	−112.53	−7.23	−135.26
驻马店市	−678.76	−650.71	−909.86	−2239.33
济源市	−235.49	5507.47	−76.51	5195.47
河南省	−32415.18	−28588.12	−12681.47	−73684.77

从各省辖市荒草地变化情况来看,1996～2008 年仅有济源市、郑州市的荒草地面积呈增加的趋势,分别增加了 5195.47 公顷和 3611.48 公顷;而其他 16 个省辖市均呈减少态势。其中,三门峡市减少最多,达 24590.99 公顷,占同期河南省荒草地减少总量的 33.37%;其次为新乡市,减少了 22781.50 公顷;洛阳市位居第三位,减少了 13354.63 公顷;漯河市减少量最小,仅减少了 0.33 公顷;商丘市减少了 34.51 公顷。

分时段来看,1996～2000 年,安阳市、焦作市的荒草地分别增加了 54.01 公顷和 51.65 公顷,漯河市的荒草地面积保持不变;其他省辖市荒草地面积均有不同程度的减少。其中,新乡市减少最多,减少了 23653.59 公顷;其次为三门峡市,减少了 3112.68 公顷;周口市的荒草地减少量相对较少,仅为 15.5 公顷;濮阳市、商丘市、许昌市荒草地面积减少量也不多,分别为 27.23 公顷、27.43 公顷和 50.92 公顷。2000～2004 年,郑州市、济源市、新乡市荒草地呈增加的趋势,分别增加了 6199.31 公顷、5507.47 公顷和 1673.03 公顷,漯河市的荒草地面积处于不增不减状态,其他省辖市的荒草地均减少。其中,三门峡市减少了 19696.8 公顷,减少量居全省首位;其次为洛阳市,减少了 10203.25 公顷;而商丘市的荒草地减少最小,仅为 7.08 公顷。2004～2008 年,除商丘市的荒草地保持不变,其他省辖市的荒草地均出现不同程度的减少,并且荒草地减少量在各省辖市之间的差异减小。其中,郑州市减少最多,为 2416.27 公顷;其次为三门峡市,减少了 1781.51 公顷;信阳市居第三位,减少了 1487.05 公顷;漯河市减少量最小,仅减少了 0.33 公顷;周口市减少量也不多,仅有 7.23 公顷。

从表 7-6 可知,1996~2008 年,河南省荒草地的变化率均为负值,并且总体上呈波动减少的态势,从 1996 年的－3.69％变动为 2000 年的－3.38％,演变为 2004 年的－1.55％,2008 年变化率为－8.38％。在各省辖市中,1996~2008 年,郑州市、济源市的荒草地变化率为正值,其他省辖市均为负值。其中,新乡市最小,仅为－64.8％;其次为开封市,为－42.58％;平顶山市相对较大,为－1.29％。1996~2000 年,安阳市、焦作市 2 个省辖市变化率为正值,漯河市为 0,其他省辖市为负值,其中新乡市荒草地变化率最小,为－67.28％;郑州市最大,为－0.34％。2000~2004 年,郑州市、新乡市、济源市 3 个省辖市的荒草地变化率为正值,漯河市为 0,其他省辖市的荒草地变化率为负值,其中周口市最小,为－19.5％;平顶山市最大,为－0.47％。2004~2008 年全省除商丘市的荒草地保持不变,变化率为 0 外,其他省辖市的荒草地变化率均为负值,其中开封市最小,为－19.91％;平顶山市最大,为－0.39％。

表 7-6　河南省各省辖市荒草地变化率　　　　　　（单位:％）

行政辖区	1996~2000 年	2000~2004 年	2004~2008 年	1996~2008 年
郑州市	－0.34	12.41	－4.30	7.20
开封市	－15.72	－14.93	－19.91	－42.58
洛阳市	－0.97	－5.61	－0.80	－7.27
平顶山市	－0.43	－0.47	－0.39	－1.29
安阳市	0.15	－1.23	－3.53	－4.57
鹤壁市	－3.26	－17.44	－7.10	－25.80
新乡市	－67.28	14.55	－6.08	－64.80
焦作市	0.43	－17.59	－2.16	－19.02
濮阳市	－1.08	－9.34	－7.97	－17.47
许昌市	－2.05	－4.06	－1.34	－7.28
漯河市	0.00	0.00	－2.14	－2.14
三门峡市	－1.39	－8.94	－0.89	－11.00
南阳市	－0.89	－2.48	－0.99	－4.31
商丘市	－10.11	－2.90	0.00	－12.72
信阳市	－1.20	－4.40	－2.19	－7.61
周口市	－2.62	－19.50	－1.56	－22.82
驻马店市	－1.25	－1.21	－1.72	－4.12
济源市	－1.70	40.36	－0.40	37.43
河南省	－3.69	－3.38	－1.55	－8.38

2) 盐碱地变化

盐碱地的形成一个是历史原因,再一个就是人为不当开发利用土地造成的。从图 7-8 可知,盐碱地主要分布于河南省的濮阳市、商丘市、许昌市、新乡市、郑州市、开封市等省辖市,平顶山市、信阳市、济源市 3 个省辖市没有盐碱地,洛阳市、安阳市、鹤壁市、焦作市、漯河市、三门峡市、南阳市、驻马店市等省辖市的盐碱地为零星分布。其中,濮阳市的盐碱地最多,1996 年、2000 年、2004 年和 2008 年盐碱地分别占同期全省盐碱地面积的 21.33%、25.71%、29.37%、29.43%;商丘市居第二位,1996 年、2000 年、2004 年和 2008 年盐碱地分别占同期全省盐碱地面积的 21.02%、21.61%、20.5%和 22.31%;其次为许昌市,1996 年、2000 年、2004 年和 2008 年盐碱地分别占同期全省盐碱地面积的 19.9%、19.71%、19.93% 和 22.13%,主要是河南省在我国半干旱、半湿润地区,降水量较小,春季蒸发量大,溶解在水中的盐分容易在土壤表层积聚。春季地表水分蒸发强烈,地下水中的盐分随毛管水上升而聚集在土壤表层,这是主要的返盐季节;并且地处平原地区、地势低洼,加上引河水灌溉后留下盐渍堆积,形成盐碱地;三门峡市的盐碱地面积较小,1996～2008 年盐碱地面积仅有 0.1 公顷。

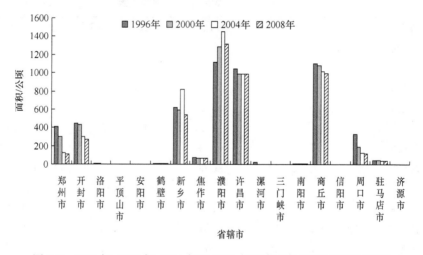

图 7-8　1996 年、2000 年、2004 年和 2008 年河南省各省辖市盐碱地面积

从 18 个省辖市盐碱地面积变化(表 7-7)来看,1996～2008 年,濮阳市、南阳市总体上呈波动增加的态势,平顶山市、安阳市、三门峡市、信阳市、济源市等省辖市没有盐碱地,其他省辖市则不同程度的减少。其中,濮阳市增加了 196.18 公顷,主要是由于利用不当,导致治理的盐碱地重新返盐返碱;南阳市基本不变,仅增加了 0.01 公顷;郑州市的盐碱地面积减少量最大,减少了 304.74 公顷;其次为周口市,盐碱地减少了 209.67 公顷。鹤壁市、驻马店市、焦作市、洛阳市等省辖市的盐碱地减少量较小,分别为 0.95 公顷、1.8 公顷、4.67 公顷和 6.01 公顷。

分时段来看,1996～2000 年,有 3 个省辖市的盐碱地面积呈增加趋势,为濮阳市、驻马店市、南阳市,分别增加了 170.95 公顷、0.2 公顷和 0.01 公顷;周口市、郑州市、许昌市、新乡市、开封市、漯河市、商丘市、焦作市等 8 个省辖市的盐碱地呈减少态势,分别减少了 142.07 公顷、110.87 公顷、54.7 公顷、28.35 公顷、19.97 公顷、19.12 公顷、18.14 公顷和 4.67 公顷。2000～2004 年,新乡市、濮阳市两个省辖市的盐碱地分别增加了 225.43 公顷和 167.13 公顷;平顶山市、安阳市、焦作市、许昌市、漯河市、三门峡市、南阳市、信阳市、济源市等辖市的变化为 0。郑州市减少最多,为 179.72 公顷;其次为开封市,减少了 130.29 公顷。2004～2008 年,洛阳市、平顶山市、安阳市、鹤壁市、焦作市、许昌市、漯河市、三门峡市、南阳市、信阳市、驻马店市、济源市等省辖市的盐碱地变化为 0,其他省辖市均呈减少的态势。其中,新乡市减少最多,为 281.66 公顷;濮阳市居第二位,为 141.9 公顷。

表 7-7　河南省各省辖市盐碱地面积变化　　　　　　　（单位:公顷）

行政辖区	1996～2000 年	2000～2004 年	2004～2008 年	1996～2008 年
郑州市	−110.87	−179.72	−14.15	−304.74
开封市	−19.97	−130.29	−28.00	−178.26
洛阳市	0.00	−6.01	0.00	−6.01
平顶山市	0.00	0.00	0.00	0.00
安阳市	0.00	0.00	0.00	0.00
鹤壁市	0.00	−0.95	0.00	−0.95
新乡市	−28.35	225.43	−281.66	−84.58
焦作市	−4.67	0.00	0.00	−4.67
濮阳市	170.95	167.13	−141.90	196.18
许昌市	−54.70	0.00	0.00	−54.70
漯河市	−19.12	0.00	0.00	−19.12
三门峡市	0.00	0.00	0.00	0.00
南阳市	0.01	0.00	0.00	0.01
商丘市	−18.14	−66.82	−20.37	−105.33
信阳市	0.00	0.00	0.00	0.00
周口市	−142.07	−61.63	−5.97	−209.67
驻马店市	0.20	−2.00	0.00	−1.80
济源市	0.00	0.00	0.00	0.00
河南省	−226.73	−54.86	−492.05	−773.64

3) 沼泽地变化

沼泽地发育局限于地势低洼、地下水溢出带,湖滨、河边渍水区,地下水排泄不畅、常年渍水的洼地等,多数为湿地保护区,因而沼泽地的分布并不均衡,有其特定规律。从表 7-8 可知,河南省的沼泽地主要分布于新乡市,1996 年、2000 年、2004 年和 2008 年新乡市的沼泽地面积为 4856.77 公顷、4480.98 公顷、3938.93 公顷、3925.73 公顷,分别占同期河南省沼泽地面积的 69.33％、69.00％、68.38％ 和 69.09％,主要是由于新乡市地处黄河、海河两大流域,境内河流众多,特别是新乡市的黄河故道由历史上黄河多次决口、改道冲击而成,保存大量沼泽地。驻马店市的沼泽地面积居全省第二位,1996 年、2000 年、2004 年和 2008 年沼泽地面积分别为 685.43 公顷、664.49 公顷、617.47 公顷、572.16 公顷。鹤壁市沼泽地面积最小,1996～2008 年沼泽地面积仅占全省沼泽地面积的 0.02％。同时,研究时段内,安阳市、许昌市、漯河市、三门峡市等省辖市的沼泽地面积均未超过 10.0 公顷。

表 7-8　1996 年、2000 年、2004 年和 2008 年河南省各省辖市沼泽地面积（单位:公顷）

行政辖区	1996 年	2000 年	2004 年	2008 年
郑州市	186.73	185.33	154.34	154.31
开封市	74.08	68.78	67.03	15.02
洛阳市	167.35	163.21	129.66	122.22
平顶山市	75.24	75.24	69.63	69.63
安阳市	8.45	8.96	8.96	8.96
鹤壁市	1.05	1.05	1.05	1.05
新乡市	4856.77	4480.98	3938.93	3925.73
焦作市	14.57	7.29	7.29	7.29
濮阳市	32.08	32.08	32.08	29.57
许昌市	4.07	4.07	4.07	4.07
漯河市	5.20	5.20	5.20	5.20
三门峡市	4.91	3.17	3.10	3.10
南阳市	196.34	192.97	186.81	186.81
商丘市	350.73	305.07	273.31	316.54
信阳市	270.66	224.84	222.13	223.09
周口市	33.86	33.86	3.57	1.73
驻马店市	685.43	664.49	617.47	572.16
济源市	37.73	37.21	36.00	35.32

从表 7-9 可以看出,1996～2008 年,河南省沼泽地的变化率为-18.89％,总体上呈减少趋势,但是安阳市呈增加趋势,鹤壁市、许昌市、漯河市保持不变,其他省辖市均有不同程度的减少。其中,周口市的变化率减少最多,为-94.9％;其次为开封市,为-79.72％。1996～2000 年有 5 个省辖市的沼泽地减少高于全省的

-7.3％水平,其中焦作市变化率减少最多,为-49.95％;其次是三门峡市,为
-35.55％;安阳市的变化率为正值,为 6.08％;平顶山市、鹤壁市、濮阳市、许昌
市、漯河市、周口市等省辖市的变化率为 0。2000～2004 年,沼泽地变化率减少量
高于全省平均水平的省辖市数量减少到 4 个,其中周口市减少最多,为-89.45％;
其次是洛阳市,为-20.55％;安阳市、鹤壁市、焦作市、濮阳市、许昌市、漯河市等省
辖市的沼泽地变化率为 0。2004～2008 年,开封市、周口市、驻马店市等 6 个省辖
市的沼泽地变化率减少量超过全省平均水平,其中开封市的变化率减少量最大,达
-77.59％;周口市居第二位,为-51.68％;平顶山市、安阳市、鹤壁市、焦作市、许
昌市、漯河市、三门峡市、南阳市等省辖市的变化率为 0;商丘市、信阳市的沼泽地
变化率为正值,分别为 15.82％和 0.44％。

表 7-9　河南省各省辖市沼泽地变化率　　　　　　（单位:％)

行政辖区	1996～2000 年	2000～2004 年	2004～2008 年	1996～2008 年
郑州市	-0.75	-16.72	-0.02	-17.36
开封市	-7.15	-2.55	-77.59	-79.72
洛阳市	-2.47	-20.55	-5.74	-26.97
平顶山市	0.00	-7.46	0.00	-7.46
安阳市	6.08	0.00	0.00	6.08
鹤壁市	0.00	0.00	0.00	0.00
新乡市	-7.74	-12.10	-0.34	-19.17
焦作市	-49.95	0.00	0.00	-49.95
濮阳市	0.00	0.00	-7.83	-7.83
许昌市	0.00	0.00	0.00	0.00
漯河市	0.00	0.00	0.00	0.00
三门峡市	-35.55	-2.11	0.00	-36.91
南阳市	-1.71	-3.19	0.00	-4.85
商丘市	-13.02	-10.41	15.82	-9.75
信阳市	-16.93	-1.21	0.44	-17.57
周口市	0.00	-89.45	-51.68	-94.90
驻马店市	-3.06	-7.08	-7.34	-16.53
济源市	-1.38	-3.26	-1.89	-6.40
河南省	-7.30	-11.29	-1.37	-18.89

4) 沙地变化

从表 7-10 可以看出,沙地在河南省 18 个省辖市均有分布,但是分布极不均
衡。1996～2008 年,河南省 18 个省辖市中新乡市的沙地面积最大,1996 年、2000
年、2004 年和 2008 年分别占全省的 36.06％、33.78％、34.2％和 34.68％;安阳市

的沙地面积居全省第二位,1996 年、2000 年、2004 年和 2008 年分别占全省的
24.94％、27.93％、26.93％和 27.64％;漯河市的沙地面积最小,1996 年、2000 年、
2004 年和 2008 年沙地面积为 9.94～10.13 公顷。

表 7-10　　1996 年、2000 年、2004 年和 2008 年河南省各省辖市沙地面积

（单位:公顷）

行政辖区	1996 年	2000 年	2004 年	2008 年
郑州市	2947.27	2934.19	2831.15	2522.08
开封市	1246.55	1136.60	1110.49	1012.35
洛阳市	152.78	138.47	128.43	128.26
平顶山市	261.77	261.53	255.08	255.08
安阳市	8726.93	10291.56	9507.05	8877.03
鹤壁市	923.89	915.51	928.55	804.13
新乡市	12620.38	12446.11	12089.27	11138.01
焦作市	43.73	41.29	41.29	41.29
濮阳市	3420.05	3337.09	3481.03	2767.02
许昌市	213.09	171.14	129.26	103.20
漯河市	10.13	10.13	10.13	9.94
三门峡市	80.77	95.51	91.88	93.01
南阳市	1536.44	1464.57	1284.03	1138.01
商丘市	658.15	623.14	564.76	394.97
信阳市	1327.12	2160.85	2073.41	2058.89
周口市	130.98	127.15	92.36	88.03
驻马店市	499.21	491.47	491.47	491.47
济源市	198.61	198.61	196.87	196.87
河南省	34997.85	36844.92	35306.51	32119.64

由表 7-11 可知,1996～2008 年,河南省沙地的变化率为－8.22％,呈减少的
态势。在各省辖市中,信阳市、三门峡市、安阳市的变化率为正值,分别为
55.14％、15.16％和 1.72％;其他省辖市为负值。其中,许昌市变化率减少最多,
为－51.57％;其次是商丘市,为－39.99％;再次为周口市,变化率减少量为
－32.79％。1996～2000 年,安阳市、三门峡市、信阳市的沙地变化率为正值,漯河
市、济源市为 0,其他省辖市均为负值,呈减少的态势。其中,许昌市变化率减少最
多,为－19.69％;其次是洛阳市,变化率减少量为－9.37％。2000～2004 年,鹤壁
市、濮阳市为正值,呈增加趋势;焦作市、漯河市、驻马店市为 0,呈不变态势;其他
省辖市为负值,呈减少态势。其中,许昌市、安阳市、周口市等 6 个省辖市的沙地变

化率减少量高于全省平均水平。2004～2008 年,平顶山市、焦作市、驻马店市、济源市等省辖市的变化率为 0,三门峡的沙地变化率为正值,其他省辖市为负值。

表 7-11　河南省各省辖市沙地变化率　　　　　　　　(单位:%)

行政辖区	1996～2000 年	2000～2004 年	2004～2008 年	1996～2008 年
郑州市	−0.44	−3.51	−10.92	−14.43
开封市	−8.82	−2.30	−8.84	−18.79
洛阳市	−9.37	−7.25	−0.13	−16.05
平顶山市	−0.09	−2.47	0.00	−2.55
安阳市	17.93	−7.62	−6.63	1.72
鹤壁市	−0.91	1.43	−13.40	−12.96
新乡市	−1.38	−2.87	−7.87	−11.75
焦作市	−5.58	0.00	0.00	−5.58
濮阳市	−2.43	4.31	−20.51	−19.09
许昌市	−19.69	−24.47	−20.16	−51.57
漯河市	0.00	0.00	−1.91	−1.91
三门峡市	18.26	−3.80	1.23	15.16
南阳市	−4.68	−12.33	−11.37	−25.93
商丘市	−5.32	−9.37	−30.06	−39.99
信阳市	62.82	−4.05	−0.70	55.14
周口市	−2.93	−27.36	−4.68	−32.79
驻马店市	−1.55	0.00	0.00	−1.55
济源市	0.00	−0.87	0.00	−0.87
河南省	5.28	−4.18	−9.03	−8.22

5) 裸土地变化

裸土地的形成原因一是气候干旱,风蚀、水蚀作用强烈、植被破坏严重;二是人为不合理利用,取土、挖沙、采石及矿产资源开发等,植被破坏又未能及时复垦。从表 7-12 可知,裸土地主要分布于驻马店市、南阳市、三门峡市等省辖市。其中,1996 年、2000 年、2004 年和 2008 年驻马店市的裸土地面积最大,分别为 20756.33 公顷、20331.95 公顷、20221.34 公顷和 20124.91 公顷;其次为南阳市,1996 年、2000 年、2004 年和 2008 年 4 个研究时间断面的裸土地面积分别为 14944.41 公顷、14911.41 公顷、14767.64 公顷、14650.17 公顷;漯河市的裸土地数量为 0;开封市、濮阳市的裸土地较少,维持在 0～1.89 公顷。

表 7-12　1996 年、2000 年、2004 年和 2008 年河南省各省辖市裸土地面积

（单位：公顷）

行政辖区	1996 年	2000 年	2004 年	2008 年
郑州市	2486.97	2483.27	2406.92	2396.94
开封市	1.30	1.30	0.00	0.00
洛阳市	7308.38	7075.49	6866.57	6771.15
平顶山市	4110.17	4098.34	4055.31	4043.85
安阳市	53.94	53.94	49.21	46.91
鹤壁市	232.71	232.71	228.85	226.83
新乡市	472.54	468.48	471.12	471.12
焦作市	764.13	753.65	755.35	705.17
濮阳市	1.89	1.89	1.89	1.89
许昌市	14.83	14.83	14.83	8.43
漯河市	0.00	0.00	0.00	0.00
三门峡市	9087.56	9083.34	9364.32	9318.20
南阳市	14944.41	14911.41	14767.64	14650.17
商丘市	91.81	91.35	91.35	91.35
信阳市	1162.89	1155.26	1155.99	1153.55
周口市	148.26	148.26	148.26	148.26
驻马店市	20756.33	20331.95	20221.34	20124.91
济源市	3658.37	3354.35	3112.03	3087.07
河南省	65296.49	64259.82	63710.98	63245.80

从表 7-13 可知，1996～2008 年河南省裸土地累计减少了 2050.71 公顷，各省辖市中濮阳市保持不变，漯河市没有裸土地，三门峡市裸土地增加了 230.64 公顷，其他省辖市裸土地均有不同程度的减少。其中，驻马店市减少最多，为 631.42 公顷；其次为济源市，减少了 571.31 公顷；洛阳市居第三位，减少了 537.22 公顷；开封市、安阳市、鹤壁市、新乡市、许昌市、商丘市、信阳市等省辖市的裸土地面积减少量较小，均未超过 10.0 公顷。分时段来看，1996～2000 年，河南省裸土地减少最多，为 1036.69 公顷，占 1996～2008 年全省裸土地减少量的 50.55%。各省辖市中，开封市、安阳市、鹤壁市、濮阳市、许昌市、漯河市、周口市等省辖市不变，其他省辖市均呈减少趋势，其中驻马店市、济源市、洛阳市的减少量居全省前列。2000～2004 年，三门峡市、新乡市、焦作市、信阳市 4 个省辖市的裸土地均有不同程度的增加，分别增加了 280.98 公顷、2.64 公顷、1.71 公顷和 0.73 公顷；濮阳市、许昌市、漯河市、商丘市、周口市维持不变；其他省辖市均减少。2004～2008 年，开封市、新乡市、濮阳市、漯河市、商丘市、周口市等 6 个省辖市的裸土地面积未发生变

化,其他 12 个省辖市均呈减少趋势,其中南阳市减少最多,为 117.47 公顷;鹤壁市减少最小,为 2.02 公顷。

表 7-13　河南省各省辖市裸土地面积变化　　　　　　（单位:公顷）

行政辖区	1996~2000 年	2000~2004 年	2004~2008 年	1996~2008 年
郑州市	-3.70	-76.35	-9.98	-90.03
开封市	0.00	-1.30	0.00	-1.30
洛阳市	-232.89	-208.91	-95.42	-537.22
平顶山市	-11.83	-43.03	-11.47	-66.33
安阳市	0.00	-4.73	-2.31	-7.04
鹤壁市	0.00	-3.85	-2.02	-5.87
新乡市	-4.06	2.64	0.00	-1.42
焦作市	-10.49	1.71	-50.19	-58.97
濮阳市	0.00	0.00	0.00	0.00
许昌市	0.00	0.00	-6.40	-6.40
漯河市	0.00	0.00	0.00	0.00
三门峡市	-4.22	280.98	-46.12	230.64
南阳市	-33.00	-143.77	-117.47	-294.24
商丘市	-0.46	0.00	0.00	-0.46
信阳市	-7.63	0.73	-2.44	-9.34
周口市	0.00	0.00	0.00	0.00
驻马店市	-424.38	-110.61	-96.43	-631.42
济源市	-304.03	-242.31	-24.97	-571.31
河南省	-1036.69	-548.80	-465.22	-2050.71

6) 裸岩石砾地变化

从图 7-9 可以看出,裸岩石砾地除开封市、濮阳市、漯河市、商丘市、周口市无分布外,在其他 13 个省辖市均有分布。其中,南阳市分布最多,1996 年、2000 年、2004 年和 2008 年,裸岩石砾地分别为 91393.20 公顷、91366.89 公顷、90841.71 公顷和 90753.83 公顷,分别占同期全省裸岩石砾地的 20.55%、19.77%、20.44%、20.47%;其次为平顶山市,4 个研究时间断面内其裸岩石砾地分别占同期全省裸岩石砾地的 19.77%、19.0%、19.62% 和 19.49%。

从表 7-14 可知,1996~2008 年,河南省裸岩石砾地总体上呈减少的态势,累计减少了 1378.00 公顷。各省辖市中开封市、濮阳市、漯河市、周口市 4 个省辖市没有裸岩石砾地,新乡市的裸岩石砾地增加了 22946.07 公顷,其他省辖市均有不同程度的减少。其中,焦作市减少最多,减少了 12012.92 公顷;其次为济源市,减

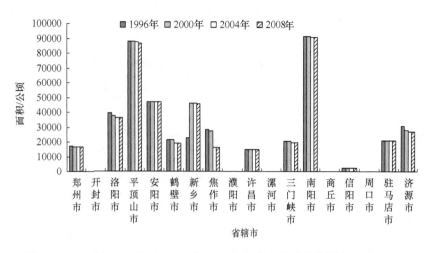

图 7-9　1996 年、2000 年、2004 年和 2008 年河南省各省辖市裸岩石砾地面积

少了 3783.49 公顷;驻马店市减少最小,仅减少了 39.27 公顷。分时段看,1996～2000 年,河南省裸岩石砾地增加了 17538.97 公顷,18 个省辖市中 4 个省辖市无裸岩石砾地,新乡市、安阳市分别增加了 23459.16 公顷和 2.15 公顷,剩余省辖市均减少。其中,济源市减少最多,减少了 2611.9 公顷;其次为洛阳市,减少了 1856.35 公顷。2000～2004 年,河南省裸岩石砾地累计减少 17710.17 公顷,焦作市、鹤壁市等 14 个省辖市均减少,其中焦作市减少量最大,为 11012.46 公顷;鹤壁市居第二位,减少了 2345.21 公顷;信阳市减少量最小,仅减少了 0.15 公顷。2004～2008 年,洛阳市的裸岩石砾地增加了 213.91 公顷,平顶山市、新乡市、南阳市等 13 个省辖市均减少,其中平顶山市减少最多,减少了 814.33 公顷。

表 7-14　河南省各省辖市裸岩石砾地面积变化　　　（单位:公顷）

行政辖区	1996～2000 年	2000～2004 年	2004～2008 年	1996～2008 年
郑州市	−75.76	−55.72	−23.09	−154.57
开封市	0.00	0.00	0.00	0.00
洛阳市	−1856.35	−1158.26	213.91	−2800.70
平顶山市	−100.69	−598.75	−814.33	−1513.77
安阳市	2.15	−9.64	−41.77	−49.26
鹤壁市	−68.57	−2345.21	−39.05	−2452.83
新乡市	23459.16	−294.38	−218.71	22946.07
焦作市	−932.51	−11012.46	−67.95	−12012.92
濮阳市	0.00	0.00	0.00	0.00

续表

行政辖区	1996~2000 年	2000~2004 年	2004~2008 年	1996~2008 年
许昌市	−58.53	−15.47	−46.11	−120.11
漯河市	0.00	0.00	0.00	0.00
三门峡市	−5.13	−591.11	−9.99	−606.23
南阳市	−26.31	−525.19	−87.87	−639.37
商丘市	0.00	0.00	0.00	0.00
信阳市	−151.27	−0.15	−0.14	−151.56
周口市	0.00	0.00	0.00	0.00
驻马店市	−35.34	−3.93	0.00	−39.27
济源市	−2611.90	−1099.91	−71.67	−3783.48
河南省	17538.95	−17710.18	−1206.77	−1378.00

7）其他未利用土地变化

从图 7-10 可以看出，1996~2008 年河南省 18 个省辖市中洛阳市、郑州市、信阳市的其他未利用土地面积较大，其中，1996 年、2000 年、2004 年和 2008 年洛阳市的其他未利用土地面积分别为 35900.35 公顷、33931.33 公顷、32206.87 公顷和 32107.67 公顷，分别占同期全省其他未利用土地面积的 18.92%、17.96%、19.51%、19.58%；信阳市居第二位，4 个研究时间断面内，信阳市的其他未利用土地面积分别为 23644.00 公顷、23581.22 公顷、20519.93 公顷、20518.92 公顷，分别占同期全省其他未利用土地面积的 12.46%、12.48%、12.43%、12.51%；济源市最小，1996 年、2000 年、2004 年和 2008 年其他未利用土地面积分别为 15.91 公顷、20.89 公顷、20.89 公顷和 20.89 公顷。

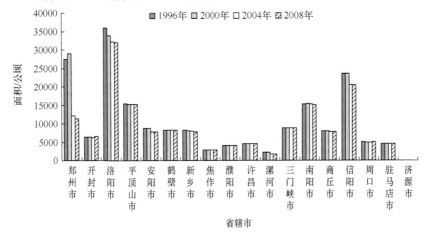

图 7-10　1996 年、2000 年、2004 年和 2008 年河南省各省辖市其他未利用土地面积

从其他未利用土地的变化率(表 7-15)来看,1996～2008 年,河南省总体的变化率为－13.57%,其中济源市、开封市、焦作市的变化率为正值,其他省辖市为负值,郑州市的变化率减少最多,达－58.82%;漯河市的其他未利用土地变化率为－23.94%,位居全省第二位。分阶段来看,1996～2000 年,郑州市、济源市、焦作市、南阳市等 4 个省辖市的变化率为正值,其他省辖市为负值,并且洛阳市、新乡市、漯河市、商丘市、周口市、平顶山市等 6 个省辖市的变化率减少量超过全省平均水平,其中洛阳市变化率减少量最大,为－5.48%;其次是新乡市,为－1.49%。2000～2004 年,驻马店市、济源市的变化率为 0,其他省辖市均为负值,其中郑州市、漯河市、信阳市的变化率减少量超过全省平均水平,分别为－57.77%、－23.15%和－12.98%。2004～2008 年,开封市、安阳市、周口市等 3 个省辖市的变化率为正值,济源市为 0,其他省辖市的变化率为负值,其中郑州市、新乡市、三门峡市、南阳市的变化率减少量超过全省平均水平。

表 7-15　河南省各省辖市其他未利用土地变化率　　　(单位:%)

行政辖区	1996～2000 年	2000～2004 年	2004～2008 年	1996～2008 年
郑州市	5.82	－57.77	－7.86	－58.82
开封市	－0.04	－3.42	5.26	1.62
洛阳市	－5.48	－5.08	－0.31	－10.56
平顶山市	－0.47	－0.22	－0.12	－0.81
安阳市	－0.32	－11.72	0.09	－11.92
鹤壁市	－0.06	－0.08	0.00	－0.14
新乡市	－1.49	－3.72	－2.01	－7.06
焦作市	2.06	－0.17	－0.56	1.31
濮阳市	－0.07	－0.05	－0.01	－0.13
许昌市	－0.37	－0.03	－0.10	－0.50
漯河市	－0.49	－23.15	－0.54	－23.94
三门峡市	－0.17	－0.10	－0.67	－0.93
南阳市	0.20	－1.04	－1.10	－1.93
商丘市	－0.98	－0.55	－0.06	－1.58
信阳市	－0.27	－12.98	0.00	－13.22
周口市	－1.14	－0.23	1.36	－0.02
驻马店市	0.00	0.00	－0.02	－0.02
济源市	31.31	0.00	0.00	31.31
河南省	－0.40	－12.64	－0.67	－13.57

7.1.3 其他土地变化分析

对其他土地的变化分析结合河南省自身的区域土地特点,主要分析河流水面、湖泊水面、苇地、滩涂等。

1. 其他土地总量变化

从表 7-16 可知,1996~2008 年,河南省其他土地总体上呈减少趋势,累计减少了 33854.71 公顷,其中滩涂减少最多,达 20299.21 公顷;其次为河流水面,减少了 11627.72 公顷;苇地、湖泊水面减少量相对较小,分别减少了 1780.58 公顷和 147.2 公顷。从各时段来看,1996~2000 年,全省的其他土地呈增加趋势,累计增加了 6787.6 公顷;从构成来看,河流水面、湖泊水面、苇地均减少,分别减少了 2071.8 公顷、150.46 公顷和 478.2 公顷;滩涂则大幅增加,增加了 9488.06 公顷。2000~2004 年,全省其他土地减少了 27537.58 公顷,其中湖泊水面增加了 9.94 公顷;滩涂减少最多,减少了 22058.3 公顷,占同期其他土地减少量的 80.1%;河流水面减少量居第二位,减少了 4691.87 公顷。2004~2008 年,全省其他土地减少了 13104.73 公顷,其中滩涂减少最多,为 7728.97 公顷;其次为河流水面,减少了 4864.05 公顷。

表 7-16　1996~2008 河南省其他土地变化　　　　(单位:公顷)

地类	1996~2000 年	2000~2004 年	2004~2008 年	1996~2008 年
河流水面	−2071.80	−4691.87	−4864.05	−11627.72
湖泊水面	−150.46	9.94	−6.68	−147.20
苇地	−478.20	−797.35	−505.03	−1780.58
滩涂	9488.06	−22058.30	−7728.97	−20299.21
合计	6787.60	−27537.58	−13104.73	−33854.71

2. 其他土地区域变化

1) 河流水面变化

影响河流水系特征的主要因素是地形,因为地形决定着河流的流向、流域面积、水系形状和河道状况,因而河流水面的分布有其特点。从图 7-11 可知,信阳市的河流水面面积最大,1996 年、2000 年、2004 年和 2008 年河流水面分别为 37094.29 公顷、37099.97 公顷、37096.98 公顷和 37080.90 公顷,分别占同期全省河流水面的 14.46%、14.58%、14.85% 和 15.14%;其次为南阳市,1996 年、2000 年、2004 年和 2008 年河流水面分别为 25985.99 公顷、26014.25 公顷、25955.20 公顷和 25956.17 公顷;周口市、驻马店市、新乡市的河流水面面积也较大,均超过

20000.0 公顷;鹤壁市的河流水面面积最小,1996 年、2000 年、2004 年和 2008 年河流水面仅有 1392.63 公顷、1372.76 公顷、1370.54 公顷和 1369.93 公顷,分别占同期全省河流水面的 0.54%、0.54%、0.55%和 0.56%。

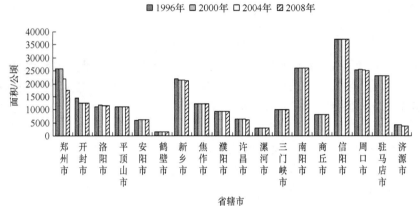

图 7-11　1996 年、2000 年、2004 年和 2008 年河南省各省辖市河流水面面积

从表 7-17 可知,1996～2008 年,河南省河流水面的变化率为－4.53%,说明河南省河流水面呈减少的态势,并且该趋势不断加大。1996～2000 年、2000～2004 年以及 2004～2008 年河流水面的变化率分别为－0.81%、－1.84%和－1.95%。在省辖市中,1996～2008 年,洛阳市、安阳市、漯河市、商丘市等 4 个省辖市的变化率为正值,呈增加趋势,其他省辖市均为负值,呈减少趋势。其中,郑州市的变化率减少量最大,为－32.21%;其次是开封市,为－13.69%。分时段看,1996～2000 年,全省有 9 个省辖市河流水面的变化率为负值,其中开封市的河流水面变化率的变动最为剧烈,为－13.63%;濮阳市的河流水面面积不变;其他 8 个省辖市河流水面的变化率为正值,其中洛阳市最大,为 6.59%。2000～2004 年,平顶山市、安阳市、驻马店市等 3 个省辖市的变化率为正值,濮阳市、漯河市的河流水面面积保持不变,其他省辖市的变化率为负值,其中济源市的变化率减少量最大,为－8.76%。2004～2008 年,濮阳市、漯河市、南阳市、驻马店市等 4 个省辖市的河流水面没有变化,商丘市的变化率为正值,其他省辖市为负值。其中,郑州市变化率减少量最大,达－19.83%。

表 7-17　1996～2008 河南省河流水面变化率　　　　　　　(单位:%)

行政辖区	1996～2000 年	2000～2004 年	2004～2008 年	1996～2008 年
郑州市	－0.08	－15.38	－19.83	－32.21
开封市	－13.63	－0.06	－0.01	－13.69
洛阳市	6.59	－1.37	－1.06	4.02

行政辖区	1996~2000 年	2000~2004 年	2004~2008 年	1996~2008 年
平顶山市	−0.01	0.00	−0.24	−0.26
安阳市	0.18	3.67	−0.13	3.71
鹤壁市	−1.43	−0.16	−0.04	−1.63
新乡市	−2.82	−0.07	−0.32	−3.20
焦作市	−0.72	−0.01	−0.11	−0.84
濮阳市	0.00	0.00	0.00	0.00
许昌市	0.42	−1.06	−2.69	−3.32
漯河市	0.29	0.00	0.00	0.29
三门峡市	−0.19	−0.42	−0.51	−1.11
南阳市	0.11	−0.23	0.00	−0.11
商丘市	0.32	−0.01	0.03	0.34
信阳市	0.02	−0.01	−0.04	−0.04
周口市	0.32	−0.95	−0.11	−0.74
驻马店市	−0.66	0.08	0.00	−0.58
济源市	−1.86	−8.76	−0.70	−11.08
河南省	−0.81	−1.84	−1.95	−4.53

2）湖泊水面变化

由表 7-18 可知,湖泊水面主要分布于河南省的信阳、周口、开封等省辖市,其中信阳市 1996 年、2000 年、2004 年和 2008 年的湖泊水面分别为 1826.91 公顷、1778.85 公顷、1785.18 公顷和 1785.18 公顷,分别占同期河南省湖泊水面的 52.88%、53.84%、53.87% 和 53.97%;周口市 1996 年、2000 年、2004 年和 2008 年湖泊水面分别占同期河南省湖泊水面的 18.88%、19.74%、19.68% 和 19.72%。郑州市、濮阳市、鹤壁市、三门峡市等省辖市没有湖泊水面;洛阳市、平顶山市、安阳市、新乡市、许昌市、南阳市、济源市等省辖市的湖泊水面较小,均未超过 20.0 公顷。

表 7-18 1996 年、2000 年、2004 年和 2008 年河南省各省辖市湖泊水面面积

（单位:公顷）

行政辖区	1996 年	2000 年	2004 年	2008 年
郑州市	0.40	0.00	0.00	0.00
开封市	552.29	552.29	552.29	543.33
洛阳市	4.75	4.75	4.75	4.75
平顶山市	1.92	1.92	1.92	1.92
安阳市	0.15	0.15	0.15	2.43

续表

行政辖区	1996 年	2000 年	2004 年	2008 年
鹤壁市	0.00	0.00	0.00	0.00
新乡市	4.23	1.91	1.91	1.91
焦作市	101.18	0.00	0.00	0.00
濮阳市	0.00	0.00	0.00	0.00
许昌市	19.58	19.58	19.58	19.58
漯河市	30.56	30.56	30.56	30.56
三门峡市	0.00	0.00	0.00	0.00
南阳市	6.81	6.81	10.42	10.42
商丘市	196.30	197.80	197.80	197.80
信阳市	1826.91	1778.85	1785.18	1785.18
周口市	652.19	652.19	652.19	652.19
驻马店市	55.67	55.67	55.67	55.67
济源市	1.74	1.74	1.74	1.74
河南省	3454.68	3304.22	3314.16	3307.48

从表 7-19 可以看出,1996～2008 年,河南省湖泊水面累计减少了 147.2 公顷,其中焦作市减少最多,为 101.18 公顷;其次为信阳市,减少了 41.73 公顷;郑州市、开封市、新乡市均有小幅减少;安阳市、南阳市、商丘市等 3 个省辖市有小幅增加,分别增加了 2.28 公顷、3.61 公顷和 1.5 公顷;其他省辖市则没有变化。1996～2000 年,全省湖泊水面共计减少了 150.46 公顷,其中,焦作市减少最多,为 101.18 公顷;其次为信阳市,减少了 48.06 公顷;郑州市、新乡市小幅减少,分别减少了 0.4 公顷和 2.32 公顷;商丘市增加了 1.5 公顷;其他省辖市则不变。2000～2004 年,全省湖泊水面呈增加趋势,共增加了 9.94 公顷;其中信阳市和南阳市呈增加的态势,分别增加了 6.33 公顷和 3.61 公顷;其他省辖市的湖泊水面维持不变。2004～2008 年,河南省湖泊水面呈小幅较少趋势,共减少 6.68 公顷;其中仅开封市出现减少的态势,减少了 8.96 公顷;安阳市增加了 2.28 公顷;其他省辖市的湖泊水面保持不变。

表 7-19　1996～2008 年河南省各省辖市湖泊水面面积变化(单位:公顷)

行政辖区	1996～2000 年	2000～2004 年	2004～2008 年	1996～2008 年
郑州市	−0.40	0.00	0.00	−0.40
开封市	0.00	0.00	−8.96	−8.96
洛阳市	0.00	0.00	0.00	0.00
平顶山市	0.00	0.00	0.00	0.00

续表

行政辖区	1996～2000 年	2000～2004 年	2004～2008 年	1996～2008 年
安阳市	0.00	0.00	2.28	2.28
鹤壁市	0.00	0.00	0.00	0.00
新乡市	−2.32	0.00	0.00	−2.32
焦作市	−101.18	0.00	0.00	−101.18
濮阳市	0.00	0.00	0.00	0.00
许昌市	0.00	0.00	0.00	0.00
漯河市	0.00	0.00	0.00	0.00
三门峡市	0.00	0.00	0.00	0.00
南阳市	0.00	3.61	0.00	3.61
商丘市	1.50	0.00	0.00	1.50
信阳市	−48.06	6.33	0.00	−41.73
周口市	0.00	0.00	0.00	0.00
驻马店市	0.00	0.00	0.00	0.00
济源市	0.00	0.00	0.00	0.00
河南省	−150.46	9.94	−6.68	−147.20

3) 苇地变化

从图 7-12 可知,河南省的苇地主要分布在新乡、郑州、商丘、开封等省辖市,其中 1996 年、2000 年、2004 年和 2008 年新乡市的苇地分别为 1595.07 公顷、

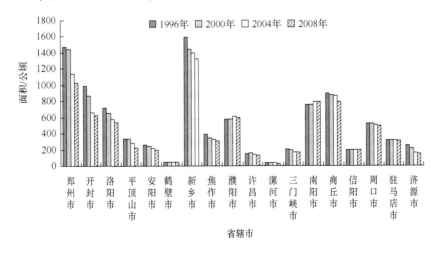

图 7-12　1996 年、2000 年、2004 年和 2008 年河南省各省辖市苇地面积

1446.99 公顷、1401.57 公顷和 1323.24 公顷,分别占同期河南省苇地面积的
16.44%、15.69%、16.63%、16.70%;郑州市的苇地面积居全省第二位,分别占同
期河南省苇地面积的 15.15%、15.64%、13.52%和 12.9%;漯河市、鹤壁市的苇地
较少,苇地面积不足 50 公顷。

　　从表 7-20 可知,1996~2008 年,河南省的苇地变化率为负值,总体上呈减少
的态势,18 个省辖市中除濮阳市、南阳市的变化率为正值外,其他省辖市的变化率
为负值,并且有 9 个省辖市苇地变化率的减少量高于全省平均水平,其中济源市变
化率减少量最大,为-41.54%;其次为开封市,变化率减少量为-36.81%;鹤壁市
的苇地变化率减少量最小,仅为-1.54%。分时段看,1996~2000 年,许昌市、周
口市、驻马店市等 3 个省辖市苇地的变化率为正值,漯河市保持不变,其他省辖市
的变化率为负值,并且济源市、焦作市、开封市、安阳市、洛阳市、新乡市等 6 个省辖
市的变化率减少量超过全省平均水平,其中济源市的变化率减少量最大,为
-14.05%。2000~2004 年,濮阳市、南阳市的变化率为正值,鹤壁市、信阳市、驻
马店市等 3 个省辖市的苇地面积不变,其他省辖市为负值,并且郑州市、开封市、洛
阳市、平顶山市、安阳市、许昌市、三门峡市、济源市等 8 个省辖市的变化率减少量
超过全省的平均水平,其中济源市的变化率减少量最大,为-27.54%。2004~
2008 年,鹤壁市、信阳市的苇地面积没有变化,其他省辖市苇地均不同程度的减
少,郑州市、洛阳市、平顶山市、安阳市、焦作市、许昌市、漯河市、商丘市、济源市等
9 个省辖市的变化率减少量高于全省平均水平,新乡市的变化率与全省平均水平
基本持平,其他省辖市的变化率低于全省平均水平。

表 7-20　1996~2008 年河南省各省辖市苇地变化率　　　　（单位:%）

行政辖区	1996~2000 年	2000~2004 年	2004~2008 年	1996~2008 年
郑州市	-1.84	-21.01	-10.33	-30.47
开封市	-12.03	-24.26	-5.16	-36.81
洛阳市	-9.72	-11.24	-6.68	-25.22
平顶山市	-0.45	-16.16	-19.07	-32.45
安阳市	-6.63	-10.28	-7.24	-22.29
鹤壁市	-1.54	0.00	0.00	-1.54
新乡市	-9.28	-3.14	-5.59	-17.04
焦作市	-12.16	-4.31	-6.00	-20.98
濮阳市	-0.16	7.35	-3.69	3.23
许昌市	8.16	-12.98	-7.56	-13.00
漯河市	0.00	-0.78	-18.53	-19.17
三门峡市	-1.91	-14.58	-2.57	-18.37

续表

行政辖区	1996～2000 年	2000～2004 年	2004～2008 年	1996～2008 年
南阳市	−0.21	4.42	−0.10	4.10
商丘市	−2.04	−1.88	−8.28	−11.84
信阳市	−1.48	0.00	0.00	−1.48
周口市	0.64	−4.06	−2.81	−6.16
驻马店市	0.15	0.00	−2.59	−2.45
济源市	−14.05	−27.54	−6.15	−41.54
河南省	−4.93	−8.64	−5.99	−18.35

4）滩涂变化

滩涂不仅是一种重要的土地资源和空间资源，而且本身也蕴藏着各种矿产、生物资源，既是重要的后备土地资源，又是水产养殖和发展农业生产的重要基地，具有农牧渔业综合开发潜力大的特点。从图 7-13 可知，滩涂在河南省各省辖市均有分布，但是分布不均衡，主要分布于南阳市、信阳市、洛阳市、驻马店市等省辖区，其中，南阳市的滩涂面积最大，1996 年、2000 年、2004 年和 2008 年滩涂面积分别为 57742.51 公顷、57656.47 公顷、55962.89 公顷和 54501.37 公顷，分别占同期河南省滩涂面积的 17.42％、16.91％、17.55％和 17.51％；信阳市居第二位，1996 年、2000 年、2004 年和 2008 年滩涂面积分别为 41170.68 公顷、39889.91 公顷 、38412.95 公顷、37717.60 公顷；许昌市的滩涂面积最小，1996 年、2000 年、2004 年和 2008 年滩涂面积分别占同期河南省滩涂面积的 0.61％、0.56％、0.50％和 0.41％。

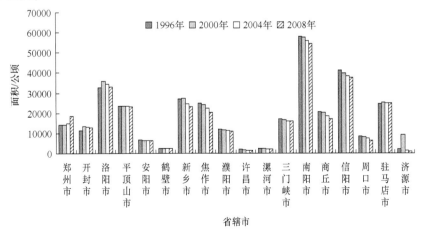

图 7-13　1996 年、2000 年、2004 年和 2008 年河南省各省辖市滩涂面积

　　从表 7-21 可以看出,1996～2008 年,河南省滩涂的变化率为－6.12％,总体上呈减少的态势,各省辖市中,郑州市、开封市、洛阳市、驻马店市等 4 个省辖市的变化率为正值,其他省辖市的变化率为负值。其中,济源市的变化率减少量最大,为－48.77％。分时段看,1996～2000 年,河南省的滩涂变化率为 2.86％,表明该时段内河南省的滩涂面积呈增加趋势,开封市、洛阳市、平顶山市、新乡市、驻马店市、济源市等省辖市的变化率为正值,其中济源市最大,达 329.19％;其他省辖市的变化率为负值,其中许昌市的变化率减少量最大,为－5.79％。2000～2004 年,河南省滩涂的变化率为－6.47％,呈减少趋势,各省辖市中仅郑州市的变化率为正值,其他省辖市的滩涂变化率均为负值,其中,济源市的滩涂变化率减少量最大,为－83.95％。2004～2008 年,河南省滩涂的变化率为－2.42％,呈减少趋势,除郑州市、三门峡市的变化率为正值外,其他省辖市滩涂的变化率均为负值,其中济源市的变化率减少量最大,为－25.61％。

表 7-21　1996～2008 年河南省各省辖市滩涂变化率　　（单位:％）

行政辖区	1996～2000 年	2000～2004 年	2004～2008 年	1996～2008 年
郑州市	－1.50	6.58	23.28	29.43
开封市	17.10	－2.58	－2.67	11.04
洛阳市	10.05	－4.58	－3.76	1.06
平顶山市	0.53	－0.92	－1.38	－1.78
安阳市	－0.88	－0.46	－3.55	－4.83
鹤壁市	－1.39	－3.26	－4.05	－8.48
新乡市	0.67	－10.29	－5.38	－14.55
焦作市	－2.11	－8.20	－8.73	－17.98
濮阳市	－0.21	－5.17	－1.92	－7.18
许昌市	－5.79	－15.96	－19.64	－36.37
漯河市	－0.72	－8.88	－3.56	－12.75
三门峡市	－1.51	－5.27	0.46	－6.27
南阳市	－0.15	－2.94	－2.61	－5.61
商丘市	－2.21	－9.33	－7.67	－18.13
信阳市	－3.11	－3.70	－1.81	－8.39
周口市	－4.13	－11.01	－14.93	－27.42
驻马店市	1.52	－0.81	－0.40	0.30
济源市	329.19	－83.95	－25.61	－48.77
河南省	2.86	－6.47	－2.42	－6.12

7.1.4　未利用地变化的区域差异

未利用地数量变化分析仅能从总量上反映河南省及其所辖 18 个省辖市未利用地及其所含地类的绝对数量的变化情况,但是不能反映各省辖市土地总面积、未利用地面积规模大小的影响,因而在未利用地数量变化分析的基础上,统筹考虑各个省辖市由于未利用地资源的禀赋不同,引入未利用地用地类型的相对变化率来反映河南省未利用地数量变化的区域差异性,从而消除区域本身未利用地的规模大小影响,使各研究区域之间的未利用地变化更具有可比性,从而更好地从宏观上把握各省辖市未利用地变化的特征。未利用地相对变化率(R)的计算公式为

$$R=\frac{|K_b-K_a|\times C_a}{K_a\times|C_b-C_a|} \tag{7-1}$$

式中,R 为未利用地所辖的具体用地类型(荒草地、盐碱地、沼泽地、沙地等)研究时段内的相对变化率;K_a、K_b 分别代表各省辖市未利用地某种用地类型研究期初、期末的面积;C_a、C_b 分别代表整个研究区该种未利用地类型研究期初、期末的面积。若 $R>1$,则表明某省辖市的未利用地某用地类型的变化率大于同期全省该种未利用地类型的变化率;若 $R=1$,则表明某省辖市未利用地的某种用地类型变化率等于同期全省该种未利用地类型的变化率;若 $R<1$,则表明某省辖市的未利用地某种用地类型的变化率小于同期全省该种未利用地类型的变化率。

根据式(7-1)计算 1996～2008 年河南省 18 个省辖市未利用地中所包含的荒草地、盐碱地、沼泽地、沙地等地类的相对变化率,具体如表 7-22 所示。

表 7-22　1996～2008 年河南省各省辖市未利用地相对变化率

行政辖区	荒草地	盐碱地	沼泽地	沙地	裸土地	裸岩石砾地	其他未利用	河流水面	湖泊水面	苇地	滩涂
郑州市	0.86	4.99	0.92	1.75	1.15	2.93	4.33	7.11	23.47	1.66	4.81
开封市	5.08	2.68	4.22	2.28	31.84	—	0.12	3.02	0.38	2.01	1.80
洛阳市	0.87	6.76	1.43	1.95	2.34	22.99	0.78	0.89	0.00	1.37	0.17
平顶山市	0.15	—	0.39	0.31	0.51	5.56	0.06	0.06	0.00	1.77	0.29
安阳市	0.55	0.00	0.32	0.21	4.15	0.34	0.88	0.82	348.98	1.21	0.79
鹤壁市	3.08	0.59	0.00	1.58	0.80	36.91	0.01	0.36	—	0.08	1.38
新乡市	7.73	0.92	1.01	1.43	0.10	326.62	0.52	0.71	12.88	0.93	2.38
焦作市	2.27	0.43	2.64	0.68	2.46	136.46	0.10	0.18	23.47	1.14	2.94
濮阳市	2.08	1.19	0.41	2.32	0.00	—	0.01	0.00	—	0.18	1.17
许昌市	0.87	0.36	0.00	6.27	13.74	2.58	0.04	0.73	0.00	0.71	5.94
漯河市	0.26	5.97	0.00	0.23	—	—	1.76	0.06	0.00	1.04	2.08

续表

行政辖区	荒草地	盐碱地	沼泽地	沙地	裸土地	裸岩石砾地	其他未利用	河流水面	湖泊水面	苇地	滩涂
三门峡市	1.31	0.00	1.95	1.84	0.81	9.63	0.07	0.24	—	1.00	1.02
南阳市	0.51	0.01	0.26	3.15	0.63	2.26	0.14	0.03	12.42	0.22	0.92
商丘市	1.52	0.65	0.52	4.86	0.16	0.00	0.12	0.07	0.18	0.65	2.96
信阳市	0.91	—	0.93	6.70	0.26	20.28	0.97	0.01	0.54	0.08	1.37
周口市	2.72	4.30	5.02	3.99	0.00	—	0.00	0.16	0.00	0.34	4.48
驻马店市	0.49	0.30	0.87	0.19	0.97	0.60	0.00	0.13	0.00	0.13	0.05
济源市	4.47	—	0.34	0.11	4.97	39.80	2.31	2.44	0.00	2.26	7.97

注:"—"表示没有数据,由部分省辖市该用地类型的面积数据为0导致。

由表7-22可知,通过对未利用地各用地类型的区域差异的分析,1996～2008年,河南省的未利用地的变化存在明显的区域差异。其中,荒草地相对变化率最大的是新乡市,达7.73,是相对变化率最小的平顶山市的51.53倍;盐碱地相对变化率最大的是洛阳市,为6.76;周口市的沼泽地相对变化率为5.02,位居全省18个省辖市的首位;沙地相对变化率最大的是信阳市,为6.70;裸土地相对变化率最大的是开封市,达31.84;新乡市的裸岩石砾地相对变化率远高于省内其他省辖市,高达326.62,在河南省18个省辖市中变化最剧烈;其他未利用土地相对变化率最大的是郑州市,为4.33;郑州市的河流水面相对变化率为7.11,居全省第一位;湖泊水面相对变化率最大的是安阳市,高达348.98,是未利用地中变化最剧烈的地类;苇地在全省各省辖市均有分布,并且研究时段内均发生变化,从相对变化率来看,济源市最大,为2.26;济源市的滩涂相对变化率为7.97,位居全省18个省辖市的首位。具体分析如下。

1. 荒草地

1996～2008年,荒草地相对变化率最大的是新乡市,达7.73;其次是开封市,为5.08;济源市居第三位,为4.47,说明这3个省辖市的1996～2008年荒草地的变化率大于河南省荒草地的变化率,主要是由于新乡市、开封市、济源市等省辖市的荒草地变化量占其荒草地的比例较大。同时,鹤壁市、焦作市、濮阳市、三门峡市、商丘市、周口市等省辖市的荒草地变化率均大于1,说明研究时段内,这些省辖市的荒草地变化率大于同期河南省荒草地的变化率;而郑州市、洛阳市、平顶山市、安阳市、许昌市、漯河市、南阳市、信阳市、驻马店市等省辖市的荒草地相对变化率均小于1,其中平顶山市最小,仅为0.15,说明这些省辖市的荒草地变化率小于河南省荒草地的变化率。

2. 盐碱地

1996～2008年,盐碱地相对变化率最大的是洛阳市,达到6.76;其次是漯河市,为 5.97;位居第三位的是郑州市,为 4.99;同时,开封市、濮阳市、周口市的盐碱地相对变化率也超过 1,说明研究时段内这些省辖市的盐碱地变化率大于同期河南省盐碱地的变化率。而鹤壁市、新乡市、焦作市、许昌市、南阳市、商丘市、驻马店市等省辖市的盐碱地相对变化率均小于 1,其中南阳市仅为 0.01,说明研究时段内这些省辖市盐碱地的变化率小于同期河南省盐碱地的变化率。另外,安阳市、三门峡市 2 个省辖市的盐碱地相对变化率为 0,主要是由于研究时段内这些省辖市的盐碱地面积数量没有发生变化。平顶山市、信阳市、济源市等 3 个省辖市没有盐碱地,因而没有盐碱地的相对变化率。

3. 沼泽地

研究时段内,在河南省 18 个省辖市中周口市沼泽地的相对变化率最大,为 5.02;居第二位的是开封市,为 4.22;焦作市居第三位,为 2.64,说明周口市、开封市、焦作市等省辖市沼泽地的变化率高于同期河南省沼泽地的变化率。同时,洛阳市、新乡市、三门峡市等省辖市沼泽地的相对变化率均超过 1,说明这些省辖市沼泽地的变化率远大于同期河南省沼泽地的变化率。而郑州市、平顶山市、安阳市、濮阳市、南阳市、商丘市、信阳市、驻马店市、济源市等省辖市沼泽地的相对变化率小于 1,其中安阳市较小,为 0.32。鹤壁市、许昌市、漯河市等 3 个省辖市沼泽地的相对变化率为 0,源于研究时段内这些省辖市的沼泽地面积数量没有发生变化。

4. 沙地

研究时段内,沙地的相对变化率最大的是信阳市,达 6.7;其次是许昌市,为 6.27;商丘市位居全省第三位,为 4.86。同时,郑州市、开封市、洛阳市、鹤壁市、新乡市、濮阳市、三门峡市、南阳市、周口市等省辖市的沙地相对变化率均超过 1,说明研究期内这些省辖市沙地的变化率超过同期全省的平均水平。平顶山市、安阳市、焦作市、漯河市、驻马店市、济源市等省辖市的沙地相对变化率均小于 1,其中济源市最小,仅为 0.11,侧面反映了这些省辖市的沙地变化率小于同期全省的平均水平。

5. 裸土地

1996~2008 年,全省 18 个省辖市中开封市的裸土地相对变化率最大,达到 31.84;其次是许昌市,为 13.74;再次为济源市,为 4.97。郑州市、洛阳市、安阳市、焦作市等省辖市的裸土地相对变化率超过 1,表明研究期内这些省辖市裸土地的变化率超过同期全省平均水平。驻马店市的裸土地相对变化率为 0.97,说明其裸土地的变化率与同期全省平均水平基本持平。而平顶山市、鹤壁市、新乡市、三门峡市、南阳市、商丘市、信阳市等省辖市的裸土地相对变化率均小于 1,其中新乡市最小,仅为 0.10。另外,濮阳市、周口市 2 个省辖市的裸土地面积没有变化,因而裸土地相对变化率为 0;漯河市没有裸土地。

6. 裸岩石砾地

研究期内,从裸岩石砾地的相对变化率来看存在着显著的区域差异。新乡市的裸岩石砾地相对变化率最大,达 326.62;其次是焦作市,达 136.46;济源市位居第三,为 39.8,说明研究期内,这 3 个省辖市裸岩石砾地的变化率远高于同期全省的平均水平;同时,郑州市、洛阳市、平顶山市、鹤壁市、许昌市、三门峡市、南阳市、信阳市等省辖市的裸岩石砾地相对变化率均大于 1。而安阳市、驻马店市等省辖市的裸岩石砾地相对变化率分别为 0.34 和 0.6,均小于 1,表明研究期内这 2 个省辖市裸岩石砾地的变化率低于同期全省的平均水平。另外,研究期内,商丘市的裸岩石砾地面积没有发生变化,因而其裸岩石砾地的相对变化率为 0;开封市、濮阳市、漯河市、周口市等 4 个省辖市没有裸岩石砾地,因而不存在裸岩石砾地的相对变化率。

7. 其他未利用土地

研究期内,其他未利用土地在全省 18 个省辖市均有分布,但是分布不均,并且研究期内各省辖市其他未利用土地存在区域差异。郑州市的相对变化率最大,达 4.33;其次是济源市,为 2.31;漯河市居第三位,为 1.76。其他省辖市,如开封市、洛阳市、平顶山市等 15 个省辖市其他未利用土地相对变化率均小于 1,其中周口市、驻马店市 2 个省辖市的研究期内变化面积相对很小,因而表现为 0。

8. 河流水面

研究期内,河南省 18 个省辖市中郑州市的河流水面相对变化率最大,达 7.11;其次是开封市,为 3.02;再次是济源市,为 2.44。其他 15 个省辖市的河流水面相对变化率均小于 1,说明这些省辖市河流水面的变化率小于同期河南省河流水面的变化率。其中,由于 1996～2008 年濮阳市的河流水面面积净减少了 0.3 公顷,面积变化极小,因而表现为其河流水面相对变化率 0。

9. 湖泊水面

1996～2008 年,河南省各省辖市中安阳市的湖泊水面相对变化率最大,达 348.98;焦作市、郑州市、新乡市、南阳市等 4 个省辖市湖泊水面的相对变化率紧随其后,居全省前五位,并且远远大于 1,分别为 23.47、23.47、12.88、12.42,说明研究期内这 5 个省辖市湖泊水面的变化率大于同期河南省湖泊水面的变化率;而开封、商丘市、信阳市等 3 个省辖市湖泊水面的相对变化率小于 1。洛阳市、平顶山市、许昌市、漯河市、周口市、驻马店市、济源市等 7 个省辖市湖泊水面的相对变化率为 0,是由于研究时段内,这些省辖市的湖泊水面面积没有变化。鹤壁市、濮阳市、三门峡市等 3 个省辖市没有湖泊水面,因而不存在湖泊水面的相对变化率。

10. 苇地

研究期内,苇地相对变化率的区域差异相对较小,为 0.08～2.26。在各省辖市中,苇地相对变化率最大的是济源市,为 2.26;其次是开封市,为 2.01;平顶山市居第三位,为 1.77;郑州市、洛阳市、安阳市、焦作市、漯河市等省辖市的苇地相对变化率大于 1;三门峡市的苇地相对变化率等于 1,表明研究期内三门峡市苇地的变化率与同期河南省苇地的变化率相同。鹤壁市、新乡市、濮阳市、许昌市、南阳市、商丘市、信阳市、周口市、驻马店市等省辖市的苇地相对变化率小于 1,其中鹤壁市最小,仅为 0.08,主要是由于鹤壁市苇地面积较小,仅有 0.72 公顷,并且到 2008 年苇地面积变化为 0。

11. 滩涂

研究期内,在河南省 18 个省辖市中,济源市的滩涂相对变化率最大,为 7.97;其次是许昌市,为 5.94;郑州市位居第三,为 4.81;开封市、鹤壁市、新乡市、焦作市、濮阳市、漯河市、三门峡市、商丘市、信阳市、周口市等省辖市滩涂的相对变化率均超过 1,其中三门峡市为 1.02,其滩涂的变化率与同期河南省滩涂的变化率基本持平。而洛阳市、平顶山市、安阳市、南阳市、驻马店市等省辖市的苇地相对变化率均小于 1,其中驻马店市最小,仅为 0.05,说明研究期内其滩涂的变化率远小于同期全省的平均水平。

7.2 未利用地开发利用的 SWOT 分析

SWOT 分析是一种态势分析法,即用系统的思想,对发展中 strength(优势)、weakness(劣势)、opportunity(机遇)和 threat(挑战)等 4 个因素加以分析,得出相应的结论,从而制定相应的发展战略。该方法是现代企业经营战略分析的常用方法,最早由 Steiner 于 20 世纪 80 年代初提出,目前被广泛应用于产业发展战略(孙超平等,2009;何晋武等,2011;刘新华,2013)和土地利用战略研究等领域(刘卫东等,2007;白天,2010;赵鹏旭等,2012)。通过 SWOT 分析,资源分析(SW)和外部环境分析(OT)构成 SWOT 分析矩阵,并由此得出 4 个发展战略方向:①利用自身优势,充分把握机会的优势机会方向;②在把握机会中克服自身劣势的劣势机会方向;③利用自身优势应对威胁的优势威胁方向;④在威胁中克服自身劣势的劣势威胁方向。实现战略目标的过程,事实上就是一个抓住机遇,迎接挑战(变威胁为机遇),发挥优势,克服劣势(变劣势为优势)的过程(孙九胜等,2012;魏新强等,2013)。

目前,该方法在未利用地开发利用战略研究方面的应用较少,在研究中通过对河南省未利用地资源禀赋、开发利用内外环境条件的分析,使未利用地的开发利用与河南省经济社会转型发展有机结合起来,充分认识河南省未利用地开发的优势、劣势以及机遇与挑战,控制或化解不利因素和威胁,从而为科学、合理、有序开发利用河南省未利用地资源提供指导和借鉴。

7.2.1　优势

1. 未利用地及自然资源丰富

河南省未利用土地资源丰富,2008 年全省拥有未利用地 2085629.55 公顷,占河南省土地总面积的 12.60%,其中荒草地占未利用地的 38.62%,是未来开发利用的主体。河南省平原、山地、丘陵分别占土地总面积的 55.70%、26.60%、17.70%。河南省地层齐全,地质构造复杂,成矿条件优越,蕴藏着丰富的矿产资源,是全国矿产资源大省之一。2008 年年底,已发现矿种 136 种,占全国已发现矿种的 79.5%,其中查明资源储量的 99 种,13 种矿产储量居全国首位,52 种矿产储量居全国前 5 位。铝土矿、煤炭、耐火黏土、天然碱、钼、金等优势矿产在全国矿产开发利用中占有重要的地位。丰富的土地后备资源和自然资源及其良好的生态环境,是河南省吸引生产要素聚集、发展高效生态经济的核心优势,为发展多样化、规模化、机械化、集约化、产业化经营提供了发展空间,是促进经济社会发展的潜力所在。

2. 地理位置优越,区位优势明显

河南省位于我国中部,黄河中下游。承东启西、连南贯北的区位特点使河南省成为东部地区产业向西部转移的桥头堡和结合部,在密切东、中、西部联系和促进区域协调发展等方面发挥着重要作用。地处全国"两横三纵"城市化战略格局中陆桥通道和京广通道的交汇区域,在全国综合交通运输网络中具有不可替代的枢纽地位。郑州北站是亚洲最大的列车编组站,郑州站是全国最大的客运站之一。河南省拥有郑州新郑国际机场、洛阳机场和南阳机场 3 个民用机场,郑州新郑国际机场是 4E 级机场和国内一类航空口岸。河南省内河航道里程达 1439 公里。

河南省有京港澳高速、连霍高速、济广高速、大广高速、二广高速等 17 条国家高速公路及 50 余条区域地方高速公路及 105、106、107、207、310、311、312 等 23 条国道,郑州市、商丘市、洛阳市、南阳市等省辖市均建有环城高速公路。综合交通运输能力和城市现代化功能大大增强,为加快河南省经济建设与发展奠定了良好的交通基础。基础设施的建设,进一步增强了未利用地开发的支撑能力。

3. 生态保障能力不断提升

近年来,区域土地开发一直坚持保护与建设并重,走可持续发展道路,大力实

施生态建设工程,加大了自然保护区的建设力度;深入实施生态建设,积极开展环境整治,对重点污染企业实行限期治理,对重点污染区域采取综合措施;加强了生态系统的保护与改造,增加了环境容量。以重点生态工程建设为抓手,全面推进山地丘陵区林木抚育、平原农田防护林营造、高速公路、铁路、南水北调干渠沿线两侧生态走廊构筑,逐步形成完善高效的林业生态防护体系。通过兴建坡改梯工程、坡面蓄水工程和沟道治理工程,实行多林种配合加快荒山绿化,推广等高种植、旱作农业技术等措施,对水土流失区域进行生态修复。实施湿地生态修复与建设工程,加快建设湿地自然保护区,全面提升湿地生态功能。环境承载经济建设的能力大大增强,为未利用地的大规模开发提供了整体较好的生态保障能力。

4. 产业发展基础良好

河南省是中国第一农业大省、新兴工业大省和劳动力输出大省,具备很好的基础设施和工业发展水平,与沿海大城市相比,该区水、电、劳动力等生产要素成本相对低廉。近年来,河南省大力发展高效生态农业,探索出了许多工业循环经济新模式,第一、第二、第三产业增加值都呈现出逐年增长的趋势。2008 年,地区生产总值达到 1.84 万亿元,比上年增长 12.2%,增速高于全国平均水平 1.9 个百分点。人均生产总值 19593 元,比上年增长 22.36%,进入了快速发展的新阶段。经济结构不断优化,三次产业结构的比例为 6.5∶68.5∶25.0,二、三产业比例达到 93.5%,呈现出工业化、城镇化加快发展的显著特征。经济发展的后劲充足,固定资产投资持续快速增长,2008 年全省全社会固定资产投资 10490.65 亿元,比上年增长 30.97%。投资结构不断优化,食品、化工、机械、纺织、建材、电子等河南优势产业投资增长较快。农业、水利、环保、教育、文化等薄弱环节投资得到明显加强。一批事关长远发展的水利、交通、能源、城市基础设施、社会事业等重大项目建成或开工,进一步夯实了河南经济发展的基础,为未利用地的开发利用奠定了良好的经济基础。

7.2.2　劣势

1. 人地矛盾突出

河南省是人口大省,2008 年年底人口总量达 9918 万人,占全国人口总量的 7.47%,而土地资源总面积仅占全国土地总面积的 1.74%。河南省面临着土地资源对社会经济可持续发展的制约,面临着非持续性模式对土地利用保护的深刻影响,土地资源供需矛盾十分尖锐,由于人均土地资源少,各类用地均不能满足需要,建设用地、农用地与生态环境用地等争地矛盾十分突出。2008 年,全国人口密度为 138 人/平方公里,而河南省是 594 人/平方公里,人口密度是全国平均水平的 4.3 倍。人口和消费需求的增长将对土地供给产生重大冲击,较大的人口基数和强劲的人口增长势头,不仅在相当大程度上淹没了粮食增长的态势,造成人均占有粮食低于全国平均水平,也低于相邻省份。同时,不断增长的人口压力使得有限的土地资源供给日趋紧张,成为河南省社会经济协调持续发展的一个重要制约因素。

2. 水资源短缺

2008年河南省水资源总量为371.53亿立方米,但因人口众多,其人均水资源量为374.6立方米/人,而2008年全国水资源总量为27434.3亿立方米,其人均水资源量为2071.1立方米/人。河南人均水资源量仅占全国平均水平的18.09%,属于缺水区。河南省水资源短缺主要表现以下五个方面:①水资源分布不均和年际变化大。时空分布不均,地表径流年际年内变化大,丰水年与干旱年降雨量相差5~7倍。年内分配集中于汛期(占全年总降雨量的60%~75%)。南多北少,约有50%的水资源量分布于信阳市、驻马店市等省辖市,而豫北、豫东、豫中平原工农业较发达地区人均水资源占有量则较少。该资源布局导致各地水资源供求不协调。②供水与调节能力较差。豫南信阳市及驻马店市部分地区水资源较丰富,豫北和豫中缺水严重。目前缺乏水资源宏观调度能力、调水规划。③地下水开采不合理,局部超采严重。目前,河南省地下水资源开发利用程度已高于全国水平,开发利用程度高(地下水开发利用率已达60%~70%),新开发难度大,城镇地下水超采严重,郑州市、许昌市、商丘市的漏斗中心地下水位已降至地面以下15~20米。④水环境严重恶化。工业废水与生活排污导致水质恶化,水污染突出,污染物化学耗氧量超标几十倍甚至上百倍。⑤管理体制不完善、技术有待提升、水价偏低,导致水资源特别是农业用水浪费严重。

3. 自然灾害频繁

河南省是我国自然灾害种类繁多、发生频繁且危害严重的一个省份。河南省地处中纬度地区,受西部欧亚大陆与东部太平洋海陆温差的作用,形成了典型的由北亚热带向暖温带过渡的气候。从地势上看,河南省西高东低,大致以京广铁路线为界形成了山地与平原的对半分布。河南省自然条件、自然环境的独特性,使自然灾害频繁发生,而且在水平方向及垂直方向上都形成了独特的空间分异规律,是水平地带性、非地带性和垂直地带性规律的有机结合。水平地带性主要影响以致控制不同灾害类型;非地带性与垂直地带性则主要影响各种灾害的成灾度。它们相互联系、相互制约,从而形成河南省自然灾害地域分异规律,是灾害地理学的理论基础,具有重大的理论与实践意义。河南省自然灾害具有种类多、频率高、分布广、损失重、危害大的特点,主要有旱、涝、冰雹、地震、干热风、病虫害、滑坡、崩坝、水土流失等,其中以旱灾、涝灾两种灾害危害最大。

4. 土地资源相对贫乏

河南省人口众多,人均土地资源面积大大低于全国平均水平。2008 年,河南省人均土地面积为 0.17 公顷/人,全国人均土地面积为 0.72 公顷/人,是河南省人均土地面积的 4.24 倍。全省省域内林地和草地资源比较匮乏,林地和草地面积仅占河南省土地总面积的 21.17% 和 4.10%,与全国平均水平有较大差距。由于开发历史悠久,省域范围内大部分土地已经开发利用,后备土地资源不足,盐碱地、沼泽地、沙地、裸土地、河流水面和滩涂地等未利用地 2085629.55 公顷,仅占全省土地总面积的 12.6%。

7.2.3　机遇

1. 国际环境

经济全球化和世界经济一体化的不断加快,国内与世界经济的联系和互动更加密切,有利于河南省进一步扩大对外开放,充分利用国际、国内两个市场、两种资源,实施开放带动,并成为外商在华投资、实施产业转移的热点区域之一,这将促进河南省土地资源的综合开发利用。实施开放带动主战略,是河南省经济社会可持续发展的客观需要,也是河南省积极参与经济全球化的必然选择。当前,河南省正处于经济结构和产业结构调整时期,矛盾比较突出,资源相对短缺,国内市场有效需求不足,部分行业生产能力过剩。解决这一问题,除了大力调整经济结构、促进产业升级外,一个重要的途径就是更好地利用国内外"两个市场、两种资源",通过国际贸易构筑合作平台,加大招商引资力度,推进进出口贸易,促进企业"走出去",促进企业在更大范围、更广领域和更高层次上参与国际经济合作,不断提高企业的国际竞争力。

2. 国内环境

全国经济未来较长时期内将保持快速发展,国家将加大对农业等薄弱环节的支持力度,实施"促进中部地区崛起"战略,将在政策、资金、重大项目布局等方面促进中部发展。河南省地处中原,有着悠久的历史、灿烂的文化和丰富的资源,经济总量居中西部地区乃至全国都占有重要地位,在全国中部崛起的重要战略中具有重要的地位,国外及沿海发达地区部分产业将加快向中西部转移扩散,给河南省国民经济发展提供了机遇。随着国家出台多个文件强调节约集约用地,科学开发利用未利用地,通过内涵挖潜,提高利用效率,解决建设用地需求,保障经济社会可持续发展和土地可持续利用,已经成为共识,也是河南省未利用地开发利用的国内有利环境。

3. 省内环境

通过多年的建设和发展,河南省经济社会实力逐步增强,市场经济体制不断完善,经济增长的内生机制逐步增强,科技创新能力进一步提高,为区域经济发展和未利用地资源开发利用提供了强大的动力支持,指明了更加清晰的开发利用路径,即生态、高效、集约。随着工业化、城镇化水平的不断提升,河南省将进入新的更快、更好发展时期,工业反哺农业、城市支持农村、城乡协调发展、区域协调发展、人与自然协调发展的能力将得到增强。全省综合实力的不断提高,有利于促进未利用地的有效开发利用,有利于改变片面依赖建设用地扩张带动经济增长的做法,从而为建立集约高效的土地利用机制和实现城乡和区域土地利用的协调创造了条件。

7.2.4　挑战

1. 开发风险

国际经济形势的不确定性,增加了未利用地开发利用的风险,包括投资资金、利用强度和利用可持续性等问题。随着经济发展格局的不断调整,产业结构转型升级,发达国家和我国东部沿海地区产业向中西部地区转移的趋势将逐步加强,有利于河南省充分发挥区位、市场、资源、劳动力等方面的优势,积极承接产业转移,强化与东部沿海地区及周边地区的分工协作,借助外力实现跨越式发展。同时,区际发展竞争也将更加激烈,保持经济平稳较快发展、缩小与全国差距、走在中部地区前列的难度增加,为河南省发展高新产业以及未利用地的开发利用提出了更高的要求,也带来了一定的风险和挑战。

2. 环境挑战

生态环境保护与资源高效利用并重,为未利用地开发利用提出了环境挑战。由于河南省多数未利用地存在于山区,对保障生态安全有重要的作用。如何协调大规模未利用地开发利用与环境保护的关系是摆在人们面前的首要问题。随着大规模、高强度的城镇化和工业化开发,基础设施建设的加快推进,土地、水、矿产资源的供给将面临更大压力。同时,城镇和工业发展对大气、水和土壤造成的污染压力将逐步增加,农业面源污染也不容忽视,环境容量约束将日益增强,实现节能减排的难度将逐步加大。由于过去开发观念和开发技术的落后,已对生态系统等造成了不同程度的破坏。新一轮的大规模未利用地开发利用绝不能重复过去的老路,坚持生态环境保护与资源高效集约利用并重,面临着环境挑战。

3. 生态隐患

过去的开发历史表明,在不计生态成本的前提下,未利用地的开发利用成本相对较低、效益快,且行为主体无须为生态买单;可观的土地出让或土地指标收益,也为地方政府利用"土地财政"大搞开发建设埋下了隐患。矿产资源重点开发区的生态破坏问题没有得到根本改善,水土流失、湿地面积存在功能退化、生物多样性减少的现象日益凸显,部分地区大气环境、水环境污染较严重,农业和农村面源污染较普遍。无序、无节制地推进未利用地开发必然对生态文明建设和可持续发展带来生态隐患。

7.2.5　未利用地开发利用战略

通过对河南省未利用地开发利用的 SWOT 分析可以看出,本区域未利用地开发优势突出,劣势也比较明显,机遇和挑战并存。要辩证地认识存在的优势和劣势,辩证地分析面临的机遇和存在的挑战之间的关系,采取切实可行措施,充分发挥本身优势,积极利用难得的发展机遇,变挑战压力为动力,弱化劣势,坚持生态、高效、集约开发利用宝贵的未利用地资源,实现河南省高效生态经济区的可持续发展。

1. 优势机会方向(SO)

依靠内部优势,利用外部机会,抓住经济全球化和区域一体化的机遇,依托国家发展战略,发挥河南省未利用地资源的优势,积极进行生态、集约、高效开发和利用。充分认识河南省当前所处的历史发展阶段和土地省情,深入贯彻落实科学发展观,统筹未利用地的开发、利用和保护,统筹保护生态用地与保障发展,积极探索未利用地的利用新模式,完善土地管理法制、体制和机制,促进全省未利用地可持续利用和国民经济又好又快发展。坚持以人为本,统筹工业化、城镇化和农业产业化建设,优化土地利用结构,合理安排土地利用布局,强化土地综合整治,促进城乡、区域协调发展,实现土地利用、经济发展和生态保护的综合平衡,构建和谐人地关系,建设环境友好型社会。

2. 劣势机会方向(WO)

利用外部机会,克服内部劣势,创新管理体制和机制,强化未利用地开发严格控制和管理,坚持"生态、集约、高效",充分利用国家的优惠政策和资金投入,坚持市场化开发未利用地资源,破解土地瓶颈制约。加强未利用地资源开发的综合论证和分类管理以及用途管制,对未利用地变化情况进行全程动态监管,严格限制生态脆弱地区的土地开发,因地制宜地确定未利用地的开发利用方向和规模;构建生态支撑战略,开展生态服务价值评估,整合相关资金并从土地出让收入中提取一部分资金,用于设立生态补偿专项经费,重点用于未利用地开发造成的生态环境损失修复和环境基础设施建设项目;调整用地结构,优先保护自然生态空间和自然环境资源,改善区域生态环境质量,在维系好生态系统的前提下,促进未利用地的可持续开发和利用。

3. 优势威胁方向(ST)

依靠内部优势,迎接外部挑战。加强区域战略合作关系,优先引进大企业集团,发展高效优质规模化农业规模生产;推进河南省未利用地直接开发为建设用地,建设省级耕地占补平衡储备库,拓展城市建设用地空间;采取共建、共管、共享的模式,推动未利用地集中连片规模开发,大力提高未利用地开发利用的综合效益和效率,从而实现未利用地开发"生态、集约、高效"的目标,实现地区间互利共赢。

4. 劣势威胁方向(WT)

减少内部劣势,迎接外部挑战。无序、无节制地盲目推进未利用地开发必然对生态文明建设和可持续发展带来威胁。破解水资源的制约,必须推行最严格的水资源管理制度,全面推进节水型社会建设,提高水资源的利用效率和效益,大力推广应用工农业节水、暗管改碱、生态开发技术,保障未利用地开发中的用水和环境安全。推进农地经营的规模化生产、产业化经营、专业化管理,大力发展高效生态农业,探索符合当地实际的生态农业模式;构建高效生态产业体系,延伸产业链条,提高产业竞争力;合理布局临港产业和城镇建设的未利用地开发,引导土地节约集约利用,提高投资强度和产出效益。

7.3 未利用地生态保护模式与调控对策

7.3.1 存在的主要问题

1. 生态功能未得到重视

未利用地是指除农用地和建设用地之外的地类总称,具有生产功能和生态功能。生产功能体现在部分未利用地通过工程技术手段改造后可以开垦为耕地或作为建设用地使用,生态功能体现在未利用地在涵养水源、保护生物多样性、调节气候等方面起着不可替代的作用。在未利用地开发利用的过程中,人们往往片面追求经济效益,重视未利用地的生产功能,而忽视了未利用地的生态功能。由于在未利用地开发利用过程中缺乏有效的保护,未利用地的生态功能不同程度地遭到破坏,这将不利于土地的可持续利用。

2. 开发利用深度不够

未利用地开发主要用来补充耕地或转为建设用地。但因受限于技术手段和思想认识,对未利用地的利用多采取粗放型利用方式,对未利用地资源造成一定程度上的浪费。在未利用地开发利用过程中,不应该单纯地改变土地用途,更应该在开发利用之前做好规划,用科学、规范的标准约束未利用地的开发活动,对开发的未利用地进行评价,加强对未利用地的集约节约利用。

3. 缺乏有效的管控机制

未利用的开发利用并未形成系统、成熟的开发模式,多是为了地方社会经济发展需求,为保证耕地占补平衡或建设用地需求进行开发。这属于一种被动开发的模式,不利于未利用地的合理开发利用。因此,对未利用地的开发利用,应在全面掌握未利用地的数量、类别、质量等属性信息,建立未利用地数据库,在保障未利用地生态效益的前提下,有计划地对未利用地进行开发,并适时开展未利用地开发适宜性评价。同时,国土部门加强对未利用地开发的巡查监督工作,及时掌握未利用地开发的各项信息,构建准确、科学、有效的未利用地管控机制,保障未利用地的可持续开发利用。

4. 开发协调机制不足

未利用地的开发利用是一项系统的工程,是人类通过工程技术手段对土地进行改造的活动,涉及国土、城建、农业、财政、环保、电力、水利等多部门。在开发过程中,人类对土地施加影响,同样,这些改变会反作用于人类社会。因此,有必要在未利用地开发利用过程中加强部门协调,做好各项开发评估工作,将因未利用地开发利用引发的外部不经济降到最低,保证开发的顺利进行和人类社会的可持续发展。

7.3.2　未利用地保护模式

1. 加强生态保护

未利用地的开发利用应从简单地重视经济效益转变为全面兼顾经济效益、生态效益、社会效益。未利用地转变为耕地或建设用地产生的经济效益,其中一部分应用于其他未利用地的保护,保障未利用地的生态功能不降低。制定相应的未利用地开发利用生态保护政策,将未利用地的生态保护制度化、常态化,切实实现未利用地的生态效益和社会效益。

2. 实施用途管制

未利用地的开发利用必须符合用途管制,在保证生态功能不受破坏的前提下,有条件地进行未利用地的开发,在对未利用地进行价值评估的基础上,严格实施用途管制,明确开发和保护方向,宜农则农、宜林则林、宜园则园、宜牧则牧、宜渔则渔,切实实现未利用地的最大综合效益。

3. 探索多源开发

未利用地、农用地、建设用地呈交叉分布,部分未利用地零星分布于农用地或建设用地之中,这些未利用地往往开发价值较高,但由于土地流转的制约,开发利用的难度较大。因此要把未利用地开发与农业现代化和城镇化发展有机结合起来,探索多源开发的模式,综合各方优势实现未利用地的高效利用。把土地开发整理与农田水利设施建设结合起来,提高未利用地开发的综合效益,使农民得到实惠。把土地开发整理与城镇化建设结合起来,引导农民向城镇聚集,有计划地开发未利用地,实现土地的集约节约利用。

4. 推动机制创新

未利用地开发在管控、协调机制等方面仍有不足之处,应积极探索建立完善的未利用地开发运行机制,确保未利用地的综合开发效益实现最大化。一是要用活市场机制,推进开发和监管相分离;二是要统筹协作,建立多部门协调工作平台;三是要建立完善的开发资金统筹使用制度;四是要创新土地流转方式。

7.3.3　未利用地调控对策

1. 行政对策

1）加强各部门之间的沟通协作

未利用地开发涉及多部门,必须有强有力的领导,落实责任,明确目标。要强化政府的主导作用,调动国土、农业、城建、财政、环保、电力、水利等多部门积极配合,共同推进未利用地开发工作的顺利进行。

2）严控未利用地开发指标

依据土地利用总体规划,统筹安排各项土地开发整理活动。未经批准不得擅自增加开发面积,依据实际情况有计划地开展开发工作,防止不顾条件的盲目推进、大肆开发未利用地。

3）完善公众参与机制

广泛的群众参与有利于积极反馈施工实际,加强对公众的宣传,提高公众积极性,逐步建立和完善公众参与机制,更好地调动群众参与和支持未利用地开发工作的积极性。

2. 经济对策

1) 多渠道整合资金

积极响应国家及各级政府的相关政策,多渠道整合资金,将耕地开垦费、土地出让金、闲置费等地方留存部分以及有关罚款纳入土地专项资金,保证未利用地开发工作的顺利进行。有效整合资金,积极推进未利用地的开发工作,补充和保护耕地资源。

2) 合理分配开发获得的经济效益

未利用地开发获得的经济效益应有一部分用于未利用地的生态保护,制定资金使用制度,确保资金流向,保障专款专用,在开发未利用地的同时开展未利用地保护工作,开发与保护并行才能实现未利用地的最大综合效益。

3) 完善资金管理制度

通过制定较完善的经济政策,吸引社会投资,实行奖惩制度,调动公众积极性,促进未利用地开发工作的高效进行。严格控制项目经费预算及审核工作进程,建立健全相关的项目审查、项目预算、资金使用等相关的管理与约束机制,强化未利用地开发资金的管理。

3. 技术对策

1) 构建专家咨询平台

未利用地开发是一项业务量大,技术性强的综合工程,成立由有关院校和科研机构的专家组成专家咨询组,对未利用地开发工作进行专门研究、咨询,对工程技术难题提供智力支持。运用现代科技手段,加快科学决策、科学管理的咨询系统网络化建设。

2) 实施工程技术措施

未利用地开发过程应加强农田水利工程建设,完善排灌溉系统;同时改良土壤,增强土地肥力,扩大绿肥及豆科作物种植面积;对开发为耕地的未利用地,重视农田生态建设,防止土壤污染,营造农田防护林,改善农业生态环境;对开发为建设用地的未利用地,加强新农村建设,改善村庄基础设施条件,提高农村居住环境。

3) 加强科技动态监管

充分利用遥感动态监测、卫片执法检查等手段,定期开展未利用地开发实施监管,强化对开发实施进展情况的跟踪。应用现代科技手段,加强整治项目实施信息、规划审批信息和土地工程交易信息的公开,健全规划实施的监督机制,充分发挥社会舆论和广大群众对规划实施情况的监督作用。

第8章 土地利用分区与调控

8.1 土地利用分区

8.1.1 土地利用分区的必要性

土地利用分区是遵循土地资源空间分布特征而对土地进行分区利用的重要手段。由于自然和社会经济条件的差异,土地资源在空间上具有空间分异性。同时,在特定的小范围区域内,土地资源又具有一致性。与土地资源空间分布特征相对应的是,土地利用也具有大尺度的空间差异性和小尺度范围的相对一致性。土地利用分区有助于根据土地的自然和社会特性对土地进行合理利用与管理,促进区域土地资源的可持续利用。

河南省地处中原,气候条件和地貌条件等的不同,致使河南省南部与北部、东部与西部,在土地利用类型、土地利用结构、土地利用方式和土地利用程度等方面均存在显著的差异,以致各地社会经济条件、发展水平、土地利用方向及土地利用中存在的问题等均不相同。因此,以土地利用现状和土地资源的适宜性为基础,结合目前社会发展、国民经济和环境保护的需要,按土地利用方向的不同,对河南省土地利用进行分区,并根据分区对土地利用现状和发展趋势进行统计分析,有利于区分不同区域土地利用变化的主导因素,理解区域土地利用变化的机理和区域差异性,促进河南省土地利用规划的落实和实施。

8.1.2 土地利用分区的原则

土地利用分区不仅应遵循土地资源的自然特征,更应考虑分区成果应用的便利性,基于以上考虑,土地利用分区应遵循以下原则。

1) 与土地利用总体规划相协调原则

在分区画线时,围绕土地利用总体规划对土地用途的要求,对有争议和不明确的地段,与规划及有关部门协商确定,不可随意改变规划用途。

2) 区域内土地利用方向一致性原则

河南省境内自然资源、社会经济、生态环境等存在较大差异,因而在土地利用分区过程中应强调各区域内部土地利用的自然条件、经济条件和社会发展条件的相对一致性,土地利用存在的主要问题和解决途径的相对一致性,土地利用结构和土地利用方向的相对一致性,土地利用开发整治和改善土地生态环境措施的相对一致性。

3）保证市级行政界线的完整性原则

土地利用是一种社会经济活动，土地利用现状是人类长期开发利用土地形成的。在省域尺度上，土地利用差异性主要存在于市级行政区域之间，而市级行政区域范围内，土地利用相对一致。同时，全国第二次土地利用详查省级汇总的各类土地面积，是以省辖市为基本调查和统计单位。省级统计资料（包括国民经济数据和其他社会经济资料）也主要采用以省辖市为单位进行统计和整理。所以，分区是以省辖市为分区单元，保证省辖市行政界线的完整性，有利于分区方案的落实和实施。

8.1.3 土地利用分区空间分布

根据上述分区原则，将河南省分为 4 个区，即中原城市群土地利用区、豫北土地利用区、豫西南土地利用区、黄淮四市土地利用区，空间分布如图 8-1 所示。除豫西南土地利用区由于山地丘陵的影响，地形相对复杂外，其他各区主要以平原地貌为主。在空间分布上，豫西南土地利用区分布在河南省的西部和西南部，其他 3 个自南向北分别是黄淮四市土地利用区、中原城市群土地利用区和豫北土地利用区。黄淮四市土地利用区位于河南省的南部和东南部，是河南省雨热分布较多的区域；中原城市群位于我国东西和南北交通的枢纽区域，也是河南省城市相对集中的区域；豫北土地利用区位于河南省的最北部，雨热相对较少，是河南省旱地作物的主要种植区之一。

图 8-1 土地利用分区

8.2 中原城市群土地利用区

8.2.1 农用地、建设用地和未利用地变化

1. 区域土地利用结构

中原城市群土地利用区包括郑州市、洛阳市、开封市、新乡市、焦作市、济源市、许昌市、漯河市、平顶山市共 9 个省辖市,2008 年土地总面积为 5874893.11 公顷,占全省面积的 35.49%。在空间分布上,洛阳市的面积最大,约为 1522983.30 公顷,约占本区域总面积的 25.92%,其次是新乡市(14.04%)、郑州市(12.82%)和平顶山市(13.46%),济源市的面积最小(3.23%),其他城市居中,具体如表 8-1 所示。

表 8-1 2008 年中原城市群土地利用区土地资源分布

省辖市	面积/公顷	比例/%
郑州市	753256.26	12.82
开封市	626094.51	10.66
洛阳市	1522983.30	25.92
平顶山市	790942.21	13.46
新乡市	824945.09	14.04
焦作市	400088.66	6.81
济源市	189375.63	3.23
许昌市	497835.59	8.47
漯河市	269371.86	4.59

本区域 2008 年的农用地面积为 4099096.39 公顷,占全省农用地面积的 33.52%;建设用地面积为 870456.23 公顷,占全省建设用地面积的 38.88%;未利用地面积为 905340.50 公顷,占全省未利用地面积的 43.41%。

在空间分布上,农用地面积主要分布在洛阳市,其面积为 1095835.81 公顷,占区域农用地面积的 26.74%;其次是新乡市、平顶山市、开封市和郑州市;最少的是济源市,面积约为 112695.37 公顷,占区域农用地面积的 2.75%,其他如许昌市、漯河市和焦作市的面积也相对较少;建设用地主要分布在郑州市、洛阳市和新乡市,其次是平顶山市、开封市和许昌市,其余较低;未利用地主要分布在洛阳市、郑州市、平顶山市、新乡市和焦作市,其余相对较少。中原城市群土地利用区农用地、建设用地和未利用地在各省辖市的分布状况如表 8-2 所示。

表 8-2 2008 年农用地、建设用地和未利用地空间分布

省辖市	农用地		建设用地		未利用地	
	面积/公顷	比例/%	面积/公顷	比例/%	面积/公顷	比例/%
郑州市	457313.89	11.16	171773.45	19.73	124168.92	13.72
开封市	495969.87	12.10	95265.98	10.94	34858.66	3.85
洛阳市	1095835.81	26.74	136222.49	15.65	290924.99	32.13
平顶山市	506768.17	12.36	110608.27	12.71	173565.78	19.17
新乡市	567494.81	13.84	129953.47	14.93	127496.81	14.08
焦作市	267413.90	6.52	70059.93	8.05	62614.83	6.92
济源市	112695.37	2.75	22420.41	2.58	54259.85	5.99
许昌市	383184.41	9.35	84161.09	9.67	30490.10	3.37
漯河市	212420.16	5.18	49991.15	5.74	6960.55	0.77

中原城市群土地利用区土地利用类型丰富,其中耕地面积占总面积的46.24%,其次是林地,占总面积的 16.87%,再次是居民点及独立工矿用地,占总面积的 12.95%,面积最小的是牧草地,只有780.75 公顷,占区域面积的 1%,其余面积居中。另外,该区域未利用地相对较多,其面积为 666215.49 公顷,占区域面积的 11.34%。其他用地类型所占比例相对较低,具体如表 8-3 所示。

表 8-3 2008 年中原城市群土地利用区土地利用结构

地类	面积/公顷	比例/%
耕地	2716728.09	46.24
园地	103072.68	1.76
林地	991306.32	16.87
牧草地	780.75	0.01
其他农用地	287208.56	4.89
居民点及独立工矿用地	760750.08	12.95
交通运输用地	56106.70	0.96
水利设施用地	53599.45	0.91
未利用地	666215.49	11.34
其他土地	239125.01	4.07

2. 中原城市群土地利用区土地利用变化

1996～2008 年,中原城市群土地利用区农用地面积整体呈下降的态势(图 8-2(a)),1996～2000 年农用地面积减少最为显著,净减少面积为 190426.63公顷,减速为 47606.66 公顷/年;2000～2004 年则又不减反增,但总体看来增量较

微,净增加面积为 8497. 91 公顷,增速为 2124. 48 公顷/年;2004～2008 年净减少面积 196551. 69 公顷,减速为 49137. 92 公顷/年,2004～2008 年又稍有下降。

建设用地面积呈增加的态势(图 8-2(b)),尤以 2000～2004 年增加最多,净增加面积 46075. 87 公顷,增速为 11518. 97 公顷/年;1996～2000 年和 2004～2008 年增幅较稍缓,净增加面积分别是 23309. 93 公顷和 100767. 95 公顷,增速分别为 5827. 48 公顷/年和 25191. 99 公顷/年。

未利用地整体呈下降的态势(图 8-2(c)),其中 2000～2004 年减少最多,净减少面积为 54573. 77 公顷,减速为 13643. 44 公顷/年;1996～2000 年净减少量为 1322. 99 公顷,减速为 330. 75 公顷/年;2004～2008 年则居于中间状态,净减少量为 16759. 19 公顷,减速为 4189. 80 公顷/年。

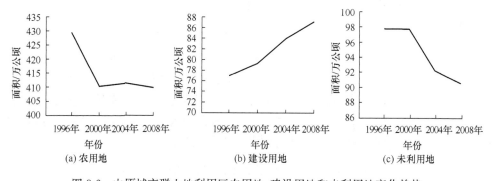

图 8-2　中原城市群土地利用区农用地、建设用地和未利用地变化趋势

3. 中原城市群土地利用区土地利用结构变化

1996～2008 年,中原城市群土地利用区的耕地、其他农用地和未利用地呈逐渐减少的趋势;园地面积有所波动,整体上呈减少趋势;林地面积有所增加;居民点及独立工矿用地、交通运输用地和水利设施用地呈上升的态势。除在 2000 年居民点及独立工矿用地所占比例超过未利用地成为第二大用地类型外,其他土地利用类型之间的比例关系没有大的变化,依然为耕地占主体,居民点及独立工矿用地和未利用地次之,其他相对较低,具体如表 8-4 所示。

表 8-4　中原城市群土地利用区 1996～2008 年土地利用结构

地类	1996 年		2000 年		2004 年		2008 年	
	面积/公顷	比例/%	面积/公顷	比例/%	面积/公顷	比例/%	面积/公顷	比例/%
耕地	2796086. 47	47. 59	2777609. 29	47. 28	2722752. 83	46. 35	2716728. 09	46. 24
园地	106021. 33	1. 80	101852. 25	1. 73	105840. 78	1. 80	103072. 68	1. 76
林地	922061. 76	15. 69	925486. 41	15. 75	992405. 98	16. 89	991306. 32	16. 87

地类	1996 年		2000 年		2004 年		2008 年	
	面积/公顷	比例/%	面积/公顷	比例/%	面积/公顷	比例/%	面积/公顷	比例/%
牧草地	1492.37	0.03	685.54	0.01	741.94	0.01	780.75	0.01
其他农用地	301546.47	5.13	299587.96	5.10	291977.83	4.97	287208.56	4.89
居民点及独立工矿用地	690739.53	11.76	704079.56	11.98	735069.88	12.51	760750.08	12.95
交通运输用地	37437.95	0.64	41550.17	0.71	50908.20	0.87	56106.70	0.96
水利设施用地	41510.79	0.71	47368.48	0.81	53095.99	0.90	53599.45	0.91
未利用地	720704.52	12.27	710282.46	12.09	675344.80	11.50	666215.49	11.34
其他土地	257291.93	4.38	266391.00	4.53	246754.89	4.20	239125.01	4.07

8.2.2　土地利用结构变化

1. 耕地利用结构变化

中原城市群土地利用区,耕地面积由水浇地和旱地组成,两者合计占耕地面积的 90%以上;其次是灌溉水田;再次是望天田和菜地。1996～2008 年灌溉水田和菜地持续减少,望天田所占比例保持稳定,水浇地和旱地在此期间呈现一定的波动,具体如表 8-5 所示。

表 8-5　中原城市群土地利用区耕地利用结构

地类	1996 年		2000 年		2004 年		2008 年	
	面积/公顷	比例/%	面积/公顷	比例/%	面积/公顷	比例/%	面积/公顷	比例/%
灌溉水田	78281.12	2.80	76036.77	2.74	71742.85	2.64	70831.01	2.61
望天田	821.07	0.03	812.42	0.03	860.14	0.03	941.37	0.03
水浇地	1492538.61	53.38	1491251.80	53.69	1473552.06	54.12	1465717.59	53.95
旱地	1184371.26	42.36	1171102.47	42.16	1140265.97	41.88	1144235.56	42.12
菜地	40074.42	1.43	38405.83	1.38	36331.81	1.33	35002.55	1.29

1996～2008 年,面积减少最多的是旱地,净减少面积为 40135.70 公顷,减速为 3344.64 公顷/年;其次是水浇地,再次是灌溉水田和菜地。望天田的面积稍微增加,净增加面积 120.30 公顷,增速为 10.03 公顷/年。

灌溉水田面积减少集中于 2000～2004 年,净减少 4293.92 公顷,减速为 1073.48 公顷/年,2004～2008 年减少面积最少,净减少 911.84 公顷,减速为 227.96 公顷/年。

望天田的面积整体变动幅度较小,1996～2000 年净减少 8.65 公顷,减速为

2.16 公顷/年。2000 年以后则持续增加,2004～2008 年增幅较大,净增加面积为 81.23 公顷,增速为 20.31 公顷/年。

水浇地面积持续减少,2000～2004 年净减少 17699.74 公顷,减速为 4424.94 公顷/年;在 2004～2008 年,净减少 7834.47 公顷,减速为 1958.62 公顷/年;1996～ 2000 年净减少 1286.81 公顷,减速为 321.70 公顷/年。

旱地在 1996～2004 年持续减少,2000～2004 年,净减少 30836.50 公顷,减速 为 7709.13 公顷/年;2004～2008 年则表现为净增加,净增加 3969.59 公顷,增速 为 992.40 公顷/年。

菜地面积持续减少,其中在 1996～2000 年净减少 1668.59 公顷,减速为 417.15 公顷/年;2000～2004 年,净减少 2074.02 公顷,减速为 518.50 公顷/年; 2004～2008 年净减少 1329.26 公顷,减速为 332.32 公顷/年。

2. 园地利用结构变化

园地主要由果园、桑园、茶园和其他园地构成,其中果园所占比例最高,其次为 其他园地,桑园和茶园的面积相对较小。果园、桑园比例呈逐渐下降趋势,茶园所 占比例保持不变,其他园地所占比例有所上升,具体如表 8-6 所示。

表 8-6　中原城市群土地利用区园地土地利用结构

地类	1996 年		2000 年		2004 年		2008 年	
	面积/公顷	比例/%	面积/公顷	比例/%	面积/公顷	比例/%	面积/公顷	比例/%
果园	85136.30	80.30	80930.24	79.46	80981.72	76.51	78314.11	75.98
桑园	911.85	0.86	738.95	0.73	729.27	0.69	636.73	0.62
茶园	2.77	0.00	2.77	0.00	2.77	0.00	2.77	0.00
其他园地	19970.41	18.84	20180.30	19.81	24127.02	22.80	24119.07	23.40

1996～2000 年果园净减少 4206.06 公顷,减速为 1051.52 公顷/年;2004～ 2008 年,减少 2667.61 公顷,减速为 666.90 公顷/年;2000～2004 年增加 51.48 公 顷,增速为 12.87 公顷/年。

桑园面积持续减少,1996～2000 年减少 172.90 公顷,减速为 43.23 公顷/年; 2000～2004 年,减少 9.68 公顷,减速为 2.42 公顷/年;2004～2008 年减少数量和 速度介于二者之间。

2000～2004 年,其他园地净增加 3946.72 公顷,增速为 986.68 公顷/年;而 2004～2008 年减少 7.95 公顷,减速为 1.99 公顷/年。

3. 林地利用结构变化

林地由有林地、灌木林、疏林地、未成林造林地、迹地和苗圃构成,具体如

表 8-7 所示。

表 8-7　1996～2008 年林地利用结构

地类	1996 年		2000 年		2004 年		2008 年	
	面积/公顷	比例/%	面积/公顷	比例/%	面积/公顷	比例/%	面积/公顷	比例/%
有林地	635106.53	68.88	636224.05	68.74	653398.85	65.84	651774.48	65.75
灌木林	167964.75	18.22	167614.23	18.11	177144.57	17.85	177056.57	17.86
疏林地	68805.71	7.46	68534.77	7.41	70179.31	7.07	69950.59	7.05
未成林造林地	47105.36	5.11	49755.73	5.38	87475.48	8.81	88310.34	8.91
迹地	1038.84	0.11	1028.59	0.11	1182.43	0.12	1172.39	0.12
苗圃	2040.57	0.22	2329.05	0.25	3025.34	0.31	3041.95	0.31

林地面积构成的主体是有林地,占总面积的 65% 以上,其次是灌木林,约占 18%,再次是疏林地,约占 7%,未成林造林地的比例在逐年攀升,由 5% 上升到 9% 左右;所占比例较低的是迹地和苗圃,分别为 0.12% 和 0.3% 左右。

有林地面积在 1996～2004 年持续增加(表 8-7),2000～2004 年增加 17174.80 公顷,增速为 4293.70 公顷/年;其次是 1996～2000 年,净增加 1117.52 公顷,增速为 279.38 公顷/年;2004～2008 年净减少 1624.37 公顷,减速为 406.09 公顷/年。

灌木林的面积呈减少—增加—减少的波动特征,1996～2000 年净减少 350.52 公顷,减速为 87.63 公顷/年;2004～2008 年净减少 88.00 公顷,减速为 22.00 公顷/年;2000～2004 年净增加 9530.34 公顷,增速为 2382.58 公顷/年。

2000～2004 年,疏林地净增加 1644.54 公顷,增速为 411.14 公顷/年;其他时间则表现为减少,1996～2000 年净减少 270.94 公顷,减速为 67.73 公顷/年;2004～2008 年净减少 228.72 公顷,减速为 57.18 公顷/年。

未成林造林地逐年增加,其中 2000～2004 年增加 37719.75 公顷,增速为 9429.94 公顷/年;1996～2000 年、2004～2008 年增加较缓,分别增加 2650.37 公顷和 834.86 公顷,增速分别为 662.59 公顷/年和 208.71 公顷/年。

2000～2004 年,迹地净增加 153.84 公顷,增速 38.46 公顷/年;其余时间在以不足 3 公顷/年的速度缓慢减少,累计减少的面积为 20 公顷。

4. 牧草地利用结构变化

中原城市群土地利用区牧草地面积占农用地面积的比例较低,由天然牧草地、人工牧草地和改良牧草地构成。天然牧草地面积占主体;改良牧草地仅在郑州市和新乡市有极少量的分布;人工牧草地仅在洛阳市、平顶山市和焦作市有极少量的分布。牧草地面积及比例构成如表 8-8 所示。

表 8-8　1996～2008 年牧草地利用结构

地类	1996 年		2000 年		2004 年		2008 年	
	面积/公顷	比例/%	面积/公顷	比例/%	面积/公顷	比例/%	面积/公顷	比例/%
天然牧草地	1289.51	86.41	449.70	65.60	445.51	60.05	443.65	56.82
改良牧草地	14.79	0.99	14.79	2.16	11.99	1.61	11.99	1.54
人工牧草地	188.07	12.60	221.05	32.24	284.44	38.34	325.11	41.64

　　天然牧草地是牧草地面积构成的主体,所占比例在 56% 以上;其次是人工牧草地,比例逐年加大,至 2008 年所占比例为 41.64%;所占比例最少的是改良牧草地,虽然呈缓慢增加,但其比例不足 2%。原因是该区土地利用以种植业为主,畜牧业发展主要靠作物秸秆,所以牧草地面积较小。

　　天然牧草地的面积持续减少,1996～2000 年减少 839.81 公顷,减速为 209.95 公顷/年;2000～2008 年年均减少 0.76 公顷。改良牧草地较少,其变动幅度也极微弱,仅在 2000～2004 年以 0.70 公顷/年的速度减少了 2.80 公顷,其他时间未发生变动。人工牧草地整体呈增加的态势,在 2000～2004 年增速较其他时段略高,净增加 63.39 公顷,增速约为 15%,其他时间增速约为 9%,累计增加面积不足 80 公顷。

　　5. 其他农用地

　　区域其他农用地面积由农村道路、坑塘水面(包括养殖水面)、农田水利用地、田坎等用地构成,具体如表 8-9 所示。

表 8-9　1996～2008 年其他农用地利用结构

地类	1996 年		2000 年		2004 年		2008 年	
	面积/公顷	比例/%	面积/公顷	比例/%	面积/公顷	比例/%	面积/公顷	比例/%
农村道路	99064.26	32.85	98298.89	32.81	97758.54	33.48	97059.59	33.80
坑塘水面/养殖水面	26100.40	8.66	26716.01	8.92	28012.48	9.59	27427.29	9.55
农田水利用地	73099.56	24.24	73272.80	24.46	72528.16	24.84	72154.93	25.12
田坎	103282.30	34.25	101300.30	33.81	93678.65	32.09	90566.76	31.53

　　农用地构成中占主体的是农村道路和田坎,均在 30%～35% 的幅度内摆动;其次是农田水利用地,约为 25%;坑塘水面/养殖水面用地所占比例不足 10%。

　　1996～2008 年,农村道路和田坎的面积持续减少,而坑塘水面/养殖水面和农田水利用地的面积则表现为先增后减。坑塘水面/养殖水面用地在 1996～2004 年面积持续增加,且在 2000～2004 年增加显著,而在 2004～2008 年开始减少;而农田水利用地在 1996～2000 年微弱增加,但其后持续减少。

农村道路用地面积持续减少,1996～2000 年净减少 765.37 公顷,减速为 191.34 公顷/年;2004～2008 年净减少 698.95 公顷,减速为 174.74 公顷/年;再次是 2000～2004 年,减少 540.35 公顷,减速为 135.09 公顷/年。

坑塘水面/养殖水面用地在 1996～2004 年持续增加,1996～2000 年和 2000～2004 年分别增加 615.61 公顷和 1296.47 公顷,增速分别是 153.90 公顷/年和 324.12 公顷/年;2004～2008 年净减少 585.19 公顷,减速为 146.30 公顷/年。

1996～2000 年,农田水利用地净增加 173.24 公顷,增速为 43.31 公顷/年;而在 2000～2004 年和 2004～2008 年则持续减少,分别减少 744.64 公顷和 373.23 公顷,减速分别为 186.16 公顷/年和 93.31 公顷/年。

田坎持续减少,2000～2004 年净减少 7621.35 公顷,减速为 1905.38 公顷/年;在 1996～2000 年和 2004～2008 年分别减少 1982.00 公顷和 3111.89 公顷,减速分别是 495.50 公顷/年和 777.97 公顷/年。

6. 居民点及独立工矿用地

居民点及独立工矿用地是建设用地的主体,由城市用地、建制镇、农村居民点、独立工矿用地、盐田、特殊用地等构成。各地类的面积及比例如表 8-10 所示。

表 8-10　1996～2008 年居民点及独立工矿用地构成

地类	1996 年		2000 年		2004 年		2008 年	
	面积/公顷	比例/%	面积/公顷	比例/%	面积/公顷	比例/%	面积/公顷	比例/%
城市用地	40298.99	5.84	46657.62	6.63	62737.61	8.54	71093.38	9.35
建制镇	24617.40	3.56	27908.95	3.96	32525.56	4.42	37344.43	4.91
农村居民点	509510.35	73.76	507281.62	72.05	506947.73	68.97	502530.34	66.06
独立工矿用地	96662.26	13.99	102582.39	14.57	112859.21	15.35	129594.59	17.03
盐田	51.43	0.01	29.27	0.00	29.57	0.00	0.00	0.00
特殊用地	19599.09	2.84	19619.71	2.79	19970.20	2.72	20187.34	2.65

农村居民点是构成居民点及独立工矿用地的主体,面积由 1996 年的 509510.35 公顷缩减至 2008 年的 502530.34 公顷;其所占比例由 1996 年的 73.76% 下降到 2008 年的 66.06%;其次是独立工矿用地,面积由 96662.26 公顷扩大至 129594.59 公顷,所占比例由 13.99% 上升至 17.03%;再次是城市用地,面积和比例都在逐步扩大,其面积由 40298.99 公顷扩大至 71093.38 公顷,比例也由 5.84% 上升至 9.35%;最后是建制镇,其面积和比例也呈逐渐增大的趋势。

1996～2008 年,城市用地、建制镇、独立工矿用地和特殊用地增加,其中增加最多的是独立工矿用地,净增加面积为 32932.33 公顷,增速为 2744.36 公顷/年;其次是城市用地,净增加面积 30794.39 公顷,增速为 2566.20 公顷/年;再次是建制镇,净增加面积 12727.03 公顷,增速为 1060.59 公顷/年;而特殊用地增加最少,净增加面积为 588.25 公顷,增速为 49.02 公顷/年。而农村居民点和盐田则表现为净减少,分别减少 6980.01 公顷和 51.43 公顷,减速分别为 581.67 公顷/年和 4.29 公顷/年。

其中,城市用地面积持续增加。在 1996～2000 年净增加 6358.63 公顷,增速为 1589.66 公顷/年;在 2000～2004 年增加最多,净增加 16079.99 公顷,增速为 4020.00 公顷/年;在 2004～2008 年,城市用地增加 8355.77 公顷,年增加量为 2088.94 公顷。

建制镇面积呈逐年增加趋势,在 2000～2004 年增加最多,净增加面积为 4616.61 公顷,增速为 1154.15 公顷/年;1996～2000 年增加最少,增加面积为 3291.55 公顷,增速为 822.89 公顷/年;2004～2008 年的面积净增加数量居两者中间,增加面积 4818.87 公顷,增速为 1204.72 公顷/年。

农村居民点的面积持续减少,1996～2000 年减少面积 2228.73 公顷,年均减少 557.18 公顷/年;在 2004～2008 年净减少 4417.39 公顷,减速为 1104.35 公顷/年;在 2000～2004 年净减少 333.89 公顷,减速为 83.47 公顷/年。

独立工矿用地面积持续稳定增长,在 2004～2008 年净增长 16735.38 公顷,年增长率为 4183.85 公顷/年;1996～2000 年增长 5920.13 公顷,增速为 1480.03 公顷/年。

7. 交通运输用地利用结构

交通运输用地由铁路用地、公路用地、民用机场用地、港口码头用地和管道运输用地等构成(表 8-11)。1996～2008 年,铁路用地面积净增加 864.95 公顷,增速为 72.08 公顷/年;2004～2008 年铁路用地面积增长迅速,净增加 568.95 公顷,增速为 142.24 公顷/年;1996～2000 年和 2000～2004 年的增速和增长面积大致持平。公路用地的面积持续增加,累计增加 18084.36 公顷,增速为 1507.03 公顷/年;2000～2004 年公路用地面积增长迅速,净增加 9492.02 公顷,增速为 2373.01 公顷/年;2004～2008 年增加 4623.59 公顷,增速为 1155.90 公顷/年;而 1996～2000 年净增 3968.75 公顷,增速为 992.19 公顷/年。民用机场用地在 2000 年前面积无变化,在 2000～2004 年开始减少,其中 2000～2004 年减少最多,净减少 295.33 公顷,减速为 73.83 公顷/年,2004～2008 年减速降为 0.10 公顷/年,净减少 0.4 公顷。管道运输用地缓慢增加,2000～2008 年平均增速约为 2 公顷/年,净增加 15.17 公顷(表 8-11)。

表 8-11　交通运输用地利用结构

交通运输 用地类型	1996 年		2000 年		2004 年		2008 年	
	面积/公顷	比例/%	面积/公顷	比例/%	面积/公顷	比例/%	面积/公顷	比例/%
铁路用地	9083.47	24.26	9226.93	22.21	9379.47	18.42	9948.42	17.73
公路用地	27240.39	72.76	31209.14	75.11	40701.16	79.95	45324.75	80.78
民用机场用地	1113.44	2.98	1113.44	2.68	818.11	1.61	817.71	1.46
港口码头用地	0.65	0.00	0.65	0.00	0.65	0.00	0.65	0.00
管道运输用地	0.00	0.00	0.00	0.00	8.81	0.02	15.17	0.03

8. 水利设施用地利用结构

区域水利设施用地由水库水面用地和水工建筑用地两部分构成。水库水面用地是水利设施用地的主体,其面积逐年攀升,由 1996 年的 26782.42 公顷上升到 2008 年的 37380.19 公顷,其所占比例也相应由 64.52% 上升到 69.74%。水工建筑用地的面积此期间则有所起伏,其所占比例也有所变化,具体如表 8-12 所示。

表 8-12　水利设施利用结构

地类	1996 年		2000 年		2004 年		2008 年	
	面积/公顷	比例/%	面积/公顷	比例/%	面积/公顷	比例/%	面积/公顷	比例/%
水库水面用地	26782.42	64.52	31539.27	66.58	37307.13	70.26	37380.19	69.74
水工建筑用地	14728.37	35.48	15829.21	33.42	15788.86	29.74	16219.25	30.26

1996~2008 年,水库水面用地面积累计增加 10597.77 公顷,平均增速为 883.15 公顷/年;水工建筑用地累计增加 1490.88 公顷,平均增速为 124.24 公顷/年。

其中水库水面用地在 1996~2000 年和 2000~2004 年增长较快,净增加 4756.85 公顷和 5767.86 公顷,增速分别为 1189.21 公顷/年和 1441.97 公顷/年;2004~2008 年增长缓慢,净增加 73.06 公顷,增速为 18.27 公顷/年。

水工建筑用地在 1996~2000 年和 2004~2008 年分别增加 1100.84 公顷和 430.39 公顷,增速分别是 275.21 公顷/年和 107.60 公顷/年;在 2000~2004 年则表现为有所收缩,净减少面积 40.35 公顷,减速为 10.09 公顷/年。

9. 未利用地利用结构

未利用地包括荒草地、盐碱地、沼泽地、沙地、裸土地、裸岩石砾地和其他未利用地等。荒草地和裸岩石砾地是未利用地的构成主体,其次是其他土地,再次是沙地和和裸土地,而比较少的是盐碱地和沼泽地。具体如表 8-13 所示。

表 8-13　1996～2008 年未利用地利用结构

地类	1996 年		2000 年		2004 年		2008 年	
	面积/公顷	比例/%	面积/公顷	比例/%	面积/公顷	比例/%	面积/公顷	比例/%
荒草地	332013.93	46.07	305862.53	43.06	306543.21	45.39	301362.61	45.24
盐碱地	2627.79	0.36	2390.11	0.34	2299.51	0.34	1975.69	0.30
沼泽地	5421.74	0.75	5027.31	0.71	4412.15	0.65	4338.79	0.65
沙地	17694.29	2.46	17338.07	2.44	16791.97	2.49	15407.09	2.31
裸土地	18816.69	2.61	18249.69	2.57	17682.14	2.62	17483.72	2.62
裸岩石砾地	241032.84	33.44	258856.27	36.44	244621.31	36.22	243593.37	36.56
其他未利用地	103097.24	14.31	102558.48	14.44	82994.51	12.29	82054.23	12.32

　　1996～2008 年,荒草地累计减少 30651.32 公顷,平均减速为 2554.28 公顷/年;其他未利用地累计减少 21043.01 公顷,减速为 1753.58 公顷/年;盐碱地累计减少 652.10 公顷,减速为 54.34 公顷/年;其他地类净减少 100～200 公顷。

　　其中,1996～2008 年,荒草地面积经历了剧烈减少—缓慢增加—大幅减少三个阶段。1996～2000 年,净减少 26151.40 公顷,减速为 6537.85 公顷/年;其次,2004～2008 年净减少 5180.60 公顷,减速为 1295.15 公顷/年;而在 2000～2004 年净增加 680.68 公顷,增速为 170.17 公顷/年。

　　盐碱地面积相较其他地类变动比较小,2004～2008 年净减少 323.82 公顷,减速为 80.96 公顷/年。2000～2004 年净减少 90.60 公顷,减速为 22.65 公顷/年,1996～2000 年净减少 237.68 公顷,减速为 59.42 公顷/年。

　　沼泽地面积呈持续减少趋势,1996～2000 年和 2000～2004 年分别减少394.43 公顷和 615.16 公顷,减速分别为 98.61 公顷/年和 153.79 公顷/年。而2004～2008 年减速放缓,净减少面积不足 80 公顷,减速不足 20 公顷/年。

　　沙地面积持续减少,2004～2008 年净减少 1384.88 公顷,减速为 346.22 公顷/年。1996～2000 和 2000～2004 年分别减少 356.22 公顷和 546.1 公顷,减速分别为 89.06 公顷/年和 136.53 公顷/年。

　　裸土地 1996～2000 年和 2000～2004 年两个阶段减少较多,且减少面积大致相当,减少数量约为 567 公顷,减速为 141.75 公顷/年;而在 2004～2008 年减少速度放缓,净减少量不足 200 公顷,减速不足 50 公顷/年。

　　裸岩石砾地在 1996～2000 年净增加 17823.43 公顷,增速为 4455.86 公顷/年;2000～2004 年和 2004～2008 年分别减少 14234.96 公顷和 1027.94 公顷,减速分别为 3558.74 公顷/年和 256.99 公顷/年。

　　其他未利用地面积持续减少,其中 2000～2004 年净减少 19563.97 公顷,减速为 4890.99 公顷/年;1996～2000 年和 2004～2008 年分别减少 538.76 公顷和

940.28 公顷,减速为 134.69 公顷/年和 235.07 公顷/年。

10. 其他土地

其他土地包括河流水面、湖泊水面、苇地、滩涂和冰川及永久积雪,而河南省属温带季风气候,所以没有冰川及永久积雪。土地利用结构如表 8-14 所示。

表 8-14　1996～2008 年其他土地利用结构

地类	1996 年		2000 年		2004 年		2008 年	
	面积/公顷	比例/%	面积/公顷	比例/%	面积/公顷	比例/%	面积/公顷	比例/%
河流水面	110242.70	42.85	108211.70	40.62	103628.50	42.00	98865.07	41.34
湖泊水面	716.65	0.28	612.75	0.23	612.75	0.25	603.79	0.25
苇地	5929.81	2.30	5493.19	2.06	4711.41	1.91	4343.73	1.82
滩涂	140402.80	54.57	152073.40	57.09	137802.2	55.84	135312.40	56.59

河流水面和滩涂是其他土地的构成主体,河流水面所占比例虽然随时间迁移而有所变化,但总体比例为 40.62%～42.85%,滩涂用地的比例为 54.57%～57.09%。湖泊水面和苇地所占比例则较小,苇地为 1.82%～2.30%,而湖泊水面最少,为 0.23%～0.28%。

1996～2008 年,河流水面净减少 11377.63 公顷,减速为 948.14 公顷/年;其次是滩涂,累计减少 5090.40 公顷,减速为 424.20 公顷/年;再次是苇地,累计减少 1586.08 公顷,减速为 132.17 公顷/年。湖泊水面累计减少 112.86 公顷,减速为 9.41 公顷/年。

其中,河流水面在 2000～2004 年和 2004～2008 年减少 4583.20 公顷和 4763.43 公顷,减速分别为 1145.80 公顷/年和 1190.86 公顷/年,1996～2000 年净减少 2031.00 公顷,减速为 507.75 公顷/年。

在 1996～2000 年,滩涂用地净增加 11670.60 公顷,增速为 2917.65 公顷/年。在 2000～2004 和 2004～2008 年则分别减少 14271.2 公顷和 2489.80 公顷,减速分别为 3567.80 公顷/年和 622.45 公顷/年。

苇地面积持续减少,1996～2000 年和 2000～2004 年分别减少 436.62 公顷和 781.78 公顷,减速分别为 109.16 公顷/年和 195.45 公顷/年;在 2004～2008 年净减少 367.68 公顷,减速为 91.92 公顷/年。

湖泊水面面积基数小,在 2000～2004 年面积无变动,其他年份则表现为净减少,1996～2000 年和 2004～2008 年分别减少 103.9 公顷和 8.96 公顷,减速分别为 25.98 公顷/年和 2.24 公顷/年。

8.2.3　土地利用调控方向与措施

1. 区域社会经济概况

中原城市群土地利用区位于河南省中部,是我国中西部地区城镇空间和人口密度最大的地区之一,也是河南省城镇化进程最快的地区。区域内集聚全省 60% 的城市,相互间距离大多在 70 公里以内,2009 年,该区国内生产总值位居中部地区第一位,二、三产业增加值占 GDP 的比例为 89.7%。该区是我国重要的陆路交通枢纽和通信枢纽之一,也是连接我国东中西部的重要过渡地带。依托优越的交通区位条件,该区已成为我国重要的商品集散地、制造业基地和能源基地,是区域性现代服务中心、创新中心,是全省参与国际合作竞争的主导区域。

2. 加大城镇工矿用地比重,保障区域经济发展

该区域土地利用结构调控应向建设用地倾斜,保障郑—汴—洛城市工业走廊,新(乡)—郑(州)—许(昌)—漯(河)高新技术发展产业带和对国家发展具有重点支撑作用的能源、煤电化工、铝工业和石油工业以及对河南省产业升级起着引导作用的装备制造、冶金加工和生物工程等产业的用地支持。重点保障南北和东西铁路运输用地以及郑州国际航空港的扩建用地,提升中原城市群交通枢纽的地位。所以,近年来随着区域社会经济的快速发展,区域建设用地面积所占比例持续增加,已经取代未利用地成为该区域第二大用地类型。

3. 加强农村建设用地整理,节约集约用地

该区域经济发展较快,土地利用调控的重点应该是建设用地的管理,在促进区域经济发展的同时,将节约集约用地放在首位,加强村庄整理,减少对耕地的无序占用和对未利用地的过度开发。严格建设用地审批和管理程序,走城市内涵挖潜道路,节约集约用地,逐步降低人均城乡建设用地占用,促进城市发展模式的转换升级,走内涵发展之路。

4. 加强耕地资源和生态环境保护

加大基本农田的整治力度,完善农田道路、灌溉、林网和电网等农业基础设施,提高耕地旱涝保收能力。同时,严格限制以破坏生态环境为代价的工程建设,加强区域山地丘陵地区的生态建设和保护;积极营造生态防护林和水源涵养林,加强小流域治理;开展沿黄地带的水土流失防治和湿地保护,提高生态脆弱区的修复和保护。另外,对农区的面源污染进行动态监测和防治。

8.3 豫北土地利用区

8.3.1 农用地、建设用地和未利用地变化

豫北土地利用区农用地面积占有绝对优势,约占该区总面积的 71% 以上。随着时间的推移,农用地总面积虽有所变化,但其比例一直在 71%～71.5% 波动;其

次是建设用地,其面积逐年增加,比例也由 1996 年的 14.71% 上升到 2008 年的 15.49%;再次是未利用地,其面积所占比例在 13.14%～13.91% 内波动。具体如表 8-15 所示。

表 8-15　1996～2008 年豫北土地利用区的农用地、建设用地和未利用地

地类	1996 年		2000 年		2004 年		2008 年	
	面积/公顷	比例/%	面积/公顷	比例/%	面积/公顷	比例/%	面积/公顷	比例/%
农用地	977569.13	71.47	973036.68	71.13	976801.33	71.41	976207.38	71.37
建设用地	201203.55	14.71	204565.06	14.96	207140.61	15.14	211899.87	15.49
未利用地	189116.52	13.82	190287.46	13.91	183947.25	13.45	179781.95	13.14

1996～2008 年,农用地累计减少 1361.75 公顷;其中在 1996～2000 年净减少 4532.45 公顷,在 2000～2004 年又大幅度上升,净增加 3764.65 公顷,在 2004～ 2008 年又有小幅度下降,净减少 593.95 公顷。

建设用地持续增加,累计增加 10696.32 公顷。其中在 1996～2000 年和 2000～ 2004 年增长稍缓,净增加 3361.51 公顷和 2575.55 公顷,在 2004～2008 年大幅上升,净增加 4759.26 公顷。

未利用地累计减少 9334.57 公顷。其中在 1996～2000 年增加 1170.94 公顷, 在 2000～2004 年和 2004～2008 年则以较大幅度减少,分别减少 6340.21 公顷和 4165.30 公顷。

区域农用地中的主体构成是耕地,虽然自 1996～2008 年面积呈下降趋势,其所占比例逐年下降,但总体看来比例只是由 81.56% 下降到了 80.27%,仍占农用地面积的 80% 以上。其次是林地,其比例由 1996 年的 9.52% 上升到了 2008 年的 10.65%;再次是其他农用地,其比例在 7.04%～7.12% 内波动。园地面积较少,其比例在 2% 上下。具体如表 8-16 所示。

表 8-16　1996～2008 年豫北土地利用区的农用地结构

地类	1996 年		2000 年		2004 年		2008 年	
	面积/公顷	比例/%	面积/公顷	比例/%	面积/公顷	比例/%	面积/公顷	比例/%
耕地	797359.00	81.56	792230.10	81.42	782985.10	80.16	783577.80	80.27
园地	18044.64	1.85	20617.59	2.12	20332.46	2.08	19900.59	2.04
林地	93045.04	9.52	90894.95	9.34	104434.60	10.69	103976.10	10.65
牧草地	4.53	0.00	4.53	0.00	4.53	0.00	4.71	0.00
其他农用地	69115.97	7.07	69289.50	7.12	69044.65	7.07	68748.15	7.04

建设用地最主要的用地构成是居民点及独立工矿用地,其所占比例为 91.60%～ 91.94%。交通运输用地和水利设施用地的比例较低,其中交通运输用地的比例持

续上升,到 2008 年已上升到 5.20%;水利设施用地所占比例较低,其由 1996 年的 3.35%下降到 2008 年的 3.20%。具体见表 8-17。

表 8-17　1996～2008 年豫北土地利用区的建设用地结构

地类	1996 年		2000 年		2004 年		2008 年	
	面积/公顷	比例/%	面积/公顷	比例/%	面积/公顷	比例/%	面积/公顷	比例/%
居民点及独立工矿用地	184996.20	91.94	187931.10	91.87	190024.30	91.74	194093.00	91.60
交通运输用地	9465.94	4.71	9901.99	4.84	10329.05	4.98	11014.60	5.20
水利设施用地	6741.37	3.35	6731.97	3.29	6787.23	3.28	6792.30	3.20

未利用地中未利用土地占主体地位,占总面积的 80%左右,而其他土地占总面积的 20%左右。具体如表 8-18 所示。

表 8-18　1996～2008 年豫北土地利用区的未利用地结构

地类	1996 年		2000 年		2004 年		2008 年	
	面积/公顷	比例/%	面积/公顷	比例/%	面积/公顷	比例/%	面积/公顷	比例/%
未利用土地	150506.80	79.58	151825.20	79.79	145978.40	79.36	142406.20	79.21
其他土地	38609.71	20.42	38462.23	20.21	37968.84	20.64	37375.77	20.79

8.3.2　土地利用结构变化

1. 耕地利用结构

区域耕地面积在 1996～2008 年累计减少 13781.20 公顷,其中 1996～2000 年和 2000～2004 年分别减少 5128.90 公顷和 9245.00 公顷,而在 2004～2008 年则呈现为净增加的态势,但增幅较小,净增加 592.70 公顷,如图 8-3 所示。

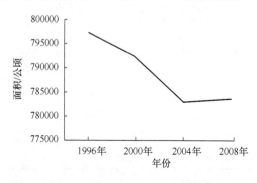

图 8-3　1996～2008 年豫北土地利用区耕地变化

　　豫北土地利用区耕地由灌溉水田、水浇地、旱地和菜地构成。水浇地是耕地的主体,其所占比例在 80.13% ~ 80.73% 内波动;其次是旱地,其所占比例为 17.22% ~ 17.82%;灌溉水田所占比例较低,在 1% 左右;而菜地所占比例最低,不足 1%。具体如表 8-19 所示。

表 8-19　耕地利用结构及变化

地类	1996 年		2000 年		2004 年		2008 年	
	面积/公顷	比例/%	面积/公顷	比例/%	面积/公顷	比例/%	面积/公顷	比例/%
灌溉水田	8940.45	1.12	8967.77	1.13	8898.49	1.14	9182.95	1.17
望天田	0.00	0.00	0.00	0.00	0.00	0.00	0.00	0.00
水浇地	639532.16	80.21	634803.06	80.13	632115.54	80.73	632150.21	80.68
旱地	141391.53	17.73	141192.69	17.82	134804.29	17.22	135340.61	17.27
菜地	7494.83	0.94	7266.61	0.92	7166.78	0.91	6904.01	0.88

　　灌溉水田在 1996 ~ 2008 年累计增加 242.5 公顷,平均增速为 20.21 公顷/年。1996 ~ 2000 年以较小幅度增长,净增加 27.32 公顷,增速为 6.83 公顷/年;2000 ~ 2004 年又以较小幅度下降,净减少 69.28 公顷,减速为 17.32 公顷/年;而 2004 ~ 2008 年急剧增长,净增加 284.46 公顷,增速为 71.12 公顷/年。

　　水浇地在 1996 ~ 2008 年累计减少 7381.95 公顷,减速为 615.16 公顷/年。其中,1996 ~ 2000 年和 2000 ~ 2004 年以较大幅度减少,分别减少 4729.10 公顷和 2687.52 公顷,减速分别为 1182.27 公顷/年和 671.88 公顷/年;而 2004 ~ 2008 年净增加 34.67 公顷,增速为 8.67 公顷/年。

　　旱地在 1996 ~ 2008 年累计减少 6050.92 公顷,减速为 504.24 公顷/年。1996 ~ 2000 年和 2000 ~ 2004 年分别减少 198.84 公顷和 6388.4 公顷,减速分别为 49.71 公顷/年和 1597.10 公顷/年;2004 ~ 2008 年净增加 536.32 公顷,增速为 134.08 公顷/年。

　　菜地在 1996 ~ 2008 年逐年减少,累计减少 590.82 公顷,减速为 49.24 公顷/年。1996 ~ 2000 年、2000 ~ 2004 年和 2004 ~ 2008 年分别减少 228.22 公顷、99.83 公顷和 262.77 公顷,减速分别为 57.06 公顷/年、24.96 公顷/年和 65.69 公顷/年。

　　2. 园地土地利用结构

　　园地在 1996 ~ 2008 年累计增加 1855.95 公顷,其构成的主体是果园,占园地总面积的 90% ~ 92%;其次是其他园地,其所占比例为 6.42% ~ 7.31%;桑园占比最低,不足 2%。具体如表 8-20 所示。

表 8-20 园地土地利用结构

地类	1996 年		2000 年		2004 年		2008 年	
	面积/公顷	比例/%	面积/公顷	比例/%	面积/公顷	比例/%	面积/公顷	比例/%
果园	16392.54	90.84	18959.78	91.96	18686.44	91.90	18275.41	91.83
桑园	333.75	1.85	333.92	1.62	320.18	1.58	299.59	1.51
茶园	0.00	0.00	0.00	0.00	0.00	0.00	0.00	0.00
其他园地	1318.35	7.31	1323.89	6.42	1325.84	6.52	1325.59	6.66

1996~2008 年,果园累计增加 1882.87 公顷,增速为 156.91 公顷/年;桑园累计减少 34.15 公顷,减速为 2.85 公顷/年;其他园地累计增加 7.24 公顷,减速为 0.60 公顷/年。

其中,果园在 1996~2000 年净增加 2567.24 公顷,增速为 641.81 公顷/年;2000~2004 年和 2004~2008 年则分别减少 273.34 公顷和 411.03 公顷,减速分别为 68.34 公顷/年和 102.76 公顷/年。

桑园在 1996~2000 年净增加 0.17 公顷,增速为 0.04 公顷/年;在 2000~2004 年和 2004~2008 年则分别净减少 13.74 公顷和 20.59 公顷,减速分别为 3.44 公顷/年和 5.15 公顷/年。

其他园地在 1996~2000 年和 2000~2004 年分别增加 5.54 公顷和 1.95 公顷,增速为分别为 1.38 公顷/年和 0.49 公顷/年,在 2004~2008 年净减少 0.25 公顷,减速为 0.06 公顷/年。

3. 林地利用结构

区域林地面积呈现微降—剧升—微降的态势。1966~2008 年净增加 10931.10 公顷。在 1996~2000 年净减少 2150.09 公顷,2000~2004 年又急剧增加 13539.65 公顷,2004~2008 年又减少 458.45 公顷。具体如图 8-4 所示。

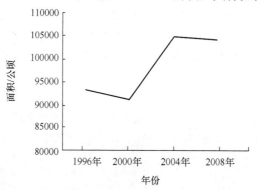

图 8-4 1996~2008 年豫北土地利用区林地面积变化

本区域林地由有林地、灌木林、疏林地、未成林造林地、迹地和苗圃构成。林地的构成主体是有林地,约占林地面积的一半;其次是未成林造林地,其面积持续增加,所占比例也由 1996 年的 16.93% 上升到 2008 年的 25.90%;疏林地占有相当大的比例,但其面积持续减少,其比例由 1996 年的 19.00% 降至 2008 年的 15.72%;灌木林所占的比例比疏林地稍低,其面积持续减少,比例也由 1996 年的 12.71% 降低到 2008 年的 11.26%;此外,迹地和苗圃所占比例均较低,且迹地面积基本没有变动,1996 年为 28.68 公顷,自 2000 年后一直保持在 26.83 公顷。苗圃面积稍有起伏,1996~2008 年其比例在 0.64%~0.68% 内波动,具体如表 8-21 所示。

表 8-21 1996~2008 年林地利用结构

地类	1996 年		2000 年		2004 年		2008 年	
	面积/公顷	比例/%	面积/公顷	比例/%	面积/公顷	比例/%	面积/公顷	比例/%
有林地	47158.09	50.68	45998.61	50.61	48894.51	46.82	48259.73	46.41
灌木林	11823.13	12.71	11797.26	12.98	11722.57	11.22	11705.69	11.26
疏林地	17683.24	19.00	16675.15	18.35	16443.58	15.75	16347.71	15.72
未成林造林地	15750.22	16.93	15791.67	17.37	26677.15	25.54	26932.81	25.90
迹地	28.68	0.03	26.83	0.03	26.83	0.03	26.83	0.03
苗圃	601.68	0.65	605.43	0.66	669.95	0.64	703.37	0.68

1996~2008 年,有林地累计增加 1101.64 公顷,增速为 91.80 公顷/年。其中 1996~2000 年其面积以 289.87 公顷/年的速度减少了 1159.48 公顷;2000~2004 年则以 723.98 公顷/年的速度增加了 2895.90 公顷;2004~2008 年以 158.70 公顷/年的速度减少了 634.78 公顷。

1996~2008 年,灌木林累计减少 117.44 公顷,减速为 9.79 公顷/年。2000~2004 年净减少 74.69 公顷,减速为 18.67 公顷/年;1996~2000 年和 2004~2008 年分别减少 25.87 公顷和 16.88 公顷,减速分别为 6.47 公顷/年和 4.22 公顷/年。

1996~2008 年,疏林地面积持续减少,累计减少 1335.53 公顷,减速为 111.29 公顷/年。其中减幅较大的是在 1996~2000 年,净减少 1008.09 公顷,减速为 252.02 公顷/年;2000~2004 年和 2004~2008 年减势较缓,分别减少 231.57 公顷和 95.87 公顷,减速分别为 57.89 公顷/年和 23.97 公顷/年。

1996~2008 年,未成林造林地面积持续增加,累计增加 11182.59 公顷,增速为 931.88 公顷/年。其中 2000~2004 年增加 10885.48 公顷,增速为 2721.37 公顷/年。而 1996~2000 年和 2004~2008 年则增加较少,分别增加 41.45 公顷和

255.65 公顷,增速分别为 10.36 公顷/年和 63.91 公顷/年。

1996～2008 年,迹地变化较小,累计减少 1.85 公顷,减速为 0.15 公顷/年,且减少量主要是在 1996～2000 年,2000 年之后面积无变动。

苗圃的面积持续增加,累计增加 101.69 公顷,增速为 8.47 公顷/年。其中 2000～2004 年和 2004～2008 年增加较多,净增加面积分别为 64.52 公顷和 33.42 公顷,增速分别为 16.13 公顷/年和 8.35 公顷/年;1996～2000 年增加较少,净增加 3.75 公顷,增速仅为 0.94 公顷/年。

4. 牧草地利用结构

区域牧草地面积基本保持稳定,1996～2008 年牧草地总面积增长 0.18 公顷。牧草地由天然牧草地和人工牧草地组成,其中天然牧草地所占的比例较大,1996～2008 年其比例为 73.64%～74.65%,而人工牧草地为 25.35%～26.36%。天然牧草地面积在 1996～2004 年时一直保持在 3.33 公顷,仅在 2008 年略有变化,净增加了 0.18 公顷。人工牧草地在 1996～2008 年,一直没有变动,维持在 1.19 公顷。具体如表 8-22 所示。

表 8-22　1996～2008 年牧草地利用结构

地类	1996 年		2000 年		2004 年		2008 年	
	面积/公顷	比例/%	面积/公顷	比例/%	面积/公顷	比例/%	面积/公顷	比例/%
天然牧草地	3.33	73.64	3.33	73.64	3.33	73.64	3.51	74.65
人工牧草地	1.19	26.36	1.19	26.36	1.19	26.36	1.19	25.35

5. 其他农用地

其他农用地在 1996～2008 年累计减少 367.82 公顷,其中在 1996～2000 年净增加 173.53 公顷,在 2000～2004 年和 2004～2008 年,又以较大幅度下降,分别减少 244.85 公顷和 296.50 公顷。

区域其他农用地由农村道路、坑塘水面(包括养殖水面)、农田水利用地、田坎和晒谷场组成。农村道路和农田水利用地是其他农用地的主要构成部分,农村道路用地所占的比例持续增加,由 1996 年的 37.23%上升至 2008 年的 37.58%;而农田水利用地所占的比例也在上升,由 1996 年的 32.59%上升到 2008 年的 32.70%,农村道路用地比农田水利用地所占比例略高。田坎、坑塘水面用地所占的比例均不高,两者总计所占比例约为 30%,其中田坎比坑塘水面用地所占的比例略高两个百分点。具体如表 8-23 所示。

表 8-23　1996～2008 年其他农用地利用结构

地类	1996 年		2000 年		2004 年		2008 年	
	面积/公顷	比例/%	面积/公顷	比例/%	面积/公顷	比例/%	面积/公顷	比例/%
农村道路	25732.31	37.23	25872.70	37.34	25891.77	37.50	25835.98	37.58
坑塘水面/养殖水面	9145.06	13.23	9151.53	13.21	9073.49	13.14	8886.53	12.93
农田水利用地	22521.48	32.59	22552.19	32.55	22530.80	32.63	22481.99	32.70
田坎	11717.12	16.95	11713.07	16.90	11548.60	16.73	11543.65	16.79

农村道路用地在 1996～2008 年累计增加 103.67 公顷,增速为 8.64 公顷/年,其中在 1996～2000 年和 2000～2004 年表现为净增加,分别增加 140.39 公顷和 19.07 公顷,增速分别为 35.10 公顷/年和 4.77 公顷/年;在 2004～2008 年则以微弱幅度减少,净减少 55.79 公顷,减速为 13.95 公顷/年。

坑塘水面/养殖水面用地在 1996～2008 年累计减少 258.53 公顷,减速为 21.54 公顷/年。其中在 1996～2000 年增加 6.47 公顷,增速为 1.62 公顷/年。在 2000～2004 年和 2004～2008 年则以较小幅度减少,分别减少 78.04 公顷和 186.96 公顷,减速分别为 19.51 公顷/年和 46.74 公顷/年。

农田水利用地在 1996～2008 年累计减少 39.49 公顷,减速为 3.29 公顷/年;其中 1996～2000 年增加 30.71 公顷,增速为 7.68 公顷/年。在 2000～2004 年和 2004～2008 年分别减少 21.39 公顷和 48.81 公顷,减速分别为 5.35 公顷/年和 12.20 公顷/年。

田坎面积持续减少,1996～2008 年累计减少 173.47 公顷,减速为 14.46 公顷/年。其中 2000～2004 年减少最多,净减少面积 164.47 公顷,减速为 41.12 公顷/年,其他时段减少幅度不足 5 公顷,减速较小。

6. 居民点及独立工矿用地

1996～2008 年居民点及独立工矿用地累计增加 9096.73 公顷。2004～2008 年增加了 4068.63 公顷;1996～2000 年和 2000～2004 年分别增加了 2934.86 公顷和 2093.24 公顷。

区域居民点及独立工矿用地由城市用地、建制镇、农村居民点、独立工矿和特殊用地构成。在居民点及独立工矿用地的构成中,农村居民点用地是其主要构成部分,虽然随着时间推移,其所占比例和面积有所变化,但其比例仍在 70% 以上,而其他几类用地的比例之和不足 30%。在比例较小的几类用地中,独立工矿用地的比例较高,约为 16%,而特殊用地的比例较低,仅为 1.5% 左右;城市用地和建制镇用地的比例分别为 3.81%～4.80% 和 4.42%～4.48%。具体如表 8-24 所示。

表 8-24 1996～2008 年居民点及独立工矿用地利用结构

地类	1996 年		2000 年		2004 年		2008 年	
	面积/公顷	比例/%	面积/公顷	比例/%	面积/公顷	比例/%	面积/公顷	比例/%
城市用地	7048.37	3.81	7837.05	4.17	8469.20	4.46	9321.62	4.80
建制镇	8183.21	4.42	8362.89	4.45	8477.47	4.46	8695.95	4.48
农村居民点	138175.26	74.69	138756.63	73.83	139524.31	73.42	141250.16	72.78
独立工矿	28819.18	15.58	30199.16	16.07	30770.57	16.19	32021.86	16.50
特殊用地	2770.21	1.50	2775.36	1.48	2782.79	1.47	2803.38	1.44

1996～2008 年各类用地的面积都在逐年增加,其中独立工矿用地增加最多,累计增加 3202.68 公顷,增速为 266.89 公顷/年;其次是农村居民点用地,累计增加 3074.90 公顷,增速为 256.24 公顷/年;再次是城市用地,累计增加 2273.25 公顷,增速为 189.44 公顷/年。建制镇面积累计增加 512.74 公顷,增速为 42.73 公顷/年;特殊用地累计增加 33.17 公顷,增速为 2.76 公顷/年。

城市用地在 2004～2008 年增长最快,净增加 852.42 公顷,增速为 213.11 公顷/年;1996～2000 年和 2000～2004 年分别增加 788.68 公顷和 632.15 公顷,增速分别为 197.17 公顷/年和 158.04 公顷/年。

建制镇面积增加不显著,2000～2004 年增加 114.58 公顷,增速为 28.65 公顷/年;其他两时段面积增加类似,增速在 50 公顷/年左右,增加面积约为 400 公顷。

2004～2008 年农村居民点面积增加最快,净增加 1725.85 公顷,增速为 431.46 公顷/年;其次是 2000～2004 年,净增加 767.68 公顷,增速为 191.92 公顷/年;1996～2000 年增加 581.37 公顷,增速为 145.34 公顷/年。

1996～2000 年和 2004～2008 年独立工矿面积增加较多,分别增加 1379.98 公顷和 1251.29 公顷,增速分别为 344.99/年和 312.82 公顷/年。在 2000～2004 年增加较少,净增加 571.41 公顷,增速为 142.85 公顷/年。

特殊用地在 2004～2008 年增加较多,净增加 20.59 公顷,增速为 5.15 公顷/年;在 1996～2000 年和 2000～2004 年分别增加 5.15 公顷和 7.43 公顷,增速分别为 1.29 公顷/年和 1.86 公顷/年。

城市和建制镇及农村居民点面积增加的原因是城镇化的发展推进了城市和建制镇发展,但由于农村劳动力“两栖”务工的特征,城市和建制镇由于劳动力转移建设用地面积增加,而农村建设用地却没有相应转为其他用地,从而表现为城镇和农村居民点面积同时增加的特征。

7. 交通运输用地

区域交通运输用地面积节节攀升,1996～2008 年共计增加 1548.66 公顷;其中 2004～2008 年增加 685.55 公顷；1996～2000 年和 2000～2004 年,增加均在 430 公顷左右。

交通运输用地由铁路用地、公路用地、民用机场、港口码头和管道运输用地等构成。交通运输用地中公路用地是其主要构成,其面积和所占比例持续上升,面积由 1996 年的 7758.52 公顷扩大到 2008 年的 9193.33 公顷,其比例也由 81.96% 上升到 83.46%。除此之外,铁路用地及所占比例也在上升,在 2004 年,其所占比例达到 15.92%,而 2004 年后出现大幅度减少,这可能是全国第二次土地调查清理一些废弃铁路用地,导致铁路用地减少而引起。民用机场用地面积保持不变,2008 年所占比重为 1.54%。港口码头用地在 1996～2000 年时维持在 3.68 公顷,在 1996～2008 年增加到 4.35 公顷并维持不变;而管道运输用地在 1996～2000 年时处于空白,在 2004 年以后维持在 3.94 公顷。具体如表 8-25 所示。

表 8-25　1996～2008 年居民点及独立工矿用地利用结构

地类	1996 年		2000 年		2004 年		2008 年	
	面积/公顷	比例/%	面积/公顷	比例/%	面积/公顷	比例/%	面积/公顷	比例/%
铁路用地	1533.70	16.20	1632.60	16.49	1644.95	15.92	1642.95	14.92
公路用地	7758.52	81.96	8095.67	81.76	8505.77	82.35	9193.33	83.46
民用机场	170.04	1.80	170.04	1.72	170.04	1.65	170.04	1.54
港口码头	3.68	0.04	3.68	0.03	4.35	0.04	4.35	0.04
管道运输用地	0.00	0.00	0.00	0.00	3.94	0.04	3.94	0.04

1996～2008 年,公路用地累计增加 1434.81 公顷,增速为 119.57 公顷/年;其中在 2004～2008 年增加了 687.56 公顷,增速为 171.89 公顷/年;1996～2000 年和 2000～2004 年分别增加了 337.15 公顷和 410.10 公顷,增速分别为 84.29 公顷/年和 102.53 公顷/年。

1996～2008 年,铁路用地共计增加 109.25 公顷,增速为 9.10 公顷/年。其中增加较快的是 1996～2000 年,净增加面积 98.90 公顷,增速为 24.72 公顷/年;在 2000～2004 年增加 12.35 公顷,增速为 3.09 公顷/年;而在 2004～2008 年面积微有下降,净减少 2 公顷。

港口码头用地仅在 2000～2004 年增加了 0.67 公顷,其他时间无任何增减变动。管道运输用地仅在 2000～2004 年增加了 3.94 公顷,其他时段维持不变。

8. 水利设施用地

水利设施用地面积在 1996～2008 年累计增加 50.93 公顷;其中在 2000～2004 年增加 55.26 公顷;在 2004～2008 年增加了 5.07 公顷。而在 1996～2000 年面积微有下降,净减少 9.40 公顷。

水利设施用地由水库水面用地和水工建筑用地构成,水工建筑用地所占比例较高,约占总体面积的70%;水库水面约占30%,具体如表8-26所示。

表8-26 1996~2008年水利设施用地利用结构

地类	1996年		2000年		2004年		2008年	
	面积/公顷	比例/%	面积/公顷	比例/%	面积/公顷	比例/%	面积/公顷	比例/%
水库水面	2086.53	30.95	2073.78	30.80	1987.27	29.28	1999.35	29.44
水工建筑	4654.85	69.05	4658.19	69.20	4799.97	70.72	4792.95	70.56

1996~2008年,水工建筑用地累计增加138.10公顷,增速为11.51公顷/年;水库水面用地累计减少87.18公顷,减速为7.26公顷/年。其中水工建筑用地在2000~2004年增加141.78公顷,增速为35.44公顷/年;在1996~2000年增加较少,仅为3.35公顷,增速不足1公顷/年;在2004~2008年又有少量减少,净减少7.02公顷。而水库水面用地在1996~2004年持续减少,其中2000~2004年净减少86.51公顷,减速为21.63公顷/年;在1996~2000年净减少12.75公顷;在2004~2008年净增加12.09公顷。

9. 未利用土地

未利用土地在1996~2000年增加了1318.42公顷,在2000~2004年减少了5846.82公顷,在2004~2008年减少了3572.23公顷。1996~2008年累计减少8100.63公顷,变化趋势如图8-5所示。

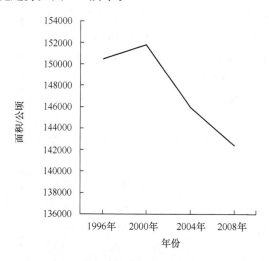

图8-5 1996~2008年豫北土地利用区未利用土地变化

区域未利用土地由荒草地、盐碱地、沼泽地、沙地、裸土地、裸岩石砾地和其他土地构成。裸岩石砾地成为未利用土地的主要组成部分,所占比例为 45% 左右;其次是荒草地,比例为 30% 左右;再次是其他土地,比例为 14% 左右。除此之外的其他地类中,沙地所占比例稍大,在 9% 左右,盐碱地、沼泽地和裸土地的比例总和不足 1.5%。具体如表 8-27 所示。

表 8-27　1996～2008 年未利用土地利用结构

地类	1996 年		2000 年		2004 年		2008 年	
	面积/公顷	比例/%	面积/公顷	比例/%	面积/公顷	比例/%	面积/公顷	比例/%
荒草地	46400.72	30.83	46176.13	30.41	44195.27	30.28	42314.61	29.71
盐碱地	1129.21	0.75	1300.16	0.86	1466.34	1.01	1324.44	0.93
沼泽地	41.58	0.03	42.09	0.03	42.09	0.03	39.58	0.03
沙地	13070.86	8.69	14544.15	9.58	13916.63	9.53	12448.17	8.74
裸土地	288.54	0.19	288.54	0.19	279.96	0.19	275.63	0.19
裸岩石砾地	68306.41	45.38	68240.00	44.95	65885.15	45.13	65804.33	46.21
其他土地	21269.49	14.13	21234.15	13.98	20192.96	13.83	20199.42	14.19

1996～2008 年面积变动最大的是荒草地,累计减少 4086.11 公顷,减速为 340.51 公顷/年;其次是裸岩石砾地,累计减少 2502.08 公顷,减速为 208.51 公顷/年;再次是其他土地,累计减少 1070.07 公顷,减速为 89.17 公顷/年。

荒草地在 2000～2004 年和 2004～2008 年减少较多,分别减少 1980.86 公顷和 1880.66 公顷,减速分别为 495.22 公顷/年和 470.16 公顷/年;而在 1996～2000 年减少 224.59 公顷,减速为 56.15 公顷/年。

裸岩石砾地在 2000～2004 年减少了 2354.85 公顷,减速为 588.71 公顷/年;其他时段累计减少不足 150 公顷。

其他土地面积的减少集中在 2000～2004 年,该时段减少 1041.19 公顷,减速为 260.30 公顷/年。

沙地在 1996～2000 年增加了 1473.29 公顷,增速为 368.32 公顷/年;在 2004～2008 年减少 1468.46 公顷,减速为 367.12 公顷/年。

10. 其他土地利用结构

其他土地在 1996～2008 年累计减少 1233.94 公顷;三个时段减少面积相差不明显,1996～2000 年、2000～2004 年和 2004～2008 年分别减少 147.48 公顷、493.39 公顷和 593.07 公顷。其他土地变化趋势如图 8-6 所示。

区域其他土地由河流水面、湖泊水面、苇地和滩涂构成。滩涂用地是其他土地的主要构成,1996～2008 年其所占比重为 52.79%～54.72%;河流水面也占有相当大的比例,其所占比例为 43.00%～44.95%;其他地类比例累计之和在 2% 左右。具体如表 8-28 所示。

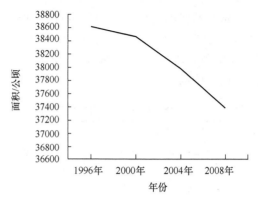

图 8-6　1996～2008 年豫北土地利用区其他土地变化趋势

表 8-28　1996～2008 年其他土地利用结构

地类	1996 年		2000 年		2004 年		2008 年	
	面积/公顷	比例/%	面积/公顷	比例/%	面积/公顷	比例/%	面积/公顷	比例/%
河流水面	16601.43	43.00	16592.29	43.14	16810.24	44.27	16801.42	44.95
湖泊水面	0.15	0.00	0.15	0.00	0.15	0.00	2.43	0.01
苇地	880.95	2.28	862.25	2.24	879.85	2.32	841.45	2.25
滩涂	21127.17	54.72	21007.53	54.62	20278.59	53.41	19730.47	52.79

　　1996～2008 年,滩涂累计减少 1396.7 公顷,减速为 116.39 公顷/年。而滩涂在 2000～2004 年和 2004～2008 年分别减少 728.94 公顷和 548.13 公顷,减速分别为 182.24 公顷/年和 137.03 公顷/年。

8.3.3　土地利用调控方向与措施

　　1. 区域社会经济概况

　　豫北土地利用区位于河南省的最北部,包括安阳市、濮阳市、鹤壁市 3 个省辖市的全部辖区,共 15 个县市,总面积为 1367889.20 公顷。区域的农业具有其不可替代的优势,具有"豫北粮仓"之称。区内的主要农作物粮食、棉花、油料以其单位产量高而位居河南省前列。该区是河南省主要的能源工业和农产品生产加工经济区之一,也是重要的能源、钢铁、电子和装备制造业基地。京广铁路、京珠高速公路、107 国道从本区通过,为区域的经济建设起到了重要的支撑作用,也为河南省与全国及国际经济文化交流提供了便利条件。

　　2. 保障重点项目用地,适当增加工矿用地比例

　　保障中心城市和国家重点项目用地。对于区域社会经济发展起着引导作用的

安阳市、鹤壁市和濮阳市 3 个中心城市,在建设用地上适当增加。对于对全国有较大影响的煤炭、石油、钢铁和电子等产业发展用地应适当支持。保障南水北调工程和石家庄—武汉铁路客运专线和高速公路的用地需求。

3. 加强农村居民点管理,挖潜村庄用地潜力

区域建设用地增加较快,尤其是农村居民点及独立工矿用地。所以,该区土地资源管理应重点进行农村居民点及独立工矿用地管理,积极推进村庄整理和工矿废弃地复垦,挖潜存量用地潜力,减少耕地资源占用。

4. 保护耕地和生态环境

本区域人口密集,社会经济发展较快,人均土地资源较低,土地资源压力较大。近年来,耕地资源减少速度较快,应加大区域内山前平原及东部地区现有耕地的保护力度,积极开展土地整理,适度开垦沙荒地,加强土壤培肥和改良,提高单位耕地面积生产力。西部太行山区要大力加强自然保护区建设,积极推进植树造林和水土流失治理,保护区域生态环境。

8.4　豫西南土地利用区

8.4.1　农用地、建设用地和未利用地变化

农用地是豫西南土地利用区土地利用的主体,1996～2008 年,其所占比例为73.35%～75.15%;其次是未利用地,其所占比例为 16.96%～17.76%;所占比例最低的是建设用地,所占比例为 7.89%～9.07%。具体如表 8-29 所示。

表 8-29　1996～2008 年农用地、建设用地和未利用地

地类	1996 年		2000 年		2004 年		2008 年	
	面积/公顷	比例/%	面积/公顷	比例/%	面积/公顷	比例/%	面积/公顷	比例/%
农用地	2673327.24	73.35	2676662.81	73.44	2699109.77	74.06	2701065.44	75.15
建设用地	324061.66	8.89	325633.55	8.94	330582.40	9.07	283570.20	7.89
未利用地	647145.61	17.76	642238.17	17.62	614842.35	16.87	609549.95	16.96

豫西南土地利用区农用地面积持续增加,1996～2008 年累计增加 27738.20公顷;其中 2000～2004 年增加 22446.96 公顷;1996～2000 年和 2004～2008 分别增加 3335.57 公顷和 1955.67 公顷。农用地变化趋势如图 8-7 所示。

建设用地面积在 1996～2004 年缓慢增加,而在 2004～2008 年又陡降,如图 8-8所示。1996～2000 年和 2000～2004 年分别增加 1571.89 公顷和 4948.85 公顷;在 2004～2008 年减少 47012.20 公顷。1996～2008 年累计减少 40491.46 公顷。

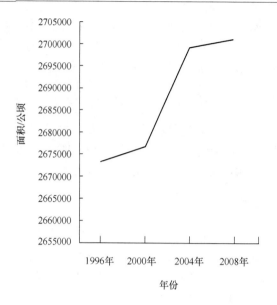

图 8-7　1996～2008 年豫西南土地利用区农用地变化趋势

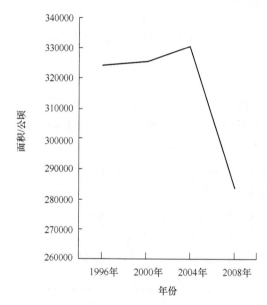

图 8-8　1996～2008 年豫西南土地利用区建设用地变化趋势

　　未利用地面积呈下降趋势(图 8-9),1996～2008 年累计减少 37595.66 公顷。2000～2004 年减少 27395.82 公顷,1996～2000 年和 2004～2008 年分别减少 4907.44 公顷和 5292.40 公顷。

　　农用地由耕地、园地、林地、牧草地和其他农用地构成。耕地和林地是该区农用地的主体,两者所占比例之和在 90% 左右。余下各地类中,其他农用地所占比

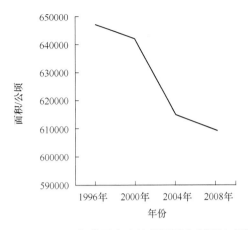

图 8-9　1996～2008 年豫西南土地利用区未利用地变化趋势

例稍大,牧草地面积较小,具体如表 8-30 所示。

表 8-30　1996～2008 年农用地构成

农用地	1996 年		2000 年		2004 年		2008 年	
	面积/公顷	比例/%	面积/公顷	比例/%	面积/公顷	比例/%	面积/公顷	比例/%
耕地	1224244.77	45.79	1222257.39	45.66	1170750.19	43.38	1173983.41	43.46
园地	87407.30	3.27	89581.71	3.35	94017.73	3.48	91819.73	3.40
林地	1176174.64	44.00	1178180.39	44.02	1249123.29	46.28	1250859.99	46.31
牧草地	4694.85	0.18	5722.02	0.21	5693.55	0.21	5688.61	0.21
其他农用地	180805.68	6.76	180921.29	6.76	179525.01	6.65	178713.69	6.62

　　建设用地包括居民点及独立工矿用地、交通运输用地及水利设施用地,其主体部分是居民点及独立工矿用地(表 8-31),1996～2008 年,其所占比例为 74.81%～78.98%;其次是水利设施用地,其所占比例为 16.64%～18.95%;所占比例最小的是交通运输用地,但面积持续增加,2008 年其所占比例已由最初的 4.08% 上升到了 6.24%。

表 8-31　1996～2008 年建设用地构成

建设用地	1996 年		2000 年		2004 年		2008 年	
	面积/公顷	比例/%	面积/公顷	比例/%	面积/公顷	比例/%	面积/公顷	比例/%
居民点及独立工矿用地	255954.83	78.98	256233.85	78.69	258274.84	78.13	217957.20	74.81
交通运输用地	13203.34	4.08	14469.64	4.44	17284.99	5.23	18190.71	6.24
水利设施用地	54903.49	16.94	54930.06	16.87	55022.57	16.64	55225.13	18.95

未利用地包括未利用土地和其他土地。1996~2008 年,未利用土地所占比例为 82.29%~82.71%,而其他土地所占比例为 17.29%~17.71%。具体如表 8-32 所示。

表 8-32　1996~2008 年未利用地构成

未利用地	1996 年		2000 年		2004 年		2008 年	
	面积/公顷	比例/%	面积/公顷	比例/%	面积/公顷	比例/%	面积/公顷	比例/%
未利用土地	535271.88	82.71	530703.29	82.63	505979.17	82.29	502130.68	82.38
其他土地	111873.73	17.29	111534.88	17.37	108863.18	17.71	107419.27	17.62

8.4.2　土地利用结构变化

1. 耕地利用结构

1996~2008 年耕地面积累计减少 50261.35 公顷,其中 1996~2000 年和 2000~2004 年分别减少 1987.38 公顷和 51507.19 公顷,2004~2008 年净增加 3233.22 公顷。其整体变化趋势如图 8-10 所示。

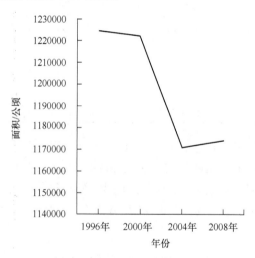

图 8-10　1996~2008 年豫西南土地利用区耕地变化趋势

耕地构成中,该区旱地是其主要构成部分,1996~2008 年其所占比例为 71.95%~72.86%;其次是水浇地,其所占比例为 22.41%~23.14%;再次是灌溉水田,其所占比例为 3.29%~3.43%;而菜地和望天田所占比例较低,都不足 1%。具体如表 8-33 所示。

表 8-33　1996～2008 年耕地构成

耕地	1996 年		2000 年		2004 年		2008 年	
	面积/公顷	比例/%	面积/公顷	比例/%	面积/公顷	比例/%	面积/公顷	比例/%
灌溉水田	40339.39	3.30	40251.37	3.29	40197.16	3.43	40152.76	3.42
望天田	6889.43	0.56	6889.21	0.57	6678.17	0.57	6790.31	0.58
水浇地	275003.70	22.46	273913.40	22.41	270844.60	23.14	270735.10	23.06
旱地	891086.80	72.79	890569.10	72.86	842329.30	71.95	845867.40	72.05
菜地	10925.39	0.89	10634.29	0.87	10700.93	0.91	10437.92	0.89

灌溉水田的面积持续减少,在 1996～2008 年累计减少 186.63 公顷,减速为 15.55 公顷/年。三个时段中各年减少面积较少,没有显著性差异。

望天田的面积先减后增。1996～2008 年累计减少 99.12 公顷,减速为 8.26 公顷/年。在 1996～2000 年面积基本无变化,在 2000～2004 年减少了 211.04 公顷;在 2004～2008 年又稍微增加,净增加 112.24 公顷。

水浇地面积持续减少,在 1996～2008 年累计减少 4268.60 公顷,减速为 355.72 公顷/年。其中,在 2000～2004 年减少 3068.80 公顷,减速为 767.20 公顷/年,2004～2008 年减少 109.50 公顷,减速为 27.38 公顷/年。

旱地面积先减后增,在 1996～2008 年累计减少 45219.40 公顷,减速为 3768.28 公顷/年。其中,1996～2000 年和 2000～2004 年分别减少 517.70 公顷和 48239.80 公顷,减速分别为 129.43 公顷/年和 12059.95 公顷/年;2004～2008 年净增加 3538.10 公顷,增速为 884.53 公顷/年。

菜地在 1996～2008 年累计减少 487.47 公顷,减速为 40.62 公顷/年。1996～2000 年和 2004～2008 年减幅均不大,分别减少 291.10 公顷和 263.01 公顷,减速分别为 72.78 公顷/年和 65.75 公顷/年。2000～2004 年净增加 66.64 公顷,增速为 16.66 公顷/年。

2. 园地利用结构

区域园地面积呈现先增后减的态势,在 1996～2008 年累计增加 4412.43 公顷,其中 2000～2004 年增加 4436.01 公顷;在 1996～2000 年增加 2174.41 公顷。而在 2004～2008 年减少 2197.99 公顷。

园地由果园、桑园、茶园和其他园地构成,果园是园地构成的主体,1996～2008 年,其所占园地面积的比例为 83.50%～83.69%;其次是其他园地,其所占比例为 10.67%～11.48%;桑园和茶园所占比例都不高,尤以茶园最低,不足 2%。具体如表 8-34 所示。

表 8-34　1996～2008 年园地利用构成

园地	1996 年		2000 年		2004 年		2008 年	
	面积/公顷	比例/%	面积/公顷	比例/%	面积/公顷	比例/%	面积/公顷	比例/%
果园	73151.55	83.69	74956.69	83.67	78506.82	83.50	76749.23	83.59
桑园	3531.88	4.04	3591.61	4.01	3547.47	3.77	3124.97	3.40
茶园	1397.29	1.60	1402.79	1.57	1401.82	1.49	1401.82	1.53
其他园地	9326.58	10.67	9630.62	10.75	10561.62	11.24	10543.72	11.48

1996～2008 年果园面积先增后减,在 1996～2000 年和 2000～2004 年分别增加 1805.14 公顷和 3550.13 公顷,增速分别为 451.29 公顷/年和 887.53 公顷/年;而在 2004～2008 年净减少 1757.59 公顷,减速为 439.40 公顷/年。故 1996～2008 年间果园面积累计增加 3597.68 公顷,增速为 299.81 公顷/年。

桑园面积先增后减,但幅度都不大。在 1996～2000 年期间增加 59.73 公顷,增速为 14.93 公顷/年;在 2000～2004 年和 2004～2008 年则分别减少 44.15 公顷和 422.50 公顷,减速分别为 11.04 公顷/年和 105.63 公顷/年。故在 1996～2008 年间桑园面积累计减少 406.91 公顷,减速为 33.91 公顷/年。

茶园除在 1996～2004 年期间有稍微增加外,其他时段茶园面积基本无变化。

其他园地面积先增后减,1996～2000 年和 2000～2004 年分别增加 304.04 公顷和 931.00 公顷,增速分别为 76.01 公顷/年和 232.75 公顷/年;2004～2008 年减少 17.90 公顷,减速为 4.48 公顷/年。故在 1996～2008 年其面积累计增加 1217.14 公顷,增速为 101.43 公顷/年。

3. 林地利用构成

1996～2008 年林地面积不断增加,累计增加 74685.35 公顷,其中 2000～2004 年增加 70942.90 公顷,其他时段增幅在 2000 公顷左右。

林地由有林地、灌木林、疏林地、未成林造林地、迹地和苗圃构成。林地构成中,有林地是其主体部分,1996～2008 年其所占比例为 62.81%～65.78%;其次是灌木林,其所占比例为 21.20%～22.45%;再次是其他林地、迹地和苗圃,所占比例较低,具体如表 8-35 所示。

表 8-35　1996～2008 年林地利用构成

林地	1996 年		2000 年		2004 年		2008 年	
	面积/公顷	比例/%	面积/公顷	比例/%	面积/公顷	比例/%	面积/公顷	比例/%
有林地	773644.21	65.78	774525.59	65.74	785744.69	62.90	785709.50	62.81
灌木林	264124.12	22.45	263949.53	22.40	265200.09	21.23	265171.03	21.20
疏林地	92449.07	7.86	92598.21	7.86	94681.39	7.58	94665.29	7.57
未成林造林地	44793.48	3.81	45818.75	3.89	102147.13	8.18	103957.82	8.31
迹地	356.12	0.03	356.12	0.03	366.05	0.03	373.56	0.03
苗圃	807.64	0.07	932.19	0.08	983.95	0.08	982.79	0.08

在 1996～2008 年,林地各地类均有增加,其中增加最多的是未成林造林地,累计增加 59164.34 公顷,增速为 4930.36 公顷/年;其次是有林地,累计增加 12065.29 公顷,增速为 1005.44 公顷/年;疏林地累计增加 2216.22 公顷,增速为 184.69 公顷/年;灌木林增加 1000 多公顷,迹地和苗圃增加较少,特别是迹地累计增加不足 20 公顷。

2000～2004 年,有林地和灌木林地增加最为显著,分别增加了 11219.10 公顷和 1250.56 公顷,而在 1996～2000 年苗圃则增幅相对较大,增加了 124.55 公顷。

4. 牧草地利用结构

区域牧草地面积在 1996～2008 年先增后减,1996～2000 年增加了 1027.17 公顷,而在 2000～2004 年和 2004～2008 年则减少 28.47 公顷和 4.93 公顷。整体上在 1996～2008 年累计增加 993.76 公顷。

牧草地由天然牧草地、人工牧草地和改良牧草地构成。各类用地中,天然牧草地占较大优势,1996～2008 年其所占比例为 46.13%～55.44%;其次是人工牧草地,其所占比例为 43.89%～52.95%;而改良牧草地较少,不足 1%。具体如表 8-36 所示。

表 8-36　1996～2008 年牧草地利用构成

牧草地	1996 年		2000 年		2004 年		2008 年	
	面积/公顷	比例/%	面积/公顷	比例/%	面积/公顷	比例/%	面积/公顷	比例/%
天然牧草地	2165.49	46.13	3167.28	55.35	3156.48	55.44	3151.55	55.40
改良牧草地	43.27	0.92	43.27	0.76	35.29	0.62	35.29	0.62
人工牧草地	2486.09	52.95	2511.47	43.89	2501.77	43.94	2501.77	43.98

1996～2008 年天然牧草地累计增加 986.06 公顷,增速为 82.17 公顷/年;改良牧草地呈现稍有减少趋势,人工牧草地稍有增加。

在三个时段中,天然牧草地在 1996～2000 年增长较快,其后持续减少,但减少面积较小;改良牧草地只在 2000～2004 年稍有减少,其他时间无任何变化;人工牧草地变化幅度较小,主要发生在 1996～2000 年和 2000～2004 年,而 2004～2008 年无增减变化。

5. 其他农用地

其他农用地面积在 1996～2008 年先增加后减少,12 年间累计减少 2091.99 公顷。其中在 1996～2000 年增加 115.61 公顷,在 2000～2004 年减少 1396.28 公顷。

其他农用地由农村道路用地、坑塘水面、农田水利用地和田坎构成。在四类用地中,除坑塘水面所占比例不足 10% 以外,其他三类用地均在 30% 左右。具体如表 8-37 所示。

表 8-37　1996～2008 年其他农用地构成

其他农用地	1996 年		2000 年		2004 年		2008 年	
	面积/公顷	比例/%	面积/公顷	比例/%	面积/公顷	比例/%	面积/公顷	比例/%
农村道路	52271.13	28.91	52385.63	28.95	52204.82	29.08	51916.31	33.23
坑塘水面/养殖水面	15109.94	8.36	15154.93	8.38	15321.26	8.53	14949.07	9.57
农田水利用地	48196.37	26.66	48193.63	26.64	48167.22	26.83	46786.04	29.94
田坎	65228.25	36.07	65187.09	36.03	63831.71	35.56	42599.45	27.26

　　1996～2008 年,其他农用地变动幅度较大的是田坎,田坎用地累计减少22628.8 公顷,减速为 1885.73 公顷/年。田坎用地在 2004～2008 年减少21232.26 公顷,减速为 5308.07 公顷/年。其他农用地面积减少较多的是农田水利用地,12 年间减少净面积 1410.33 公顷,减速为 117.53 公顷/年,其他地类变化相对较小。

　　6. 居民点及独立工矿用地

　　居民点及独立工矿用地呈先微增后剧减的态势。在 1996～2000 年和 2000～2004 年分别增加 279.02 公顷和 2040.99 公顷,而在 2004～2008 年减少了40317.64 公顷;1996～2008 年累计减少 37997.63 公顷。

　　区域居民点及独立工矿用地由城市用地、建制镇、农村居民点、独立工矿、盐田和特殊用地构成。农村居民点是居民点及独立工矿用地的构成主体,1996～2008年,其所占比例为 80.31%～81.38%,其次是独立工矿,其所占比例为 9.99%～10.67%。其余各地类所占比例均较低,尤以盐田为最低。具体如表 8-38 所示。

表 8-38　1996～2008 年居民点及独立工矿用地构成

居民点及独立工矿用地	1996 年		2000 年		2004 年		2008 年	
	面积/公顷	比例/%	面积/公顷	比例/%	面积/公顷	比例/%	面积/公顷	比例/%
城市用地	9935.21	3.88	10759.93	4.20	11655.89	4.51	10003.04	4.57
建制镇	5725.40	2.24	6019.57	2.35	6454.29	2.50	4921.21	2.25
农村居民点	208286.86	81.38	207440.38	80.96	207428.55	80.31	176921.21	80.78
独立工矿	26884.44	10.50	26851.57	10.48	27543.65	10.67	21873.13	9.99
盐田	0.49	0.00	0.49	0.00	0.49	0.00	0.00	0.00
特殊用地	5122.43	2.00	5161.92	2.01	5191.97	2.01	5291.49	2.41

　　在 1996～2008 年,面积变化较大的是农村居民点,其面积持续减少,累计减少31365.65 公顷,特别是在 2004～2008 年,净减少 30507.34 公顷;其次是独立工矿用地,研究期内面积累计减少 5011.31 公顷。再次,其他用地面积虽有一定程度的

变化,但整体上变化相对较小。

7. 交通运输用地利用结构

区域交通运输用地呈增加趋势,1996～2000 年净增加 1266.30 公顷,1996～2008 年累计增加 4987.37 公顷。

区域交通运输用地由铁路用地、公路用地、民用机场、港口码头和管道运输用地构成。其中公路用地是其主体,1996～2008 年其所占比例为 73.76%～76.57%。铁路用所占比例为 22.51%～25.46%。其他地类用地所占比例较小。具体如表 8-39 所示。

表 8-39   1996～2008 年交通运输用地构成

交通运输用地	1996 年		2000 年		2004 年		2008 年	
	面积/公顷	比例/%	面积/公顷	比例/%	面积/公顷	比例/%	面积/公顷	比例/%
铁路用地	3238.96	24.53	3256.91	22.51	4401.32	25.46	4473.38	24.59
公路用地	9850.91	74.61	11079.09	76.57	12750.03	73.76	13580.60	74.66
民用机场	110.79	0.84	130.97	0.90	130.97	0.76	130.89	0.72
港口码头	2.67	0.02	2.67	0.02	2.67	0.02	5.51	0.03
管道运输	0.00	0.00	0.00	0.00	0.00	0.00	0.33	0.00

1996～2008 年,交通运输用地变动较大的是公路用地,其面积持续增加,累计增加 3729.69 公顷,增速为 310.81 公顷/年;铁路用地逐年增加,累计增加 1234.42 公顷,增速为 102.87 公顷/年;民用机场先增后降,累计增加 20 公顷左右。港口码头和管道运输用地稍有增加。

8. 水利设施用地利用结构

水利设施用地 1996～2008 年累计增加 321.63 公顷。

水利设施用地由水库水面和水工建筑用地构成,如表 8-40 所示。1996～2008 年,水库水面是水利设施用地的主体,其所占比例为 96.06%～96.15%。水工建筑所占比例为 3.85%～3.94%。

表 8-40   1996～2008 年水利设施用地构成

水利设施用地	1996 年		2000 年		2004 年		2008 年	
	面积/公顷	比例/%	面积/公顷	比例/%	面积/公顷	比例/%	面积/公顷	比例/%
水库水面	52774.27	96.12	52767.88	96.06	52896.33	96.14	53098.2	96.15
水工建筑	2129.23	3.88	2162.18	3.94	2126.23	3.86	2126.93	3.85

水库水面用地累计增加面积 323.93 公顷;水工建筑用地基本保持稳定。

9. 未利用地结构

未利用地 1996～2008 年累计减少 33141.20 公顷。

区域未利用地类型丰富,包括荒草地、盐碱地、沼泽地、沙地、裸土地、裸岩石砾地和其他土地。荒草地是未利用地的最主要构成,1996～2008 年其所占比例为68.21%～69.79%;裸岩石砾地所占比例为 20.87%～22.00%。余下其他土地所占比例均较低,特别是盐碱地仅有 5.21 公顷。具体如表 8-41 所示。

表 8-41　1996～2008 年未利用地构成

未利用地	1996 年		2000 年		2004 年		2008 年	
	面积/公顷	比例/%	面积/公顷	比例/%	面积/公顷	比例/%	面积/公顷	比例/%
荒草地	373577.40	69.79	369123.80	69.56	345737.30	68.33	342521.30	68.21
盐碱地	5.21	0.00	5.21	0.00	5.21	0.00	5.21	0.00
沼泽地	201.25	0.04	196.14	0.04	189.91	0.04	189.91	0.04
沙地	1617.21	0.30	1560.08	0.29	1375.91	0.27	1231.03	0.25
裸土地	24031.97	4.49	23994.75	4.52	24131.96	4.77	23968.37	4.77
裸岩石砾地	111700.10	20.87	111668.60	21.04	110552.30	21.85	110454.50	22.00
其他土地	24138.81	4.51	24154.71	4.55	23986.51	4.74	23760.41	4.73

1996～2008 年,未利用地面积变化最大是荒草地,累计减少 31056.11 公顷,减速为 2588.01 公顷/年;其次是沙地,累计减少 386.18 公顷,减速为 32.18 公顷/年;其他土地减少 300 多公顷。其他地类变动相对较小。

10. 其他土地结构

区域其他土地由河流水面、湖泊水面、苇地和滩涂构成。1996～2008 年,滩涂用地所占比例为 65.61%～66.85%。河流水面所占比例为 32.28%～33.49%。其他地类所占比例较少。具体如表 8-42 所示。

表 8-42　1996～2008 年其他土地构成

其他土地	1996 年		2000 年		2004 年		2008 年	
	面积/公顷	比例/%	面积/公顷	比例/%	面积/公顷	比例/%	面积/公顷	比例/%
河流水面	36112.89	32.28	36122.18	32.39	36020.89	33.09	35970.86	33.49
湖泊水面	6.81	0.01	6.81	0.01	10.42	0.01	10.42	0.01
苇地	959.69	0.86	954.27	0.85	959.03	0.88	953.90	0.89
滩涂	74794.34	66.85	74451.61	66.75	71872.85	66.02	70484.09	65.61

其他土地面积变动较大的是滩涂,累计减少面积 4310.25 公顷,其他地类变动较小。

8.4.3　土地利用调控方向与措施

1. 区域社会经济概况

豫西南土地利用区包含南阳市和三门峡市。该区是全省重要的粮食、棉花、油料、中药材等优势农产品基地,也是我国连接中西部经济发展区重要的交通枢纽和通信枢纽,是承东启西的重要过渡地带。同时,该区域也是河南省西部地区资源输出和联系长三角的重要通道,南水北调中线工程的水源地;连霍、太澳等国家重点高速公路,陇海、宁西等国铁干线,西气东输、西电东送均穿境而过。另外,区内山川秀丽,旅游资源丰富。旅游产业是已成为本区新兴的产业之一。

2. 适当增加城镇工矿用地

支持中心城市三门峡市和南阳市以及灵宝、邓州等副中心城市的城市发展用地。重点保障西气东输管线用地和郑州—西安铁路客运专线用地以及区域内高速公路、南水北调中线建设及南阳机场改建用地。保障石油化工、天然碱、农副产品加工和新能源以及药材基地建设用地。

3. 加强耕地保护,合理开发耕地后备资源

该区域,特别是区域内的南阳盆地,是河南省重要的粮食生产基地。该区域山地丘陵所占比例较高,地形起伏较大,农田灌溉受到一定的限制。因此,为了提高区域耕地的生产率,应积极推进区域农用地整理和高标准基本农田建设。另外,该区域耕地后备资源相对丰富,但大部分位于山地丘陵地带,所以后备耕地资源开发需要合理规划,有序开发,防止因耕地开发所带来的水土流失和其他生态环境破坏的发生。

4. 积极保护生态环境

该区域自然景观资源丰富,但由于农业活动频繁,自然景观受人类干扰比较严重。因此,应加强伏牛山区、小秦岭森林生态系统、野生动植物资源和黄河湿地等重点自然景观的保护。同时,对于不适宜开发但已被开发的区域,应执行国家退耕还林和还牧政策,积极退耕还林还牧。对于山地丘陵区的建设活动,应做好生态环境影响评估,防止生态环境破坏的发生。另外,对于已经发生生态破坏的区域应加强生态恢复和重建,积极营造水源涵养林和水土保持林,提高区域生态环境的保护水平。

8.5　黄淮四市土地利用区

8.5.1　农用地、建设用地和未利用地变化

1996~2008 年,黄淮四市土地利用区农用地面积所占比例为 78.59%~

78.69%;建设用地所占比例为 14.02%～14.51%;未利用地为 6.90%～7.29%。具体如表 8-43 所示。

表 8-43　1996～2008 年农用地、建设用地和未利用地

地类	1996 年		2000 年		2004 年		2008 年	
	面积/公顷	比例/%	面积/公顷	比例/%	面积/公顷	比例/%	面积/公顷	比例/%
农用地	4458839.46	78.69	4454613.59	78.62	4453903.51	78.60	4453053.60	78.59
建设用地	794425.87	14.02	802365.10	14.16	815366.15	14.39	822314.35	14.51
未利用地	413059.76	7.29	409346.39	7.22	397055.42	7.01	390957.14	6.90

1996～2008 年,农用地面积持续减少,累计减少 5785.86 公顷。1996～2000 年减少 4225.87 公顷。建设用地持续增加,累计增加 27888.48 公顷;未利用地面积持续减少,累计减少 22102.62 公顷。

1996～2008 年,耕地占农用地所占比例为 72.97%～73.85%;其次是林地,其所占比例为 14.30%～15.12;再次是其他农用地,其所占比例为 9.44%～9.47%。除此之外,其他地类所占比例均较低。具体如表 8-44 所示。

表 8-44　1996～2008 年农用地利用结构

农用地	1996 年		2000 年		2004 年		2008 年	
	面积/公顷	比例/%	面积/公顷	比例/%	面积/公顷	比例/%	面积/公顷	比例/%
耕地	3292648.51	73.85	3289158.36	73.84	3249855.18	72.97	3252084.99	73.03
园地	96835.55	2.17	98242.05	2.20	100528.59	2.26	99119.05	2.22
林地	640299.81	14.36	636912.21	14.30	673496.23	15.12	672416.03	15.10
牧草地	8254.89	0.18	8261.09	0.19	7986.92	0.18	7909.85	0.18
其他农用地	420800.70	9.44	422039.89	9.47	422036.59	9.47	421523.67	9.47

研究期内,建设用地中居民点及独立工矿用地所占比例为 87.48%～88.43%;其次是水利设施用地,其所占比例为 8.09%～8.43%;交通运输用地所占比例最低,其比例为 3.14%～4.43%具体如表 8-45 所示。

表 8-45　1996～2008 年建设用地结构

建设用地	1996 年		2000 年		2004 年		2008 年	
	面积/公顷	比例/%	面积/公顷	比例/%	面积/公顷	比例/%	面积/公顷	比例/%
居民点及独立工矿用地	702480.83	88.43	707424.74	88.17	713746.58	87.54	719381.45	87.48
交通运输用地	24929.30	3.14	28428.09	3.54	35075.70	4.30	36387.91	4.43
水利设施用地	67015.74	8.43	66512.27	8.29	66543.87	8.16	66544.99	8.09

研究期内,未利用土地所占比例为 82.29%~82.71%,其他土地所占比例为 17.29%~17.71%。具体如表 8-46 所示。

表 8-46　1996~2008 年未利用地结构

未利用地	1996 年		2000 年		2004 年		2008 年	
	面积/公顷	比例/%	面积/公顷	比例/%	面积/公顷	比例/%	面积/公顷	比例/%
未利用土地	535271.88	82.71	530703.29	82.63	505979.17	82.29	502130.68	82.38
其他土地	111873.73	17.29	111534.88	17.37	108863.18	17.71	107419.27	17.62

8.5.2　土地利用结构变化

1. 耕地利用结构

耕地面积在 1996~2004 年持续减少,2000~2004 年减少 51507.19 公顷,2004~2008 年增加 3233.22 公顷,1996~2008 年整体上累计减少 50261.35 公顷。

耕地中所占比例最大的是旱地,1996~2008 年其比例为 71.95%~72.79%;其次是水浇地,比例为 22.41%~23.14%;其他地类所占比例较小。具体如表 8-47 所示。

表 8-47　1996~2008 年耕地结构

耕地	1996 年		2000 年		2004 年		2008 年	
	面积/公顷	比例/%	面积/公顷	比例/%	面积/公顷	比例/%	面积/公顷	比例/%
灌溉水田	40339.39	3.30	40251.37	3.29	40197.16	3.43	40152.76	3.42
望天田	6889.43	0.56	6889.21	0.57	6678.17	0.57	6790.31	0.58
水浇地	275003.70	22.46	273913.40	22.41	270844.60	23.14	270735.10	23.06
旱地	891086.80	72.79	890569.10	72.86	842329.30	71.95	845867.40	72.05
菜地	10925.39	0.89	10634.29	0.87	10700.93	0.91	10437.92	0.89

旱地面积变动最大,1996~2008 年累计减少 45219.4 公顷,减速为 3768.28 公顷/年;其中在 2000~2004 年减少 48239.80 公顷,减速为 12059.95 公顷/年;在 2004~2008 年增加 3538.10 公顷。水浇地面积也有一定程度的减少,累计减少 4268.60 公顷。除此之外,其他地类整体上呈下降趋势。

2. 园地利用结构

果园是园地的主要构成部分,1996~2008 年,其所占比例为 83.50%~83.69%,其他园地所占比例为 10.67%~11.48%;除此之外,其他地类所占比例较小。具体如表 8-48 所示。

表 8-48 1996～2008 年园地结构

园地	1996 年		2000 年		2004 年		2008 年	
	面积/公顷	比例/%	面积/公顷	比例/%	面积/公顷	比例/%	面积/公顷	比例/%
果园	73151.55	83.69	74956.69	83.67	78506.82	83.50	76749.23	83.59
桑园	3531.88	4.04	3591.61	4.01	3547.47	3.77	3124.97	3.40
茶园	1397.29	1.60	1402.79	1.57	1401.82	1.49	1401.82	1.53
其他园地	9326.58	10.67	9630.62	10.75	10561.62	11.24	10543.72	11.48

1996～2008 年,除桑园面积减少外,其他地类都有所增加。果园在 1996～2008 年累计增加 3597.68 公顷。该区的信阳市是河南茶叶的主要产区,加之近年来茶园建设投入的增加,茶园面积有所增加。

3. 林地利用结构

林地在 2000～2004 年增加较快,3 个时段累计增加 74685.35 公顷。

林地中有林地面积最大,1996～2008 年,其占林地面积的比例为 62.81%～65.78%;其次是灌木林,所占比例为 21.20%～22.45%;未成林造林地所占比例为 3.81%～8.31%;疏林地所占比例为 7.57%～7.86%;其他地类所占比例较小。具体如表 8-49 所示。

表 8-49 1996～2008 年林地结构

林地	1996 年		2000 年		2004 年		2008 年	
	面积/公顷	比例/%	面积/公顷	比例/%	面积/公顷	比例/%	面积/公顷	比例/%
有林地	773644.21	65.78	774525.59	65.74	785744.69	62.90	785709.50	62.81
灌木林	264124.12	22.45	263949.53	22.40	265200.09	21.23	265171.03	21.20
疏林地	92449.07	7.86	92598.21	7.86	94681.39	7.58	94665.29	7.57
未成林造林地	44793.48	3.81	45818.75	3.89	102147.13	8.18	103957.82	8.31
迹地	356.12	0.03	356.12	0.03	366.05	0.03	373.56	0.03
苗圃	807.64	0.07	932.19	0.08	983.95	0.08	982.79	0.08

1996～2008 年,未成林造林地面积增加显著,其中 2000～2004 年增加 56328.38 公顷,3 个时段中累计增加 59164.34 公顷,增速为 4930.36 公顷/年。其次是有林地,在 1996～2004 年其持续增加,净增加 12100.48 公顷,增速为 1512.56 公顷/年。其他林地面积变动较小。

4. 牧草地利用结构

牧草地在 1996～2000 年增加了 1027.17 公顷,在 2000～2008 年则减少了 33.40 公顷;1996～2008 累计增加了 993.77 公顷。

天然牧草地和人工牧草地是牧草地构成的两大主体,其所占比例之和约为99%;改良牧草地面积不足 1%,如表 8-50 所示。

表 8-50　1996~2008 年牧草地结构

牧草地	1996 年		2000 年		2004 年		2008 年	
	面积/公顷	比例/%	面积/公顷	比例/%	面积/公顷	比例/%	面积/公顷	比例/%
天然牧草地	2165.49	46.13	3167.28	55.35	3156.48	55.44	3151.55	55.40
改良牧草地	43.27	0.92	43.27	0.76	35.29	0.62	35.29	0.62
人工牧草地	2486.09	52.95	2511.47	43.89	2501.77	43.94	2501.77	43.98

天然牧草地 1996~2000 年净增加 1001.79 公顷,而 2000~2008 年减少15.73 公顷。所以天然牧草地整体呈增加的态势,累计增加 986.05 公顷,增速为82.17 公顷/年。改良牧草地面积仅在 2000~2004 年稍微减少,其他时段面积不变;人工牧草地面积虽有波动,整体上基本保持不变。

5. 其他农用地结构

除 1996~2000 年其他农用地面积有少量增加外,其他时段中面积持续减少,累计减少 2091.99 公顷。

区域农用地由农村道路、坑塘水面/养殖水面、农田水利用地和田坎构成。其中,1996~2008 年,田坎所占比例为 27.26%~36.07%;农村道路所占比例为28.91%~33.23%;农田水利用地所占比例为 26.64%~29.94%;坑塘水面/养殖水面所占比例为 8.36%~9.57%。具体如表 8-51 所示。

表 8-51　1996~2008 年其他农用地结构

其他农用地	1996 年		2000 年		2004 年		2008 年	
	面积/公顷	比例/%	面积/公顷	比例/%	面积/公顷	比例/%	面积/公顷	比例/%
农村道路	52271.13	28.91	52385.63	28.95	52204.82	29.08	51916.31	33.23
坑塘水面/养殖水面	15109.94	8.36	15154.93	8.38	15321.26	8.53	14949.07	9.57
农田水利用地	48196.37	26.66	48193.63	26.64	48167.22	26.83	46786.04	29.94
田坎	65228.25	36.07	65187.09	36.03	63831.71	35.56	42599.45	27.26

1996~2008 年,其他农用地呈下降趋势,其中田坎减少最显著,累计减少22628.8 公顷,减速为 1885.73 公顷/年。可能是农田整治的开展,使其转变为其他用地所致。

6. 居民点及独立工矿用地结构

1996~2000 年和 2000~2004 年居民点及独立工矿用地呈增加趋势,其中

2000～2004 年增加 2040.99 公顷；而在 2004～2008 年减少 40317.64 公顷。因此，整体上居民点及独立工矿用地累计减少 37997.63 公顷。

农村居民点是居民点及独立工矿用地的构成主体，1996～2008 年其所占比例为 80.31%～81.38%；其次是独立工矿，其所占比例为 9.99%～10.67%；其他地类所占比例较低。具体如表 8-52 所示。

表 8-52　1996～2008 年居民点及独立工矿用地结构

居民点及独立工矿用地	1996 年		2000 年		2004 年		2008 年	
	面积/公顷	比例/%	面积/公顷	比例/%	面积/公顷	比例/%	面积/公顷	比例/%
城市用地	9935.21	3.88	10759.93	4.20	11655.89	4.51	10003.04	4.57
建制镇	5725.40	2.24	6019.57	2.35	6454.29	2.50	4921.21	2.25
农村居民点	208286.86	81.38	207440.38	80.96	207428.55	80.31	176921.21	80.78
独立工矿	26884.44	10.50	26851.57	10.48	27543.65	10.67	21873.13	9.99
盐田	0.49	0.00	0.49	0.00	0.49	0.00	0.00	0.00
特殊用地	5122.43	2.00	5161.92	2.01	5191.97	2.01	5291.49	2.41

除城市用地和特殊用地稍微增加外，其他地类都有所减少，其中减少幅度较大的是农村居民点用地，累计减少 31365.65 顷，其他地类的减少幅度较小。

7. 交通运输用地结构

交通运输用地持续增加，1996～2008 累计增加 4987.37 公顷。

公路用地是该区域交通运输用地的主体，1996～2008 年，其所占比例为 73.76%～76.57%，其次是铁路用地，其比例为 22.51%～25.46%。民用机场和港口码头用地较少，所占比例较低。具体如表 8-53 所示。

表 8-53　1996～2008 年交通运输用地结构

交通运输用地	1996 年		2000 年		2004 年		2008 年	
	面积/公顷	比例/%	面积/公顷	比例/%	面积/公顷	比例/%	面积/公顷	比例/%
铁路用地	3238.96	24.53	3256.91	22.51	4401.32	25.46	4473.38	24.59
公路用地	9850.91	74.61	11079.09	76.57	12750.03	73.76	13580.60	74.66
民用机场	110.79	0.84	130.97	0.90	130.97	0.76	130.89	0.72
港口码头	2.67	0.02	2.67	0.02	2.67	0.02	5.51	0.03
管道运输	0.00	0.00	0.00	0.00	0.00	0.00	0.33	0.00

交通运输用地呈持续增加特征。其中，1996～2008 年公路用地累计增加面积 3729.69 公顷；其次是铁路用地，累计增加 1234.42 公顷。其他地类变动不大。

8. 水利设施用地结构

水库水面面积最大,1996～2008 年其所占比例为 96.06%～96.15%;水工建筑用地面积较小,其比例不足 4%。具体如表 8-54 所示。

表 8-54 1996～2008 年水利设施用地结构

水利设 施用地	1996 年		2000 年		2004 年		2008 年	
	面积/公顷	比例/%	面积/公顷	比例/%	面积/公顷	比例/%	面积/公顷	比例/%
水库水面	52774.27	96.12	52767.88	96.06	52896.33	96.14	53098.2	96.15
水工建筑	2129.23	3.88	2162.18	3.94	2126.23	3.86	2126.93	3.85

水利设施用地中,水库水面用地在 1996～2008 年累计增加 323.93 公顷,水工建筑面积基本保持稳定。

9. 未利用地结构

未利用地面积持续减少,1996～2008 年累计减少 33141.20 公顷,特别是在 2000～2004 年净减少 24724.12 公顷。

荒草地是未利用地的主要构成部分,1996～2008 年,其所占比例为 68.21%～ 69.79%;其次是裸岩石砾地,其比例为 20.87%～22.00%;其他地类面积则较小。具体如表 8-55 所示。

表 8-55 1996～2008 年未利用地结构

未利用地	1996 年		2000 年		2004 年		2008 年	
	面积/公顷	比例/%	面积/公顷	比例/%	面积/公顷	比例/%	面积/公顷	比例/%
荒草地	373577.4	69.79	369123.8	69.56	345737.30	68.33	342521.30	68.21
盐碱地	5.21	0.00	5.21	0.00	5.21	0.00	5.21	0.00
沼泽地	201.25	0.04	196.14	0.04	189.91	0.04	189.91	0.04
沙地	1617.21	0.30	1560.08	0.29	1375.91	0.27	1231.03	0.25
裸土地	24031.97	4.49	23994.75	4.52	24131.96	4.77	23968.37	4.77
裸岩石砾地	111700.10	20.87	111668.60	21.04	110552.30	21.85	110454.50	22.00
其他土地	24138.81	4.51	24154.71	4.55	23986.51	4.74	23760.41	4.73

盐碱地在 1996～2000 年面积保持不变,其他地类在该期间呈下降趋势,其中面积减少最多的是荒草地,累计减少 31056.10 公顷,其他地类减少幅度较小。

10. 其他土地结构

滩涂是其他土地构成的主体,1996～2008 年,其所占比例为 65.61%～

66.85%;其次是河流水面,其所占比例为 32.28%～33.49%。具体如表 8-56 所示。

表 8-56　1996～2008 年其他土地结构

其他土地	1996 年		2000 年		2004 年		2008 年	
	面积/公顷	比例/%	面积/公顷	比例/%	面积/公顷	比例/%	面积/公顷	比例/%
河流水面	36112.89	32.28	36122.18	32.39	36020.89	33.09	35970.86	33.49
湖泊水面	6.81	0.01	6.81	0.01	10.42	0.01	10.42	0.01
苇地	959.69	0.86	954.27	0.85	959.03	0.88	953.90	0.89
滩涂	74794.34	66.85	74451.61	66.75	71872.85	66.02	70484.09	65.61

除湖泊水面和苇地在 2000～2004 年分别增加了 3.61 公顷和 4.76 公顷外,其他地类均有所减少,其中减少最多的是滩涂,在 1996～2008 年累计减少 4310.25 公顷,其他地类减少幅度较小。

8.5.3　土地利用调控方向与措施

1. 区域社会经济概况

黄淮四市土地利用区包括商丘市、周口市、驻马店市、信阳市等 4 个省辖市,是河南省承接东部产业转移的前沿地区,全国重要的现代农业基地和以农副产品精深加工为主的加工制造业基地,畜牧产品基地,劳务输出基地,纺织、生物医药、食品等产业基地。该区地貌除南部信阳市有部分山地、丘陵外,主要为黄河冲积平原和淮河及其北部支流的冲积及湖积平原。区内土层深厚,土壤潜在肥力较高,水热条件较好,是河南省主要的农业生产区域。区内所辖的四市均为河南省的农业大市,其中周口市和驻马店市的粮食总产量多年来一直处在全省前列。

2. 适当增加城镇工矿用地比例

重点支持商丘市、周口市、驻马店市和信阳市等中心城市以及永城和项城等副中心城市发展。保障区域交通、水利、电力等基础设施建设用地。重点支持该区域粮食、农副产品深加工产业建设用地。

3. 加强农村居民点整理,降低人均建设用地面积

区域建设用地的主体是农村居民点用地,农村居民点无序建设不利于耕地资源的保护。所以,应积极推进区域居民点规划和整治,在建设新农村的同时,实现农村居民点的节约集约用地。积极探索农村居民点退出机制,盘活闲置和低效的农村居民点用地,提高农村居民点用地的利用效率。

4. 加强耕地资源整治, 提高耕地产出水平

　　区域人口密度大, 土地利用以农业为主, 但由于农业基础设施缺乏, 区域中低产田面积较大。区域应以建设粮食生产核心区为契机积极推进高标准基本农田建设, 大力推进农业集约化、规模化经营, 提高农业抗灾水平, 保持粮食的高产和稳产。另外, 对于区域南部的低山丘陵区, 土地利用应和生态环境保护相结合, 防止土地开发引起的水土流失和生态环境退化。

第 9 章 结论与政策建议

9.1 土地利用结构与调控方面

1) 农用地变化呈波动特征,林地和耕地变化是农用地变化的主体

1996～2008 年是河南省快速城镇化时期,也是农业结构调整的重要时期。农用地面积呈现减少—增加—减少的波动特征。1996～2000 年,农用地面积从 12236944.23 公顷下降到 12209534.53 公顷,净减少 27409.70 公顷。该期间,农用地面积减少主要由耕地减少引起,耕地面积减少 29083.56 公顷,园地、林地、牧草地和其他农用地面积变化较小。2000～2004 年,农用地面积从 12209534.53 公顷增加到 12243533.98 公顷,净增加 33999.45 公顷。该期间,农用地面积增加则主要由林地面积增加引起,期间,林地面积增加 187986.13 公顷,林地增加的主要原因是期间退耕还林政策的实施。2004～2008 年,农用地面积从 12243533.98 公顷下降到 12229422.81 公顷,净减少 14111.17 公顷。该期间农用地面积减少则主要由农业结构调整所致,园地面积和其他农用地面积分别减少了 6807.50 公顷和 6390.03 公顷,林地、牧草地、耕地的变化幅度微弱。

2) 建设用地上升趋势明显,居民点及独立工矿用地、交通运输用地和水利设施用地均呈快速增加态势

1996～2008 年,河南省建设用地面积整体呈直线上升趋势。但在 1996～2000 年、2000～2004 和 2004～2008 年 3 个时间段内的增加速度存在一定的差异。2000～2004 年增加速度最大,年均增加量达到 16650.33 公顷;1996～2000 年增加速度最小,年均增加量为 9045.64 公顷;2004～2008 年增加速度居中,年均增加量为 11606.58 公顷。建设用地快速增加的主要原因在于河南省城镇化进程加快,城镇用地扩张和交通、水利设施用地面积增加。1996～2008 年,居民点及独立工矿用地、交通运输用地和水利设施用地均呈快速增加态势,其中居民点及独立工矿用地年均增加量为 8379.70 公顷,交通运输用地年均增加量为 3055.28 公顷,水利设施用地年均增加量为 999.21 公顷。

3) 未利用地呈快速下降趋势

未利用地呈快速下降趋势,从 1996 年的 2227318.34 公顷减少到 2008 年的 2085629.55 公顷。其中 2000～2004 年减少速度最大,净减少量为 100600.77 公顷,减速达到了 25150.19 公顷/年。未利用地减少的主要原因是开发为林地、耕地和建设用地。

4）应分类构建土地利用结构调控体系

1996～2008 年，农用地总体呈下降的态势，今后应进一步加大土地开发整理复垦力度，坚持耕地占补平衡，禁止违法建设占用耕地，保护农用地尤其是耕地数量的稳定，保障国家粮食安全；建设用地呈快速增加态势，今后应坚持走建设用地内涵挖潜、集约节约用地道路，同时加大农村居民点和废弃工矿地的整治力度，建立宅基地退出机制，进一步推进城乡用地增减挂钩和人地挂钩的实施；坚持未利用地开发与保护并举的方针，发挥未利用地在弥补建设用地空间的不足，维护景观生态环境的功能，处理好开发与保护之间的关系，降低未利用地开发建设过程中对景观生态造成的不利影响。

9.2 耕地利用与调控方面

1）耕地数量整体呈下降态势，区域变化差异性大

从耕地数量变化看，1996～2008 年，河南省耕地面积总体呈下降趋势，其中，1996～2000 年，总体处于缓慢下降状态；2000～2004 年呈快速下降状态；2004～2008 年则呈平稳状态。从人均耕地数量变化来看，人均耕地面积从 1996 年的 0.0884 公顷/人下降到 2008 年的 0.0799 公顷/人。从耕地的区域分布看，耕地主要集中在豫东各地市，豫北和豫南次之，豫西最低。从区域变化差异看，济源市、三门峡市、洛阳市、郑州市、信阳市和鹤壁市的耕地数量变化最大，周口市变化最小。

2）耕地数量变化的影响因素呈现多样性

通过主成分分析可知，影响耕地数量动态变化的第一主成分与国内生产总值、社会消费品零售总额、农村居民人均纯收入、非农业人口、城镇化水平、化肥使用折纯量相关性较大，反映了社会经济发展水平的提高等对河南省耕地利用变化的影响。第二主成分因素与气温、降水等相关性较大，说明自然因素对河南省耕地利用变化有重要的驱动作用。

3）应构建制度、技术、市场一体化的耕地保护与利用调控体系

今后应重点从规划约束、制度保障、市场配置、政策激励、经济激励、技术保障等方面构建耕地利用与调控体系，明确耕地利用调控对策。一是重视土地利用规划的作用，把"红线"落地划死；二是完善耕地占补平衡制度和保护补偿机制；三是重视土地整治与高标准基本农田建设，逐步划定永久保护的基本农田；四是注意节约集约使用土地、挖掘建设用地潜力，减少建设占用耕地；五是提高耕地质量，保障产能；六是探索耕地生态保护路径；七是加强耕地保护信息化建设。

9.3　生态型土地利用与调控方面

1）林地、园地面积整体处于增加态势，草地面积整体略有下降

2008 年，河南省生态型土地（林地、园地和牧草地）总面积为 3346854.47 公顷，其中林地面积为 3018558.49 公顷，占生态型土地总面积的 90.19%；园地总面积为 313912.06 公顷，占生态型土地总面积的 9.38%；牧草地总面积为 14383.92 公顷，占生态型土地总面积的 0.43%。1996 年以来，全省林地面积总体上呈现增长的态势，由 1996 年的 2831581.25 公顷增加到 2008 年的 3018558.49 公顷。园地面积则经历了缓慢增加—快速增加—小幅减少的过程，总体上处于增加的态势。牧草地面积呈先增加然后持续减少态势，由 1996 年的 14446.64 公顷增加到 2000 年的 14673.17 公顷，然后持续减少到 2008 年的 14383.92 公顷。

2）生态型土地具有总量低、投入与管理落后等问题

①林地总量低、质量不高。河南省人均有林地面积为全国的五分之一，人均活立木蓄积量为全国的七分之一，同时树种结构单一，中、幼林比重偏大，乱砍滥伐林木、乱垦滥占林时有发生（河南省林业厅，2011）。②林地资源非林地转化严重。人口众多、城市化进程加速，使得人地矛盾尤为突出。大量的林地逆转为农用地和建设用地，开垦、侵占林地的现象时有发生。③园地低产、投入与管理落后。目前，河南省对园地建设投入不足，许多地区农业生产技术落后，管理方式粗放，造成低产园地面积大、产量低。④牧草地分布零散、开发利用不平衡。牲畜分布与牧草地分布不一致，有草无畜现象严重。

3）生态投入与政策驱动因子是河南省生态型土地演变驱动的主要因素

采用灰色关联度对河南省生态型土地演变驱动因子的分析结果表明：河南省生态型土地演变驱动主要为生态投入与政策驱动因子，即退耕环境与生态治理的政府投入因子；其次分别为人口与经济驱动因子、资源消耗驱动因子、自然环境驱动因子、环境污染驱动因子。因此，人口、经济与资源消耗压力是河南省生态型土地退化的主要因素。

4）应分类提出和实施生态型用地调控措施

完善林地林权管理、林政资源管理与资源监测、林业发展的体制与机制改革、强化科技与资金支撑和投入；优化现有园地布局，发展特色经济林，强化市场在园地利用的调控作用，加大园地的科技投入力度，统筹园地利用布局，建立农工贸一体化的产业模式；强化草业品种开发与布局优化，建立牧草地生态保护区，结合生态建设工程因地制宜建立各类草食畜禽生产基地。

9.4 居民点及独立工矿用地利用与调控方面

1) 城镇用地数量快速上升,区域变化差异性明显

随着河南省新型城镇化的持续推进,城镇用地面积呈持续增加态势。研究时段内,郑州市城镇用地总量最大,并且随着时间的推移,郑州市的城镇用地不断攀升,其城镇用地占全省城镇用地面积的比例从 1996 年的 10.69% 增加到 2000 年的 11.82%,到 2004 年激增到 19.51%,2008 年则占全省的五分之一,达 22.67%。南阳市、洛阳市、商丘市、新乡市等省辖市的城镇用地面积较大,而济源市、鹤壁市、三门峡市、许昌市、漯河市等省辖市由于人口较少,城市规模相对较小,其城镇用地面积总量较小。

从城镇用地变化率上来看,1996~2008 年,河南省平均城镇用地变化率为 45.75%。各省辖市中,济源市城镇用地变化率最大,达 505.75%;其次为郑州市,达 209.14%;鹤壁市、信阳市城镇用地变化率均超过全省平均水平,分别为 56.98%、48.51%;城镇用地变化率最小的是许昌市,仅为 5.0%。从城镇用地扩展速度来看,1996~2008 年为 3.81%。从各个时段来看,河南省城镇用地的扩展速度总体呈现倒 U 形。从城镇用地扩展强度指数来看,1996~2008 年,河南省为 3.00%,其中 1996~2000 年、2000~2004 年、2004~2008 年 3 个时段的城镇用地扩展强度指数依次为 2.42%、3.87%、2.70%,城镇用地扩展呈现波动增加的态势。从城镇用地扩张与城镇人口增长的协调度指数来看,研究时段内郑州市的协调度指数均高于 1.3,处于城镇用地快速扩张阶段;安阳市、濮阳市、许昌市、南阳市、商丘市等省辖市的协调度指数为 0.0~0.9,属于城镇人口快速增长阶段;其他省辖市处于波动态势,在人地基本协调、土地明显扩张、人口显著增长几个阶段交替。

2) 农村居民点用地数量总体呈轻微下降趋势,其与农村人口协调度具有时空差异性

1996 年、2000 年、2004 年和 2008 年农村居民点用地数量分别为 1456724.98 公顷、1453486.23 公顷、1454397.05 公顷和 1449746.65 公顷,总体上呈轻微下降态势。豫东、豫南的南阳市、驻马店市、周口市、商丘市、信阳市等省辖市的农村居民点面积明显高于其他省辖市,主要是由于这些省辖市是粮食主产区、农业大市,因而农村人口较多。其中农村居民点用地面积最大的是南阳市,分别占 1996 年、2000 年、2004 年和 2008 年全省农村居民点用地面积的 12.18%、12.16%、12.17% 和 12.20%。郑州市、开封市、洛阳市、平顶山市、安阳市、新乡市等省辖市的城镇化水平、工业化水平整体较高,研究时段内其农村居民点用地面积位于河南省中间水平;济源、鹤壁等省辖市由于土地面积相对较小,因而其农村居民点面积

较小。

从农村人口与农村居民点用地协调度来看,1996～2008 年河南省农村人口与农村居民点用地协调度指数为 0.20,农村居民点用地减少的变化率远小于农村人口减少年均变化率,位于第Ⅵ区,因而农村居民点用地趋于集约,农村人口与农村居民点用地变化整体上趋于协调。1996～2000 年,河南省农村人口与农村居民点用地协调度指数为负值,并且农村居民点用地缩减的速度远高于农村人口增长的速度,位于第Ⅷ区,农村居民点用地趋于集约,农村人口与农村居民点用地变化整体上趋于协调。2000～2004 年,河南省农村人口与农村居民点用地协调度指数为负值,并且农村居民点增加的速度远高于农村人口减少的速度,位于第Ⅲ区,农村居民点用地趋于粗放,农村人口与农村居民点用地变化整体上趋于失调。2004～2008 年,河南省农村人口与农村居民点用地协调度指数为正值,并且农村居民点用地减少的速度远高于农村人口减少的速度,位于第Ⅵ区,因而农村居民点用地趋于集约,农村人口与农村居民点用地变化整体上趋于协调。河南省 18 个省辖市的农村人口与农村居民点用地协调度指数呈现五种类型:一是持续协调发展趋势,包括郑州市、开封市、三门峡市等省辖市;二是持续失调趋势,包括平顶山市、安阳市、新乡市等省辖市;三是协调—失调—协调发展趋势,包括洛阳市、驻马店市等省辖市;四是协调—失调发展趋势,包括新乡市、南阳市、周口市、济源市等省辖市;五是失调—协调趋势,包括鹤壁市、濮阳市、许昌市、漯河市、商丘市、信阳市等省辖市。

3）独立工矿用地数量总体呈加速增加趋势

1996 年、2000 年、2004 年和 2008 年独立工矿用地数量分别为 200483.83 公顷、209146.71 公顷、223228.16 公顷和 247289.26 公顷,总体上呈加速增加的态势。研究期内,各省辖市的独立工矿用地数量都有所增加,其中增幅较为明显的是郑州市、洛阳市、新乡市、焦作市等省辖市,并且郑州市独立工矿用地面积在全省各省辖市中占有明显优势。从地理位置上看,独立工矿用地主要集中在豫中、豫南地区,2008 年,郑州市、南阳市、洛阳市、新乡市、驻马店市等 5 个省辖市共有独立工矿用地面积 110595.39 公顷,占全省独立工矿用地面积的 44.72％。

从独立工矿用地的变化来看,研究期内,河南省各省辖市的独立工矿用地数量都有所增加,其中增幅较为明显的是郑州市、洛阳市、新乡市、焦作市等省辖市。郑州市由 1996 年的 20024.53 公顷增加到 2008 年的 33279.75 公顷,年均增加量为 1104.60 公顷;濮阳市增幅最小,从 1996 年的 10377.69 公顷增加到 2008 年的 10475.75 公顷,年均增加 8.17 公顷。

4）特殊用地用地数量总体略呈增加趋势

1996 年、2000 年、2004 年和 2008 年特殊用地用地数量分别为 46809.27 公顷、46880.03 公顷、47729.45 公顷和 48083.32 公顷,总体呈略微增加的态势。2008 年,河南省特殊用地面积占建设用地面积的比例为 2.15％,全省各省辖市均分布有特殊用地。特殊用地面积最大的是信阳市,其特殊用地面积为 9446.10 公顷,占全省特殊用地总面积的 19.65%;其次是驻马店市,特殊用地面积为 7019.17 公顷,占全省特殊用地总面积的 14.6%;而濮阳市特殊用地面积较小,为 618.95 公顷,占全省特殊用地总面积的 1.29%;济源市特殊用地面积最小,仅为 91.91 公顷,仅占全省特殊用地总面积的 0.19%。从地理位置上看,特殊用地主要集中在豫南地区,信阳市、驻马店市、南阳市 3 个省辖市的特殊用地面积合计达 20703.89 公顷,占全省特殊用地总面积的 43.06%,其余 15 个省辖市占全省特殊用地总面积的 56.94%。

5) 建立居民点及独立工矿用地分类调控体系

目前,城镇用地偏重于外延式发展,部分省辖市城镇用地扩张与城镇人口增长不协调。今后应通过内涵挖潜,树立城镇用地集约利用的理念,提升城镇用地利用水平。

农村居民点用地存在占地面积大、人均农村居民点用地普遍超标、农村人口与农村居民点用地协调性不足等问题。今后应切实落实建设用地增减挂钩,强化土地利用总体规划与村镇建设规划的衔接,大力开展农村居民点整治,提高农村居民点用地利用水平。

独立工矿用地存在用地结构与布局不尽合理、用地投资强度不大与产出效率不高等问题。今后应从建立独立工矿用地利用评价反馈机制、优化独立工矿用地结构与布局、树立集约节约利用独立工矿用地观念等方面,推进新型工业化发展,提升独立工矿用地利用效率。

特殊用地均不同程度的存在点多面广、分散等问题。对于特殊用地,国土资源管理部门应加强与相关部门的沟通,提前谋划、整体布局,促进特殊用地的集中、集聚利用,同时根据土地利用分区及区域地形地貌特征等尽量少占或不占耕地,实现既保障特殊用地需求,又保护耕地的目标。

9.5　主要基础设施用地利用与调控方面

1) 交通运输用地数量增加迅速,水利设施用地面积增速相对缓慢

河南省的主要基础设施用地主要为交通运输用地和水利设施用地。2008 年,主要基础设施用地总面积为 303861.79 公顷,其中交通运输用地面积为 121699.92 公顷,占基础设施用地总面积的 40.05%;水利设施用地面积为 182161.87 公顷,占基础设施用地总面积的 59.95%。1996 年以来,河南省交通运输用地增加显著,由 1996 年的 85036.53 公顷增加到 2008 年的 121699.92 公顷,年均增长 3055.28 公顷,年均增长率为 3.59%,其中,2000~2004 年的增速最大,年均增长率高达 5.10%。快速的城镇化进程以及国家交通网建设的持续投入,使

得河南省交通用地规模增加迅速。河南省水利设施用地面积增速缓慢,由 1996 年的 170171.40 公顷增加到 2008 年的 182161.87 公顷,年均增速仅为 0.58%,水利设施用地投入与重视不足。

2) 建立规划引导型的节约集约高效基础设施用地调控体系

交通运输用地利用调控方面:确保合理的交通运输用地需求,寻找保障发展与用地保护的最佳结合点;将交通运输用地需求统一纳入交通规划,并与土地规划相衔接,实现交通运输用地供给与需求的一致性;提高交通运输用地的利用效率,在交通路网的规划、建设中,充分利用闲置土地;交通运输用地规划中贯彻交通负荷最小化原则,交通系统与城市土地的利用形式、开发强度和空间布局相适应(李晓林等,2007)。

水利设施土地利用与调控方面:完善设施用地的财政投入机制,强化中央和省财政对小型农田水利建设的投入,建立小型农田水利建设中央和地方共同负责制,逐步扩大中央和省级小型农田水利补助专项资金规模;实行"以奖代补"激励机制,调动基层和农民投入农田水利建设的积极性;建立水利设施用地建设社会参与机制,推进农民参与式管理制度建设;明晰水利设施用地与建设产权制度,推进"谁投资、谁受益、谁所有"的原则,稳定集体所有权,放活经营权,允许私人或企业参与农田水利设施的管理,提高运营效率(曹鹏宇,2009)。

9.6　未利用地开发利用与保护方面

1) 未利用地开发利用程度逐渐加大,面积急剧减少

未利用地的利用程度逐渐加大,未利用地面积逐渐减少,1996~2008 年累计减少 141688.8 公顷,减速为 11804.70 公顷/年。1996~2000 年、2000~2004 年、2004~2008 年 3 个时间段中,变动较为剧烈的是在 2000~2004 年,期间净减少量为 100600.77 公顷,减速达 25150.19 公顷/年;1996~2000 年减少最少,为 8772.86 公顷,期间减速仅为 2193.22 公顷/年;2004~2008 年减少 32315.16 公顷,减速为 8078.79 公顷/年。

2) 未利用地数量变化区域差异明显

1996~2008 年,河南省未利用地的变化存在明显的区域差异。其中,新乡市荒草地相对变化率最大,达 7.73;洛阳市盐碱地相对变化率最大,为 6.76;周口市沼泽地相对变化率为 5.02,位居全省 18 个省辖市的首位;信阳市沙地相对变化率最大,为 6.70;开封市裸土地相对变化率最大,达 31.84;新乡市裸岩石砾地相对变化率远高于省内其他省辖市,高达 326.62,在河南省 18 个省辖市中变化最剧烈;其他未利用土地相对变化率最大的是郑州市,为 4.33;郑州市河流水面相对变化率为 7.11,居全省第一位;河流水面相对变化率最大的是安阳市,高达 348.98,是

未利用地中变化最剧烈的地类;苇地在全省各省辖市均有分布,并且研究时段内均发生变化,从相对变化率来看济源市最大,为 2.26;济源市的滩涂相对变化率为 7.97,位居全省 18 个省辖市的首位。

3) 建立未利用地规划开发管理监督综合调控措施

一是加大政府投资,引导未利用地开发。对有条件进行开发的未利用地,加大投资力度,并建立未利用地开发利用奖励制度。二是加强对未利用地开发的管理与监督。综合运用多种技术手段对土地利用现状开展调查和评价,通过规划管控、卫片执法检查、审批备案、指导督查等多种办法加强区域内未利用地开发利用的管理。三是开展对未利用地利用、管理和保护的专项规划。开展未利用地开发综合性调查和适宜性评价,充分论证未利用地开发利用的科学性、合理性,查清未利用地的利用状况、适宜用途以及对生态环境的影响,在此基础上开展未利用地开发利用功能分区,划定建设占用未利用地备用区。同时,分类制定未利用地管理政策,合理确定未利用地开发方向。四是鼓励零星小块未利用地的开发利用(赵永杰等,2011;郑娟尔,2012)。

9.7　土地利用分区与调控方面

1) 依据土地资源的空间分异性,可将河南省划分为 4 个土地利用区

按照土地利用分区原则,依据土地资源的空间分异性,将河南省划分为中原城市群土地利用区、豫北土地利用区、豫西南土地利用区、黄淮四市土地利用区。豫西南土地利用区位于河南省的西部和西南部,受山地丘陵的影响,地形相对复杂。黄淮四市土地利用区位于河南省的南部和东南部,是河南省雨热分布较多的区域;中原城市群位于东西和南北交通的枢纽区域,是河南省城市相对集中的区域;豫北土地利用区位于河南省的最北部,雨热相对较少,是河南省旱地作物的主要种植区之一。

2) 土地统筹利用分区调控对策

①中原城市群土地利用区位于河南省中部地区,是我国中西部地区城镇空间和人口密度最大的地区,也是河南省城镇化进程最快的地区。该区域土地利用调控的重点是建设用地的管理,在促进区域经济发展的同时,减少对耕地的无序占用和对未利用地的过度开发。严格建设用地的审批和管理程序,推动城市走内涵挖潜道路,节约集约用地。在保护耕地和其他自然资源的同时,促进城市发展模式的转换升级,实现城乡协调发展。②豫北土地利用区具有"豫北粮仓"之称,区域人口密集,社会经济发展较快,人均土地资源较低,土地资源压力较大。该区域土地利用调控的重点是强化农村居民点用地管理,积极推进村庄整理,挖潜村庄用地潜力,减少耕地资源占用。另外,该区域水资源相对短缺,应加强用水管理,提高农业

水资源的利用效率。③ 豫西南土地利用区是全省重要的粮食、棉花、油料、中药材等优势农产品基地。该区域山地丘陵土地资源比较丰富,耕地不合理利用易导致生态环境的破坏。因此,该区域土地资源管理应在保护耕地的前提下,加强生态环境保护,保持农业的可持续生产。④黄淮四市土地利用区是河南省承接东部产业转移的前沿地区,是全国重要的现代农业基地和以农副产品精深加工为主的加工制造业基地。该区域除南部信阳市的丘陵地貌外主要为平原,主体为黄河冲积平原和淮河及其北部支流的冲积和湖积平原。区域人口密度大,土地利用以农业为主,但由于农业基础设施缺乏,区域低产田面积较大。该区域土地利用调控的重点是:以建设粮食生产核心区为契机,积极推进高标准基本农田,提高农业抗灾水平,保持粮食的高产和稳产;积极推进区域居民点规划和整治,在建设新农村的同时,实现农村居民点的节约集约用地;对于区域南部的低山丘陵区,土地利用应和生态保护相结合,避免引起生态环境问题(田燕,2013)。

参 考 文 献

敖登高娃,赵明,苏根成,等.2008.基于时间序列 GM 模型的内蒙古水利设施用地预测.干旱区资源与环境,22(4):143-146.

白天.2010.汨罗市再生资源产业的 SWOT 分析及发展战略.管理世界,(4):179,180.

摆万奇,赵士洞.2001.土地利用变化驱动力系统分析.资源科学,23(3):39-41.

毕军,章申,唐以剑,等.1998.可持续发展的判别模式及其应用.中国环境科学,S1:31-37.

蔡芳芳,濮励杰.2014.南通市城乡建设用地演变时空特征与形成机理.资源科学,36(4):0731-0740.

蔡运龙.2002.耕地非农化的供给驱动.理论探讨,7:20-23.

曹蕾,钟菲,章明.2012.村级土地利用分区类型与方法研究.中国土地科学,26(1):45-49.

曹鹏宇.2009.农村改革新时期推进小型农田水利设施建设探讨.农业经济问题,(9):83-88.

曹秀玲,张清军,尚国琲,等.2009.河北省农村居民点整理潜力评价分级.农业工程学报,25(11):318-323.

陈军,陈利军,李然,等.2015.基于 GlobeLand30 的全球城乡建设用地空间分布与变化统计分析.测绘学报,44(11):1181-1188.

陈美球,何维佳,刘桃菊,等.2009.当前农户农村居民点用地集约利用意愿的实证分析——以江西省为例.中国农村经济,(8):63-69.

陈秧分,刘彦随,杨忍.2012.基于生计转型的中国农村居民点用地整治适宜区域.地理学报,67(3):420-427.

储金龙,马晓冬,高抒,等.2006.南通地区城镇用地扩展时空特征分析.自然资源学报,21(1):55-63.

丛明珠,欧向军,赵清,等.2008.基于主成分分析法的江苏省土地利用综合分区研究.地理研究,27(3):575-582.

崔许锋,张光宏.2016.城镇用地"经济-社会-生态"绩效空间分异与障碍诊断.人文地理,(01):94-101.

邓聚龙.1984.社会经济灰色系统的理论和方法.中国社会科学,(6):47-60.

邓轶,闾国年,韦玉春.2009.基于三维空间要素的城乡建设用地适宜性评定指标体系的构建.测绘通报,(3):31-33.

董德坤,朱道林.2004.城乡结合部农地转用的驱动力分析——以唐山市城乡结合部为例.农村经济,4:14-19.

樊良新,牛海鹏,郝成元,等.2009.山西省潞安矿区土地生态系统功能区划研究.水土保持通报,05:184-189.

冯长松,李绍钰,李格.2011.河南省草地资源现状及开发利用对策.河南农业科学,01:15-18.

冯菲,霍晶,门明新,等.2016.怀来县未利用地多目标开发适宜性研究.土壤通报,47(3):564-572.

傅伯杰,陈利顶,邱扬,等.2002.黄土丘陵沟壑区土地利用结构与生态过程.北京:商务印书馆.

高永年,高俊峰,韩文权.2011.基于生态安全格局的湖州市城乡建设用地空间管制分区.长江流域资源与环境,20(12):1446-1453.

高永年,刘友兆.2003.都市区耕地减少的社会驱动机制与耕地可持续利用——以南京市为例. 华中农业大学学报,49:44-48.

古维迎,冯长春,沈昊婧,等.2011.滇池流域城乡建设用地扩张驱动力分析.城市发展研究,(7): 26-31.

关小克,张凤荣,刘春兵,等.2013.平谷区农村居民点用地的时空特征及优化布局研究.资源科 学,35(3):536-544.

关小克,张凤荣,王秀丽,等.2013.北京市生态用地空间演变与布局优化研究.地域研究与开发, 32(3):119-124.

关兴良,方创琳,周敏,等.2012.武汉城市群城镇用地空间扩展时空特征分析.自然资源学报, 27(9):1447-1459.

郭洪海,宋民.2009.山东省耕地动态变化趋势及驱动力分析.中国农业资源与区划,01:51-57.

郭瑞敏,千怀遂,张灵,等.2016.不同生态位城市用地扩张和经济发展的互动关系研究——以广 东省为例.自然资源学报,31(5):800-811.

海贝贝,李小建,许家伟.2013.巩义市农村居民点空间格局演变及其影响因素.地理研究, 32(12):2257-2269.

韩冬梅.2007.临沂市生态用地规划布局研究[硕士学位论文].石家庄:河北师范大学.

何晋武,祁永安,李长亮.2011.甘肃省制种产业发展的 SWOT 分析及对策.中国农业资源与区 划,32(1):64-68.

河南省林业厅.2011.河南省"十二五"林业发展规划. http://www.docin.com/p-317352134.html [2016-1-20].

河南省人民政府.2006.河南省人民政府关于印发河南省国民经济和社会发展第十一个五年规 划纲要的通知.河南省人民政府公报,(7):1-37.

河南省人民政府.2011.河南省人民政府关于印发河南省国民经济和社会发展第十二个五年规 划纲要的通知.河南省人民政府公报,(12):1-60.

河南省统计局,国家统计局河南调查总队.1997,2001,2005,2009.河南统计年鉴.北京:中国统 计出版社.

贺文龙,殷守强,门明新,等.2016.基于景观连通性的怀来县未利用地开发建设适宜性评价.中 国生态农业学报,24(7):969-977.

胡贤辉,杨钢桥,张霞,等.2007.农村居民点用地数量变化及驱动机制研究.资源科学,29(3): 191-197.

胡银根,蔡国立,廖成泉,等.2016.基于供需视角的城乡建设用地扩张与配置的驱动力.经济地 理,36(6):161-167.

黄成毅.2011.成都平原耕地资源系统协同性分析与调控研究[博士学位论文].雅安:四川农业 大学.

黄建欢,杨晓光,胡毅.2014.资源、环境和经济的协调度和不协调来源——基于 CREE-EIE 分析 框架.中国工业经济,07:17-30.

黄木易,吴次芳,岳文泽.2008.城市用地综合效益评价及其时空变异分析.中国土地科学, 22(6):17-23.

冀楠. 2011. 河南省耕地变化及其对粮食产量的影响[硕士学位论文]. 开封:河南大学.

姜群鸥,邓祥征,柯新利,等. 2014. RCPs 气候情景下珠江三角洲地区城市用地扩展的预测与模拟. 应用生态学报,25(12):3627-3636.

金涛,陶凯俐. 2013. 江苏省粮食生产时空变化的耕地利用因素分解. 资源科学,35(4):758-763.

景贵和. 1986. 土地生态评价与土地生态设计. 地理学报,41(1):86-90.

孔雪松,刘艳芳,常旭. 2012. 基于 GIS 的城镇用地空间演化与景观特征分析. 经济地理,32(4):67-71.

孔雪松,刘艳芳,谭传凤. 2009. 嘉鱼县土地利用结构与效益变化的耦合效应分析. 资源科学,31(7):1095-1101.

类淑霞,郝晋珉,王丽敏. 2011. 生态脆弱区宜耕未利用土地开发适宜性评价——以山西省大同市为例. 中国生态农业学报,19(6):1417-1423.

李辉霞,陈国阶,何晓蓉. 2004. 现阶段我国耕地变化趋势及其驱动力分析. 地域研究与开发,23(3):98-101.

李建新,钟业喜,蒋梅鑫. 2015. 鄱阳湖生态经济区城市用地扩张与城市人口增长时空协调性研究. 江西师范大学学报(自然科学版),39(3):319-325.

李静,赵庚星,田素锋. 2004. 论土地利用/土地覆盖变化驱动力研究. 国土资源科技管理,21:22-25.

李俊,董锁成,李宇,等. 2015. 宁蒙沿黄地带城镇用地扩展驱动力分析与情景模拟. 自然资源学报,30(9):1473-1485.

李连成. 2009. 我国交通用地需求预测及对策建议. 综合运输,11:23-26.

李平,李秀彬,刘学军. 2001. 我国现阶段土地利用变化驱动力的宏观分析. 地理研究,20(2):129-138.

李瑞华. 2009. 河南省粮食安全与耕地利用研究. 西安:西安地图出版社.

李晓林,李强,任仕伟,等. 2007. 交通用地的高效利用与城市可持续发展. 北京师范大学学报(社会科学版),(2):127-133.

李效顺,曲福田,郭忠兴. 2008. 城乡建设用地变化的脱钩研究. 中国人口·资源与环境,18(5):179-184.

李秀彬. 1996. 全球环境变化研究的核心领域——土地利用/土地覆被变化的国际研究动向. 地理学报,51(6):553-558.

李秀彬. 1999. 中国近 20 年来耕地面积的变化及其政策启示. 自然资源学报,14(4):329-333.

李裕瑞,刘彦随,龙花楼. 2010. 中国农村人口与农村居民点用地的时空变化. 自然资源学报,25(10):1629-1638.

廖重斌. 1999. 环境与经济协调发展的定量评判及其分类体系——以珠江三角洲城市群为例. 热带地理,02:76-82.

林炳耀. 1986. 计量地理学概论. 北京:高等教育出版社.

刘长胜,卢伟,金晓斌,等. 2004. GIS 支持下土地整理中未利用地适宜性评价. 长江流域资源与环境,13(4):333-337.

刘纪远,刘明亮,庄大方,等. 2002. 中国近期土地利用变化的空间格局分析. 中国科学(D辑:地球科学),32(12):1031-1040.

刘纪远,刘文超,匡文慧,等.2016.基于主体功能区规划的中国城乡建设用地扩张时空特征遥感
　　分析.地理学报,71(3):355-369.

刘俊,陆玉麒.2009.经济快速发展地区土地利用结构的时空演变.长江流域资源与环境,18(4):
　　307-313.

刘思峰,蔡华,杨英杰,等.2013.灰色关联分析模型研究进展.系统工程理论与实践,08:
　　2041-2046.

刘卫东,单娜娜,肖平.2007.利用SWOT方法分析县级土地利用方向-以浙江省东阳市为例.华
　　中师范大学学报(自然科学版),41(3):455-459.

刘新华.2013.中国发展海权的战略选择——基于战略管理的SWOT分析视角.世界经济与政
　　治,10:96-117,159.

刘新卫,张定祥,陈百明.2008.快速城镇化过程中的中国城镇土地利用特征.地理学报,63(3):
　　301-310.

刘彦随.2007.中国东部沿海地区乡村转型发展与新农村建设.地理学报,62(6):563-570.

刘彦随.2010.新农村建设与城镇化应是一体的.人民日报(观点-时事观察)[2010-04-08].

刘彦随,邓旭升,甘红.2005.我国城市土地利用态势及优化对策.重庆建筑大学学报,27(3):
　　1-4.

刘彦随,王介勇,郭丽英.2009.中国粮食生产与耕地变化的时空动态.中国农业科学,12:
　　4269-4274.

刘耀林,夏寅,刘殿锋,等.2012.基于目标规划与模拟退火算法的土地利用分区优化方法.武汉
　　大学学报(信息科学版),37(7):762-765.

刘玉,任艳敏,潘瑜春,等.2015.农村居民点用地整治潜力测算研究——以广东省五华县为例.
　　人文地理,(1):112-116,128.

陆大道,姚士谋,刘慧,等.2007.中国区域发展报告:城镇化问题.北京:商务印书馆.

路云阁,蔡运龙,许月卿.2006.走向土地变化科学——土地利用/覆被变化研究的新进展.中国
　　土地科学,20(1):55-61.

罗罡辉,吴次芳.2003.城市用地效益的比较研究.经济地理,23(3):367-370.

罗媞,刘耀林,孔雪松.2014.武汉市城乡建设用地时空演变及驱动机制研究——基于城乡统筹
　　视角.长江流域资源与环境,23(4):461-467.

马佳,韩桐魁.2008.基于集约利用的农村居民点用地标准探讨——以湖北省孝感市孝南区为
　　例.资源科学,30(6):955-960.

马世骏,王如松.1984.社会-经济-自然复合生态系统.生态学报,4(1):1-9.

孟丹,李小娟,徐辉,等.2013.京津冀都市圈城乡建设用地空间扩张特征分析.地球信息科学学
　　报,15(2):289-296.

孟霖,郭杰,欧名豪.2014.基于适宜性和潜力分析的徐州市农村居民点整理分区管制研究.资源
　　科学,36(11):2291-2298.

牛海鹏.2005.基于生态位理论的耕地数量变化及驱动力研究——以焦作市为例[硕士学位论
　　文].焦作:河南理工大学.

牛海鹏,樊良新,常玉光.2009.耕地·林地·旅游用地利用评价.西安:西安地图出版社.

欧阳志云,王如松.2005.区域生态规划理论与方法.北京:化学工业出版社:10-20.

彭保发,胡曰利,吴远芬,等.2007.基于灰色系统模型的城乡建设用地规模预测:以常德市鼎城区为例.经济地理,27(6):999-1002.

濮励杰,周峰,彭补拙.2002.长江三角洲地区县域耕地变化驱动要素研究.南京大学学报,38(6):799-885.

强海洋.2012.建立未利用地开发引导约束机制.中国土地,12:30.

乔陆印,刘彦随,陈聪.2015.海南城乡建设用地集约度评价及利用模式研究.地域研究与开发,34(3):118-123.

乔陆印,刘彦随,杨忍.2015.中国农村居民点用地变化类型及调控策略.农业工程学报,31(7):1-8.

秦鹏,董玉祥,李裕梨.2012.广州市城镇用地扩展及预测分析.资源科学,34(10):1881-1890.

瞿忠琼,章明,夏敏,等.2015.城乡建设用地流转中置换指标的预警研究:以重庆市地票交易为例.中国土地科学,(5):39-47.

曲衍波,姜广辉,张凤荣,等.2013.城乡建设用地增减挂钩项目区的时空联建.农业工程学报,29(6):232-244.

曲衍波,张凤荣,郭力娜,等.2011.京郊不同城市功能区农村居民点用地集约度的比较研究.资源科学,33(4):720-728.

曲衍波,张凤荣,姜广辉,等.2011.农村居民点用地整理潜力与"挂钩"分区研究.资源科学,33(1):134-142.

邵晓梅,杨勤业,张洪业.2001.山东省耕地变化趋势及驱动力研究.地理研究,20(3):298-305.

石瑞香,康慕谊.2000.NECT上农牧交错区耕地变化及其驱动力分析.北京师范大学学报,36(5):700-705.

石诗源,张小林.2009.江苏省农村居民点用地现状分析与整理潜力测算.中国土地科学,23(9):52-58.

史培军,陈晋,潘耀忠.2000.深圳市土地利用变化机制分析.地理学报,55(2):151-160.

舒帮荣,李永乐,曲艺,等.2013.不同经济发展阶段城镇用地扩张特征及其动力.经济地理,33(7):155-162.

舒帮荣,朱建军,李永乐,等.2013.不同经济发展阶段下城市用地规模扩张动力研究——基于省际面板数据的考察.中国土地科学,27(11):65-71.

司成兰,周寅康.2008.南京市建设用地变化及其驱动力分析.南京社会科学,(11):139-145.

苏静,胡宗义,唐李伟.2013.我国能源—经济—环境(3E)系统协调度的地理空间分布与动态演进.经济地理,09:19-24,30.

孙超平,杨善林.2009.战略SWOT决策模型的构建及其实证研究.系统仿真学报,21(3):868-872.

孙九胜,单娜娜,王新勇,等.2012.新疆耕地变化的时间特征及耕地保护的SWOT分析.新疆农业科学,49(6):1127-1134.

覃事娅,尹惠斌,熊鹰.2012.基于不同价值构成的耕地资源价值评估——以湖南省为例.长江流域资源与环境,04:466-471.

谭术魁,朱祥波,张路.2014.基于计量地理模型和信息熵的湖北省土地利用结构地域差异研究. 地域研究与开发,33(1):88-92.

谭雪兰,钟艳英,段建南,等.2014.快速城市化进程中农村居民点用地变化及驱动力研究——以 长株潭城市群为例.地理科学,34(3):309-315.

田光进,刘纪远,庄大方.2003.近10年来中国农村居民点用地时空特征.地理学报,58(5): 651-658.

田光进,庄大方.2003.90年代中国城镇用地动态变化的遥感监测.资源科学,25(3):77-82.

田燕.2013.河南省土地利用分区研究.国土与自然资源研究,(2):43-45.

王国强.2002.中日土地利用管理比较研究.国土资源科技管理,19(4):5-9.

王海涛,娄成武,崔伟.2013.辽宁城市化进程中土地利用结构效率测评分析.经济地理,33(4): 132-138.

王宏亮,郝晋珉,孙丕苓,等.2015.基于DEA模型的内蒙古城镇用地效率分析.干旱区资源与环 境,29(10):20-24.

王丽敏.2013.东营市未利用地开发利用研究[硕士学位论文].济南:山东师范大学.

王良健,刘伟,包浩生.1999.梧州市土地利用变化的驱动力研究.经济地理,19(4):74-79.

王瑞发,夏非,张永战.2013.青岛市近10年来耕地变化及其驱动力分析.水土保持研究,20(2): 108-114.

王世东,慎利,王新闯.2013.基于RS与GIS的生态用地评价——以辽宁省大洼县为例.中国生 态农业学报,21(5):628-637.

王万茂.2006.土地利用规划学.北京:科学出版社.

王万茂,韩桐魁.2002.土地利用规划学.北京:中国农业出版社.

王晓峰,傅伯杰,苏常红,等.2015.西安市城乡建设用地时空扩展及驱动因素.生态学报, 35(21):1-11.

王筱明,闫弘文,卞正富.2010.基于适宜性的济南市宜耕未利用地开发潜力评估.农业工程学 报,26(2):307-312.

王雨岑,夏敏.2015.快速城镇化地区城市用地扩张与人口增长的协调性研究——以江苏省为 例.江西农业学报,27(1):100-103.

王振波,方创琳,王婧.2012.城乡建设用地增减挂钩政策观察与思考.中国人口·资源与环境, 22(1):96-102.

王志涛,门明新,崔江慧.2016.沽源县未利用地生态重要性空间识别及其地形梯度特征分析.中 国生态农业学报,24(2):256-264.

王宗明,张柏,张树清.2004.吉林省近20年土地利用变化及驱动力分析.干旱区资源与环境, 18(6):61-65.

韦仕川,吴次芳,杨杨.2013.黄河三角洲未利用地适宜性评价的资源开发模式——以山东省东 营市为例.中国土地科学,27(1):55-60.

魏新强,张宝生,黎晓奇.2013.基于企业战略有效制定的SWOT方法思考.技术经济与管理研 究,4:55-59.

文博,刘友兆,夏敏. 2014. 基于景观安全格局的农村居民点用地布局优化. 农业工程学报,
　　30(8):181-191.

吴萍,吴克宁,汤怀志. 2011. 区域土地利用分区与调控研究. 资源与产业,13(1):6-11.

吴全,李娟,朱志成,等. 2015. 内蒙古未利用地工业开发对大气环境的影响研究. 环境工程,
　　33(9):134-138.

邢晓娜,吴克宁,吕巧灵,等. 2005. 河南省耕地动态变化及驱动力研究. 河南农业科学,12:
　　56-61.

熊建新,陈端吕,彭保发,等. 2014. 洞庭湖区生态承载力系统耦合协调度时空分异. 地理科学,
　　09:1108-1116.

熊鹰,王克林,吕辉红,等. 2004. 湖南省耕地动态变化及驱动机制研究. 地理科学,24(1):26-30.

徐国良,蔡少燕,杨木壮. 2016. 1998—2013 年佛山市耕地利用变化及驱动力分析. 安徽农业科
　　学,44(3):249-252.

徐健,周晏康,金晓斌,等. 2007. 基于生态保护对土地利用分类系统未利用地的探讨. 资源科学,
　　29(2):137-141.

徐丽华,王欢欢,张结存,等. 2014. 近 15 年来杭州市土地利用结构的时空演变. 经济地理,
　　34(7):135-142.

徐卫国,田伟利,张清宇,等. 2006. 灰色关联分析模型在环境空气质量评价中的修正及应用研
　　究. 中国环境监测,03:63-66.

郇红艳,谭清美,朱平. 2013. 城乡一体化进程中耕地利用变化的驱动因素及区域比较. 农业工程
　　学报,21:201-213.

严冬,李爱农,南希,等. 2016. 基于 Dyna-CLUE 改进模型和 SD 模型耦合的山区城镇用地情景
　　模拟研究. 地球信息科学学报,18(4):514-525.

杨桂山. 2001. 长江三角洲近 50 年耕地数量变化的过程与驱动机制研究. 自然资源学报,16(2):
　　121-127.

杨海蛟. 2006. 河南林业发展现状与可持续发展战略研究. 河南农业大学学报,05:498-502.

杨萍果,赵建林. 2008. 河北省耕地资源时空格局演变和驱动力. 农业工程学报,14(8):95-99.

杨艳昭,封志明,赵延德,等. 2013. 中国城市土地扩张与人口增长协调性研究. 地理研究,32(9):
　　1668-1678.

杨勇,任志远. 2010. 关中地区土地利用综合分区及对策研究. 地理研究,29(1):154-162.

杨志荣,吴次芳,靳相木,等. 2009. 基于 DEA 模型的城市用地经济效益比较研究. 长江流域资源
　　与环境,18(1):14-18.

姚士谋,刘登娥,武清华. 2010. 中国城市用地集约化的路径选择. 上海城市管理,5:11-13.

禹洋春,刁承泰,蔡朕,等. 2014. 基于聚类分析法的西南丘陵山区县域土地利用分区研究. 中国
　　农学通报,30(2):227-232.

袁磊,赵俊三,李红波,等. 2013. 云南山区宜耕未利用地开发适宜性评价与潜力分区. 农业工程
　　学报,29(16):229-237.

岳健,张雪梅. 2003. 关于我国土地利用分类问题的讨论. 干旱区地理,26(1):111-123.

曾庆敏,刘新平. 2016. 天山北坡经济带宜耕未利用地开发潜力分区及评价. 中国生态农业学报,

24(6):819-828.

张蚌蚌,孔祥斌.2016-08-06.中欧土地土壤论坛综述:土地生态管理及农业可持续利用.http://m.duxuan.cn/doc/1561708/html.

张桂宾,王安周,耿秀丽.2007.河南省耕地变化及其人文驱动力研究.水土保持研究,04:65-68.

张红旗,王立新,贾保全.2004.西北干旱区生态用地概念及其功能分类研究.中国生态农业学报,12(2):5-8.

张利,雷军,李雪梅,等.2011.1997~2007年中国城市用地扩张特征及其影响因素分析.地理科学进展,30(5):607-614.

张平和,苏林.2007.首次详查于今示:河南省首次土地调查工作回顾.国土资源,(11):35-37.

张骞.2012.重庆都市区生态用地空间结构演变及其生态系统服务价值研究[硕士学位论文].重庆:西南大学.

张术.2012.基于主成分长沙市耕地利用变化驱动分析.农业与技术,32(2):156-158.

张婷,骆希,蔡海生.2014.江西省耕地的动态变化及驱动因子.水土保持通报,34(3):305-310.

张晓慧,李洪建,范晓辉.2011.山西省耕地动态变化及驱动力研究.干旱区资源与环境,25(11):54-58.

张勇,汪应宏.2015.城镇土地扩张与人口增长协调性分析——以安徽省为例.城市问题,2:15-20.

赵健龙.2015.北京市土地利用变化及驱动力研究[硕士学位论文].北京:中国地质大学.

赵鹏旭,李若凝,张亚兵,等.2012.三门峡黄河湿地自然保护区生态旅游 SWOT 分析与开发对策.中南林业科技大学学报,32(12):203-207.

赵体顺,光增云,冯俐丽,等.2000.河南林业可持续发展研究.地域研究与开发,04:22-25.

赵晓丽,张增祥,汪潇,等.2014.中国近30a耕地变化时空特征及其主要原因分析.农业工程学报,30(3):1-11.

赵永杰,左利,刘大平,等.2011.吉林省未利用土地资源管理存在的问题与对策.吉林农业,(8):42,44.

郑娟尔.2012.西北地区未利用地差别化管理的实践与思考.中国国土资源经济,(6):15-17.

郑伟元,刘康,陈莹,等.2004.典型国家土地利用规划趋势.河南国土资源,(12):40,41.

周伟,曹银贵,王静,等.2011.三峡库区近30a农村居民点格局变化与特征分析.农业工程学报,27(4):294-300,401.

朱会义,李秀彬,何书金,等.2001.环渤海地区土地利用的时空变化分析.地理学报,03:253-260.

朱泰峰,张凤荣,李灿,等.2015.农村居民点用地集约利用评价——以北京市门头沟区为例.地域研究与开发,34(1):160-165.

庄至凤,姜广辉,何新,等.2015.基于分形理论的农村居民点空间特征研究——以北京市平谷区为例.自然资源学报,30(9):1534-1546.

宗毅,汪波.2005.城市生态用地的"协调-集约"度创新研究.科学管理研究,23(6):32-35.

Geddes P. 1863. Life:Outlines of General Biology. London:Harper & Brothers.

Julian D M. 2007. Urban land area and population growth:A new scaling relationship for metropolitan expansion. Urban Studies,44(10):1889-1904.

Marsh G P. 1864. Man and Nature Physical Geography as Modified by Human Action. New York:C. Scribner and Co..

Marshall J D. 2007. Urban land area and population growth:A new scaling relationship for metropolitan expansion. Urban Studies,44(10):1889-1904.

Mcharg I L. 1981. Human ecological planning at plennsylvania. Landscape Planning,8(2):109-120.

Powell J W. 1969. Report on the Lands of the Arid Region of the United States. Boston:Harvard University.